菩提樹下談政治

張亞中

菩提心，智慧明

我認識張亞中教授已經二十多年了。

從最早參與南華大學建校，到目前擔任國際佛光會世界總會理事、人間佛教研究院研究員，以及中華人間佛教聯合會的常務理事，亞中教授都是默默地為人間佛教努力奉獻。

不同於一般在學術殿堂以教書為職業的教授，亞中更是一位有信念理想的學者與行者。他多次向我提及他畢生的兩大心願，一是為兩岸和平發展、中華民族振興盡一份心；一是為人間佛教法水長流五大洲、深根中華神州大地獻一份力。

作為一位學者，亞中不僅在台灣大學任教，亦勤奮立言，分別為「兩岸和平」與「世界和平」建構完整的思想體系。在促進兩岸和平發展上，他建立一套「一中三憲、兩岸統合」的論述；在促

進世界和平上，他提出「開放政治市場」的主張。亞中的著作迄今已超過二十多本，更難得的是，其著書立言的核心思想，正是人間佛教主張的「平等、尊重、包容」。

作為一位行者，這十多年來，亞中在台灣參與多項政治社會運動，推動兩岸學者交流，都是以慈悲為念、以追求和平為目標。為了支持與鼓勵他的努力，我多次告訴他，佛光山的所有道場都可以做為兩岸學術交流的基地。佛光山在日本的本栖寺，澳洲的南天寺，台灣的佛光山本山，大陸的祖庭大覺寺，都曾經有亞中推動兩岸學術交流的足跡。不僅如此，在佛光山在各地道場的安排協助下，亞中還在美國、加拿大、澳洲、紐西蘭、東南亞、大陸等地進行以「人間佛教與兩岸和平」為題的全球巡迴演講，宣揚其兩岸和平的理念。

世間無常，這十多年來，台灣處在快速的變動當中，一方面，我們看到台灣的社會愈來愈有慈悲心，發大願的義工比比皆是；另一方面，我們看到台灣政治紛擾不斷，影響了社會經濟發展。這個世界永遠是「一半一半」，有好的事物，也有壞的事物，善良與邪惡並存，智慧與無明同在，問題在於我們要選擇哪一邊，給社會哪一種力量？

佛教不僅重視「戒」與「定」，更重視「慧」。《本事經》偈語有云：「無明為大愚，生長諸惡法，發起智慧明，斷生死苦本」。在這個世間上，各式各樣的人都有，有善人惡人，有好人壞人，其中有一種人最可怕，叫做無明人。什麼是「無明」？就是不明理。一個人若什麼事情都很無明愚痴、不講理，其結果極為可怕。世間許多惡法就是從不明理、從愚痴中產生。要如何去除愚痴，斷拒惡法呢？必須要從心底裡「發起智慧明」，將心裡的一些寶藏，如慈悲、信仰、智慧等無量的功德寶藏開發出來，那麼，我們在這世間的煩惱、生死、輪迴等種種苦痛，就能夠永遠消除了。

《本事經》這首偈語不僅適用於個人，對整體社會又何嘗不適用呢？如果我們「無明」，在面對問題時將迷惑不知所從，在與人相處時會失去正確價值，社會也就自然沈淪，我們就會在煩惱與苦痛中打轉。《人間福報》的創辦，就是希望透過慈悲、信仰、智慧的力量，讓讀者可以從相關的報導與文字中認識善與惡、正與邪、悟與迷，產生「智慧明」，從而激發正面的力量。二〇一一年間，為擴大《人間福報》的影響，我特別邀請了包括亞中教授在內的台灣多位知識份子、社會賢達，共同為「人間百年筆陣」成員，由他們輪流執筆寫作，倡導社會道德良心，激勵向上的力量，為中華文化樹立新指標，為台灣帶來永續的和諧與幸福。

我很高興，亞中將這幾年來在《人間福報》所發表的文章，集結為《菩提樹下談政治》出版。這本書包含面非常廣，有對人間佛教的理解，有對台灣當前政治問題的分析，更有對兩岸關係提

出了非常精闢的思考與見解。本書所有文章有一個共同的特點，就是用人間佛教應有的「正知」與「正念」來看待台灣與兩岸目前的問題，用「慈悲、和平、尊重、包容」的立論來傳達善知識。我希望本書的出版能夠帶給大家一些「智慧明」，幫助大家從另一個角度來認識當前的社會政治問題。

亞中希望我為本書寫序，僅以此序以為分享，並期許亞中繼續發菩提心、獻智慧明，以文弘法，傳播善知，廣利眾生。

星雲

2016年丙申年春節於佛光山

利天下為之：張亞中教授和他的「統合論」

先秦諸子中，後人記憶和討論到墨子時，大概最記得或只記得「兼愛非攻」、「摩頂放踵」這八個字。

可別小看這簡單的八個字，意義可是了得！它代表了人類文明的最高意境，放諸四海而皆準，百世俟聖人而不惑。

在周朝初年，中國境內有一千八百多個諸侯國，彼此殺伐兼併。到了春秋中葉剩下一百四十多個國家，火併愈熾。到戰國末期，減到十多個強國，彼此仍你爭我奪，擾攘不歇，終於在公元前二二一年為秦始皇統一。

在這段遽變動亂的年代裡，知識分子百家爭鳴，或倡合縱以圖強，或主連橫以自保，手段都離不開殺戮。只有墨子強調和平，倡言兼愛，主張非攻，以興天下之利、除天下之害為己任。墨子不

只是坐而言，且亦起而行，他周遊各國，宣揚他的信仰以及闡明實踐的方法。頭和腳都磨破了，仍不改其志。孟子說「墨子兼愛，摩頂放踵，利天下為之。《孟子．盡心上》」是禮讚，也是定評。

當前的中國，有十三億人生活在大陸，兩千三百萬人住在台灣。將來要怎樣解決分合的這個大問題？大陸要合，台灣有人要分，有人要合。不論是合是分，只要動刀動槍，就是中國人的大悲劇——不管你生活在哪一岸，也是中華文化的大倒退。

為了避免這場災難，兩岸志士仁人，各懷悲憫之心，提出各種建議，如彼岸的汪道涵先生，曾謂兩岸是「現在進行式的一個中國」，就是大智慧的語言。汪先生雖已歸道山，大陸自然繼起有人。在台灣，研究兩岸議題的碩彥所在多有，但已自成思想體系者，似以台灣大學教授張亞中先生和聯合報前總主筆黃年（年之）先生，比較受人注意，似乎也受到最多的肯定。亞中的「一中三憲」和年之的「大屋頂中國」，雖在精微處有不同的鋪陳，實則殊途而同歸，都在「興天下之利，除天下之害」。

我與年之同事數十年，對他瞭解較多，認識亞中則是晚近之事。三年前，在佛光山台北道場參加一項文化活動，與亞中比鄰而坐，大家交換名片，我驚喜的說，「剛讀完閣下的《兩岸統合論》」。

亞中身裁偉岸，器宇軒昂，望之即能得人信任。他稍作寒暄，就為我分析他書中的主張，以及達成此一主張的途徑。在我此後的印象中，亞中像一位虔誠的傳教士，在任何一個可以傳道解惑的場合，他都願意討論什麼叫統合？為什麼要統合？以及如何統合？

不僅在台灣，亞中也常去大陸，遠征海外，向各方申述他的論點，切磋琢磨，希望他自己的主張能更完整齊備，也希望能影響更多的人。

在中華文化的大原則下，亞中認為應修正目前「去中國化」的中學歷史課綱。他幾以一身舌戰相對立的「群儒」，苦心勞形，從不退縮。

年之有關「大屋頂中國」的論述，二十年來已寫了數百萬言；亞中的「一中三憲」，也反覆申論，歷有年所。這兩句「名言」，社會大眾已耳熟能詳，且得到很多人的認同。他們兩位所主張的融合，不管是方法或步驟，既能照顧台灣的主體性，也能前瞻全體中國人的未來福祉。這樣的理論體系，一定會繼續發展，得到它應有的結果。

無論是古之墨翟，今之張亞中、黃年，他們兼愛非攻、摩頂放踵、興天下之利、除天下之害的理想與志業，都將在歷史上留下紀錄。

張作錦

作者曾任《聯合報》社長

黃序

達摩之智　觀音之慈

張亞中教授在本書說：學佛，悟佛，行佛。

亞中是一位智慧與實踐雙修的公共知識份子。智慧：他在世局與兩岸的知識創作上，自完體系，成一家言，本書更輯集了他的一些性情小品，尤見其胸臆之廣博與精微。實踐：他縱橫奔走兩岸政壇學界，甚且走上街頭推倡政治主張，放洋演說，又曾是洪秀柱「道路」（The Way）論述的主要建構者。亞中的智慧，是同體大悲；實踐，是摩頂放踵。

我和亞中是不打不相識。二〇一〇年我在《聯合報》撰發〈中華民國九十九年元旦感思〉系列社論六篇（元旦六論），闡述「一中各表／杯子理論／屋頂理論」的兩岸思維。社論刊出後，亞中與黃光國教授、謝大寧教授三人聯名在旺報發表了六篇系列評論〈六問聯合報〉，闡論他們創議的「一中同表／一中三憲／兩岸統合」，並指「一中各表」等於獨台，等於台獨，等於偏安。

我為〈六問聯合報〉寫了一篇答覆文字，題為〈「一中各表」等於台獨偏安？〉。當時，我一〇六歲的岳父正病篤彌留，我在陪病榻前寫完這篇文稿，於一月二十五日在聯合報刊出。

我在該文指出，〈元旦六論〉與〈六問聯合報〉的共同處大於相異處。最大的共同點有二：

一、都是「泛屋頂理論」。例如，〈六論〉所指的「一中」，是指「第三概念」或「上位概念」的「一中」；此與〈六問〉「第三憲」所指「一中」應有交集。

二、皆認為北京是主要變數。〈六問〉指北京不可能接受「一中各表」。〈六論〉則指，若要北京接受「一中三憲」，則北京自應先接受「一中各表」。因為「一中各表」是「一中三憲」的前提條件。

這篇答文的核心概念是：我認為，就發展面而言，「一中各表」與「一中三憲」是名異實同。

六年後的今天，我覺得，我與亞中的相異處仍有，但共同處也更大。只是，我強調的是一中各表的「過程論」，亞中強調的是一中三憲的「目的論」。我相信，我也期盼，兩岸未來的解決方案可在「一中三憲」的架構下實現。我們可用不同的語言來表達這類的思考：

一、可用「現在進行式的一個中國」、「杯子理論」，或「一中各表」，來表達「過程論」。這就是亞中所說的「一中兩憲是兩岸的存量」、「在治權方面是互為主體」。

二、也可用「共同締造論」、「大屋頂中國」，或「一中同表」，來表達「目的論」。這也就是亞

中所　的「第三憲是兩岸的增量」、「在主權方面是共有主體」。

亞中說：「和平協議」就是在尊重確定兩岸「存量」（一中兩憲）基礎上的「增量」（第三憲）協議。我完全贊同。亞中主張，兩岸「分治而不分裂」。這應當也是我在「大屋頂中國」中所關注的「主體性（分治政府）」與「連結點（大屋頂中國）」。

若用亞中的語言來說，我們共同認為，沒有「一中兩憲」的存量，即無「一中三憲」的增量。因而，我雖比較關注「一中各表（兩憲）」的「過程論」，亞中則似乎比較注目「一中同表（第三憲）」的「目的論」，但我們同為「九二共識升級版」的支持者。

亞中的「一中三憲」已成兩岸的一幅旗幟，且大陸民間方面向未排擠或否定此論。這是兩岸值得珍惜的一條思維路徑，期待能夠繼續拓寬夯實。

亞中的智慧與實踐，兼有儒、釋、法、墨的風采。儒以天下為己任，釋為同體大悲，法主創規立制，墨是兼愛非攻、摩頂放踵。身軀魁梧的亞中，貌有達摩之智、鍾馗之威，常作兩岸獅子吼；爾今在菩提樹下其言諄諄，必也會令人見到他的觀音之慈。

黃　年

作者為《聯合晚報》發行人

春秋之筆，為台灣及兩岸寫出新樂府

中國詩史上稱杜甫為「詩聖」，好比孔子在傳統儒家文化被稱為「至聖」一樣，地位崇高不可撼動。那是因為杜甫經歷唐代由盛轉衰的斷裂時代，目睹唐代走向天寶的戰亂，激發他「致君堯舜上，再使風俗淳」的襟懷，以他詩人特有的敏銳洞察，寫戰爭的殘酷、官吏的腐敗、生靈的塗炭，希望以文人之筆，重新圖繪出一幅政治清明、人民安樂的歷史長卷，他的詩因此被稱為「詩史」，如實記載了唐代那一場「漁陽鼙鼓動地來」的戰亂。

古時候的中國社會，沒有傳播媒體、輿論機構來為老百姓發聲，當人民對政府的施政有看法時，要透過什麼來表達人民的期待？先秦時代於是有了采風的制度。老百姓一面耕作，一面以詩歌唱出對施政者的怨懟與指責，把這些集合成篇，就是中國文學史上最早的作品《詩經》。《論語・陽貨篇》記載孔子勸導學生學詩：「小子！何莫學夫詩？詩，可以興，可以觀，可以群，可以怨。」意思是

說「詩」可以抒發個人的感情；可以觀察風俗的盛衰、政治的得失；可以群居互相切磋，溝通人際感情；可以怨刺上政，批評執政者的缺失，發洩對苛政的怨懟。詩教為溫柔敦厚，有諷諭美刺時政、教育社會習俗的功能。《詩經》有「風、雅、頌」三種內容，風者，諷也。其中最精彩的部分就是十五國風，也就是當時十五個地區的風土歌謠、各國的民歌，透過十五國風可以了解西周的社會、先民的生活等情況。因此，《詩經》是一部集體詩人所創作的文學作品，也是研究上古歷史的文獻資料。

延續《詩經》美刺時政的詩教傳統，大詩人杜甫以他沈鬱頓挫的筆觸寫出唐代的亂離崩壞，贏得社會寫實派詩人的讚譽。到了中唐，承繼杜甫的寫實風格，由元稹、白居易推動新樂府運動，主張詩歌應該要反映時事，批判現實社會種種弊端，「為君、為臣、為民、為物、為事而作，不為文而作也」，擔負教化社會、導正時痾、關懷民瘼的功能，做人民的喉舌，裨補時闕，對執政者的腐敗提出嚴厲的鍼砭。白居易的〈新樂府五十首〉和〈秦中吟十首〉等諷諭詩，對唐代近二百年間的政治、經濟、文化、民俗、藝術、邊防等問題，都有深刻的關注，並且對於危機四伏的國家亂象，提出詩人的良心疾呼。這些新樂府詩，既是詩人感憤、激揚的諷諭詩篇，也是反應中唐局勢的寶貴素材。

相對於文學家用詩歌題材，來表達對國家和社會的深刻憂患意識，借古諷今，對現實的社會弊病提出痛切的指正，中國歷代的史學家則用一枝史筆，淵博的史識，卓絕的史觀，公正不偏，秉筆直書朝代的盛衰興亡，對施政者做一字褒貶。如孔子的春秋之筆、「在齊太史簡，在晉董狐筆」，太史公司馬遷的《史記》等等，中華民族累朝都有史官，以筆為器，記下歷史的演變，留給後人寶貴的殷鑑。因此，孔子說：「古之良史，書法不隱。」意思是說良好的史官，不因個人的好惡、利害，而捏造不實的言論，客觀不隱地記下歷史的真象，就像今日第四權的媒體，傳播「知」的權力一般。只是媒體輿論運用的公器是報紙、雜誌、電視、網絡，而古人使用的或者是文學的詩歌，或者是史家的刀筆。

認識張亞中教授是在南華大學任教的期間，他在亞太研究所擔任所長，我則在文學系、宗教所擔任教職，並兼執行董事。有關大學如何辦學、發展，曾向張教授多方請益。後來他雖然轉往台灣大學政治系擔任教授之職，和佛光山仍然保持密切的互動，深受佛光山開山宗長星雲大師的倚重，請他擔任國際佛光會世界總會理事，以及甫成立的中華人間佛教聯合總會常務理事、人間佛教研究院研究員等職。

張教授學養淵博深厚，研究領域涵蓋歐洲、亞太、兩岸，並著墨於兩岸及全球和平的研究，念茲在茲為台灣尋找一個美好、向上的未來，試圖以人間佛教「無分別心」的思想，為兩岸營造和諧雙贏的格局。張教授著作等身，快筆兼好筆，有許多擲地有聲的好書傳世。張教授擁有兩個博士，也寫了二十多本專書，更難得的是，他的作品均有中心思想，而其思想的淵源正是來自於人間佛教的教義。張教授是華人社會中少見的以「和平」為其著書言志主軸的學者，更是難能可貴的實踐者。做為中華民族一份子，他是「統合論」的倡議者，主張兩岸不僅要「和」，也要「合」，他的論述以「一中三憲、兩岸統合」為架構，呼籲兩岸要在相互尊重的基礎上簽署和平協議，並以相互包容的態度建立共同體，讓兩岸能夠共同為中華民族的振興做出貢獻。張教授的兩岸和平思想，正是人間佛教「平等、尊重、包容、和平」的精神，從這一方面來說，張教授是在用他的文字實踐「菩薩行」。

張教授另一個「世界和平」的論述，是他以做為人類一份子的身分，主張的「開放政治市場」。這個主張背後的基礎也是自於人間佛教。張教授認為，「我執」是政治衝突的來源，現今世界在政治上或許尚難以放下我執，但可以用開放政治市場、增加重疊認同的方式來減少我執的堅持。這樣一位為「天下一家」建構學術理論基礎的學者，足為「士」的現代典範。

張教授近日又有大作要出版，很高興我能先睹為快。百篇文章反映出他的憂國憂民的胸懷，十多萬字幾乎都是他的諄諄之言。張教授有杜甫得千萬廣廈，庇蔭天下蒼生的胸襟懷抱；他以太史公的史家卓見膽識，為台灣社會亂象把脈，仗氣直書不避強御，肆情奮筆無所阿容，宛如政治學、社會學的另一場「新樂府運動」。張教授的專業領域對我個人而言，完全是門外之學。欣聞他出書在即，不揣固陋，謹以此小文略表衷心的敬意！

依空

用正念書寫

不管我們是否喜歡政治，政治每天都環繞在我們的身邊。政治清明，天下太平，一旦混亂，眾生受苦。

現代人不能不關心政治，也有責任讓政治走得好。政治的「形」，包括組織結構與運作，均有制度規範。然而運作制度的是人，領導者、執行者、參與者是否有正念，將決定政治是否能夠走得良善。

星雲大師看到了這些問題，希望透過文化教育讓人的心充滿著良善與正念。大師認為「媒體可以救台灣」，因而創辦《人間福報》、《人間衛視》，為社會搭建一個平台，「讓一些有為的媒體記者，在這一個時代裡，能以他們的筆桿救國家、救社會、正人心、做為社會的導師」。（《貧僧有話要說》，第201頁）

只依靠媒體的正念，仍是不足的，大師希望更多的知識份子能夠共同參與這個「媒體可以救台灣」的神聖工作。我還清楚地記得，民國一百年（二〇一一年）的五月十五日上午，在佛光山的台北道場，從星雲大師的手上接下了「人間百年筆陣」聘書。對我而言，這是一個莫大的榮譽與責任。

大師在開示時，特別舉之前日本世紀地震造成近三萬死傷為例，指出天災固然可怕，但真正駭人的是政治爭鬥、族群分裂帶來的人禍。因此，大師希望透過「人間百年筆陣」邀請社會賢達輪流執筆寫作，藉由知識分子所懷抱的責任、勇氣，倡導社會道德良心，激勵向上的力量，為中華文化樹立新指標，為台灣帶來永續的和諧與幸福。

大師表示，「筆力萬鈞所發揮的強大力量，實遠超過千軍萬馬的威力」，社會最強大的力量既非刀槍，也不是具摧毀性的原子彈，而是來自於「筆」的力量。大師還期許，藉由《人間福報》這座媒體平台，讓筆陣成員以「筆」的強大力量，帶領社會國家集體向上提升，與全民共同奮鬥「救台灣」！

大師的心願，我能夠充分的理解，但是大師的期許，實難以落實。我才疏學淺，對一般事務觀察難免不全，何況自己有時候也會不自覺陷入「我執」的困境。不過，大師的交待，也給了我一個

重新整理思緒的機會，讓我嘗試著從另一個角度來看這個世界。

與大師的結緣已經許久。一九九五年受大師之指示，我離開了十六年的政府公僕生涯，參與籌建南華大學，也自此與佛光山僧眾再續宿世之緣、重浸人間佛教之真善美。與佛光山的因緣讓我有更多機會接觸人間佛教，做為政治學者，我終於慢慢地了解到，「自由、平等、博愛」這三個西方的普世價值，必須透過人間佛教的內涵，才能更為圓滿。沒有「五戒」，不會有真正的自由；眾生均有佛性，眾生不僅平等，與佛亦是平等，但是世間的表現，仍取決於每個人的自覺與修為；如果不能放下「我執」的「分別心」，如果不能相互「尊重」與「包容」，「博愛」與「和平」則有如在世間「覓兔角」。

這樣的信念，也成為我日後撰寫文章與從事政治運動的重要思考依據。迄今我已出版的二十餘本著作，幾乎都是與兩岸和平及世界和平有關。在兩岸關係方面，我提出以「一中三憲、兩岸統合」的論述來確保兩岸的長久和平發展，這個概念的核心就是「平等、尊重與包容」。（最新出版五十萬字《論統合》一書，香港中國評論學術出版社出版，全文可以在網路上免費下載）在追求世界和平方面，我提出《開放政治市場》（聯經出版社出版）的思維，希望繼經濟市場開放以後，以「我執」為基礎的政治市場也能夠對外開放，走向「同體共生」，從而解開人類的最後枷鎖，讓人類走向永久的和平。

學佛、悟佛都重要，但是更重要的是行佛。我的專業是國際關係、兩岸關係、歐盟等議題，而其中兩岸關係更是與我們息息相關，它不應該只是知識的探討，而應是一門思考如何實踐的學問。二〇〇三年我轉任台灣大學後，除了繼續寫作以外，也以微薄之力，用實際作為來為兩岸創造和平。在陳水扁總統的第二任期間，我參與及引領了多項社會運動，例如反對六一〇八億軍購以避免兩岸軍備競賽；籌組一五〇代表參與任務型國代選舉，以反對將會對小黨帶來不公及「法理獨台」可能入憲的修憲；反對貪腐以維護社會公義；反對用公投來處理加入聯合國問題等，希望台灣社會在面對攸關國家未來發展的大方向及大政策時，能夠多些理性的討論，多些尊重、包容的思考。

二〇〇八年以後，我將重點轉向兩岸，籌組「兩岸統合學會」，倡議兩岸和平理念。在星雲大師的支持下，我邀集兩岸重要智庫學者，就兩岸政治定位、認同等重要政治問題，分別於二〇一〇年在日本的本栖寺，二〇一一年在澳大利亞雪梨（悉尼）的南天寺，二〇一二年在台北，二〇一三年在北京舉辦過多次會談。其中《台北會談》與《北京會談》更是紅藍綠學者專家第一次在台灣及大陸，就政治議題進行面對面的公開對話，在兩岸關係發展上有其時代的意義。另外，在涉外事務

方面，與由大陸退休大使所組成的「方夏文化交流協會」合作，已分別在北京、重慶、台北、太原舉辦過四次「夏合研討會」，邀請兩岸退休大使共聚一堂探討兩岸國際共同參與的問題。在軍事上，安排兩岸退休將領會晤，就兩岸軍事互信機制交換看法。在文化上，在佛光山祖庭宜興大覺寺舉辦兩岸學者所共同參與的「推動兩岸文化融合研討會」。在海洋問題上，舉辦多項研討會，邀請兩岸學者探討如何共同面對、處理、維護兩岸在東海及南海的利益。

為了宣揚兩岸和平理念，我也在星雲大師的鼓勵支持下，拍攝了《百年中國：迷悟之間》六集歷史紀錄片，並在《人間衛視》播放。（網路上可以全片免費下載觀看）我從二〇一四年起也在美國、加拿大、澳洲、紐西蘭、東南亞、大陸等地就「人間佛教與兩岸和平」進行全球性的巡迴演講。

為了讓兩岸和平理念能夠落實，二〇一五年，我與一些朋友也積極地推動國民黨籍的洪秀柱副院長能夠帶著人間佛教的理念參與總統大選。我們為其提供兩岸政策建言，主張兩岸應該在共同接受「分治不分裂」的原則下簽署和平協定，以確保兩岸能夠共榮共利、長久和平。很可惜，這個以「尊重、包容、平等、和平、福民」為精神的「一中同表」主張，卻被有心人刻意吵作為「急統」，而最終也導致洪秀柱被迫退出選舉。或許是因緣仍不具足吧，不過，對於台灣錯過了一個可以公開討論、建立國家大方向理性論述的機會，我仍舊感覺到非常遺憾。

二〇一五年這一年來，我感覺星雲大師對於政治的關懷更為急切了，這應該是出於對當前政治發展及台灣未來的憂慮。在出版《貧僧有話要說》一書後，大師幾乎是不眠不休地又完成了另一本巨著《慈悲思路，兩岸出路：台灣選舉系列評論》。在我來看，這就是一本人間佛教的「政治學」課本，值得好好學習。大師提醒眾生，唯有慈悲，才可以超越世俗政治賴以為生的「分別心」，也唯有慈悲，兩岸才真正能夠化劍為犁，共同為中華民族的振興做出貢獻。

大師的憂慮是有道理的。台灣從一九九四年起已經開啟了認同上的「民主內戰」，這場內戰用的不是槍炮，而是選票，爭論的標的是身分認同（我是中國人還是台灣人？）、國族認同（我的國家是中華民國，還是要建立台灣國？或中華民國就等於台灣？）與兩岸關係何去何從（最終目標要統還是獨，或是永遠維持現狀？）。這二十多年來，在政治人物的操弄下，「分別心」主導著台灣的政治，政治間缺少了應有的相互尊重與包容。黨同伐異、惡意抹黑、拒絕理性、缺少慈悲，讓台灣在國家大方向、政策上無法理性地進行討論。政治領域出現嚴重的問題，也影響了經濟的發展。然而台灣似乎還是有希望的是，台灣的宗教，特別是人間佛教，在本土及華人社會得到空前的發展，受到愈來愈多人的理解、肯定與接受，讓台灣社會有著相當良善的一面。這種政治惡鬥、社會良善

的雙軌現象，成為世界民主發展史特有的現象。

我們可否試著汲取人間佛教的良善價值，將之像一道活水注入當前的政治？另一方面，佛教強調寬容，但是也主張要正知、正見，這也正是大師組成「人間百年筆陣」的心願。做為團隊的寫作者之一，從二〇一一年六月起，我即試著藉由人間佛教啟發而來的理念，用正知正見的觀點，來談論當前政治、社會的問題。這期間，我也應《中國時報》戎撫天總主筆之邀，在《中國時報》撰寫時事評論文章。本書就是這四年多來，我在《人間福報》所發表的文章，以及若干在《中國時報》刊登的文章集結而成。

政治的最高目的就是讓每一個人的生活過得幸福。在這一方面，人間佛教有著豐富的智識可以運用。星雲大師在《貧僧有話要說》一書中即提到，「為政之道是要包容、和平、尊重、平等、造福全民」（第 227 頁）。我對人間佛教的認識仍然有限，專業知識也有不足，但是我從來沒有忘記，撰寫每一篇文章時，自己心中一定要有正念，要從「包容、和平、尊重、平等、福民」的良善價值來立論。惟受限於自己的能力，倘見解不足，也請讀者多多海涵。

為了讓讀者能夠在閱讀本書之際，更能夠接觸一些人間佛法，本書特別將星雲大師所撰寫的《佛光菜根譚》裡面的一些智慧法語，摘錄於書頁的眉邊，以方便大家閱讀，並透過閱讀這些法語，體悟豎窮三際、橫遍十方，以人間作為淨土，以法味為樂，自在而遊。

本書能夠出版要感謝很多人，首先當然是要由衷地感謝星雲大師促成了「人間百年筆陣」，讓我有這個因緣為社會貢獻一己不成熟的心得。其次要感謝《人間福報》給我這個機會與讀者結緣。再來就是感謝僑福集團董事長黃建華先生，佛光山檀講師，也是國際佛光會中華總會理事、周大觀基金會執行長的趙翠慧女士，以及藝術家黃湘詮女士願意支持出版本書。黃建華董事長長期關注文化藝術事業，對於推動兩岸和平發展工作一向不遺餘力。趙翠慧女士是現代社會難有的人間菩薩，她讓我們認識到甚麼是「無我、無私、大愛」，紀錄她生命經驗與愛心的《周轉愛的人》（圓神出版）是我極願意推薦給學生朋友閱讀的書籍。黃湘詮女士融會中西畫風精髓，主繪山水植物動物，是兩岸著名的畫家，並長年為兩岸文化藝術工作交流而努力。他們三個人都是長年追隨星雲大師的弟子，因而也與我結不了一段難得的善緣。

另外，我也要感謝我敬佩的星雲大師、張作錦社長、黃年社長及依空法師等為本書作序，讓本書更有可讀性。張作錦先生是新聞界的前輩，他的文筆經常流露出對社會的關懷，令人感動與啟發。黃年社長的文章社論是我年輕時就必讀的作品，他在憲法、兩岸、民主政治方面精闢的見解，一向

是我學習的標的。依空法師在佛學、智慧、才學上的表現及貢獻，都令我萬分敬佩。最後我要感謝好友，生智出版社葉忠賢董事長，願意出版本書，讓更多讀者分享我的心得。

張亞中 合十

2016年丙申年（猴年）春節前夕

目錄

菩提樹下談政治

菩提樹下談政治

目錄

維護安全還是創造和平？

「安全」與「和平」，看起來這兩個詞好像沒有甚麼差別，其實在心態上有著顯著的不同。我們一想到維護安全，往往就立刻有幾種想法。首先是有沒有足夠的武力？如果沒有武力，對方打過來怎麼辦？武器因此要愈多愈好，愈精良愈佳。不過，問題來了，對方看你有武器，他也加緊生產或購買武器，而且要比較多、比較優。結果就造成了彼此的「軍備競賽」。在國際政治上，這會形成「安全困境」，即每一方都希望追求安全，但是結果卻造成彼此的不安全。

再來，對一些小國來說，自己武力不足，因而認為維護安全的方法就是與大國結盟，只要有大國的幫忙，一定可以維護和平。這樣的選擇必然需冒一定的風險，就是當大國與自己的對手交好，或者大國有其他利益的時候，小國就有可能被犧牲了。

兩岸目前已經有大三通，簽了海峽兩岸經濟合作架構協議（ECFA），雙方經貿人員往來頻繁，

不願說理是固執，不會說理是愚者，不敢說理是奴隸，不肯說理是無知。

但是彼此由於兩岸長期軍事對峙，台灣一直把中國大陸當成最重要的假想敵，因此，我們一直要求美國趕快賣飛機、武器給我們，認為只有足夠的武器才能確保台灣的安全。另外，很多人也認為，即使武力還是不足，但是未來如果台海發生衝突，美國一定會遵守《台灣關係法》，派兵來保護台灣。

我想用一個簡單的數學公式來描述如何維護安全。「對方的威脅能力＝對方武力的強度×對方的進犯意願」；「我方的防禦能力＝防禦武力的強度×防禦的意願」。如果「對方的威脅能力等於我方的防禦能力」，那麼就是勢均力敵的平衡，誰也沒有獲勝的把握，所以不容易發生衝突，雙方都維持了和平。

如果我們用這個簡單的公式來看兩岸關係，首先要問，這個公式的兩端可能平衡嗎？隨著大陸的經濟發展，國內生產總值（GDP）增加，有更多經費強化武力，其軍事力量目前已經超過台灣。另外，我們也可以判斷，如果台灣要走向台獨，大陸動武的意願一定不低。因此，如果要保持這個公式的平衡，台灣就必須加強購買武器，以及強化台灣的防禦意願。

現在問題來了，買武器是很貴的，一顆愛國者三型飛彈，連同發射設備，平均要新台幣二億元左右，按一下電腦鍵，飛出去就沒有了。每多買一顆，就少了一些經費給其他經濟、民生或福利部門。再說，要買多少顆才能確保可以攔截大陸對台灣的飛彈攻擊？更值得問的問題，今天在台灣有多少年輕人有為台灣安全打仗的意願？或許有，但是不會比中國大陸還強吧！由以上分析，可以清楚看出，台灣是無法讓這個傳統維護安全的公式平衡的。

或許有人會這樣想，買武器最主要是向美國買個保險，必要的時候，美國會來幫台灣。這種邏輯正確嗎？如果兩岸戰爭開端一起，美國一定會來嗎？我可沒有這麼樂觀。再說，等美國總統或國會決定派兵，烽火下的台灣又剩下了什麼呢？

要使得上述的安全公式有效運作，最簡單的方法，不是先去思考如何增加自己的武裝力量，也不是如何強化自己的防禦決心。我們不可能去改變中國大陸武器能力，但是可以做到一點，就是如何減少大陸對台灣動武的意願。或者更進一步，如何讓大陸對台動武的意願降到零。

零乘以任何數字都是零。當大陸對台灣沒有動武意願時，大陸武器多寡，我們也不用擔心了。就像美國是全球武力最強的國家，但是台灣幾乎不會擔心美國打台灣，因為美國對台動武的意願是零。

如何讓大陸對台灣動武的意願降到零。這就是我們從「維護安全」轉換為如何「創造和平」的

思想要國際化，生活在律儀化，語言要古典化，學習要現代化。

思路。這一條思路有不同的方法。最核心的方法就是我們不走向台獨。中共在二〇〇五年的《反分裂國家法》裡面已經清楚的表達出：只要台灣不獨，大陸就不會對台灣動武。

「創造和平」的方法並不難，讓大陸人愛台灣、尊重台灣人，和平就不遠了。看到台灣人民對汶川大地震時的關懷表現，大陸人怎麼還會想打台灣？當更多的大陸年輕人來台灣讀書，他們對台灣有感情、愛上台灣時，又怎麼會想打台灣？當兩岸經貿交流愈來愈密切時，誰又願意武力衝突？

政治的問題其實不難。以對抗、平衡、依附大國的安全思維只能維持短暫的安全；只有相互體諒對方的難處，設身處地為對方著想，用慈悲與包容才能創造真正的和平。

2011/6/2《人間百年筆陣》

請用文明來說服我　還是　我用文明來說服你？

陸客來台自由行，開啟了兩岸人民直接對話交流的機會。我們應該如何看待這個歷史的契機？兩岸目前雖然經濟文化交流頻繁，政治上仍處於敵對狀態。最好的結局就是對岸政治、社會制度、生活價值與台灣相似時，自然可以走向永久和平。

陸客自由行時代的來臨，開啟一個新的思考，即應該保守被動地停留在「請用文明來說服我」，還是積極主動地「我用文明來說服你」？

兩岸在文化、制度、價值方面有不少的差別，這是由於兩岸從一九四九年以後分別走上了不同的政治、經濟與社會道路。文化大革命期間，文化價值幾乎遭到摧毀。改革開放以後，以賺錢為目的又左右了新一代。一九九〇年代以後，大陸的經濟更是快速發展，引發了不少社會問題，促使北京在政治改革上更謹慎保守。

法無善惡，善惡是法；境無損益，損益在人。

一九九〇年代中期以前的台灣，在心態上是希望積極地影響大陸、改變大陸。當時的口號是「三民主義統一中國」，呼籲北京政府能夠推動民權，改善民生。一九八七年起台灣廢除戒嚴，開放大陸探親，一九九一年通過國統綱領，成立海基會，開啟辜汪會談。整體來說，整個思維是進取的。

大約在李登輝民選執政以後，台灣在「大陸與台灣不同」的問題上有了不同的思考。一九九六年以前是呼籲大陸接受或認同我們的制度，其後，「民主」成為兩岸不應該走在一起的最大理由。簡單地說，一九九六年以後，「我民主，你不民主，所以我不要與你在一起！」成了台灣的主流思維。

台灣人民在強調與大陸制度不同、價值不同時，都有一個隱約沒有說出口的意涵，那就是台灣的文明程度高於大陸。

知名作家龍應台女士在二〇〇六年一月寫了一篇文章：〈請用文明來說服我——給胡錦濤先生的公開信〉，同年出版了《請用文明來說服我》一書。龍應台清楚地傳達一個概念，即中國大陸的文明水準不及台灣，如果想得到台灣人民的好感，請變得文明一點。

這篇文章反映的是台灣人民的普遍心態。第一，台灣的文明高於大陸；第二，大陸應該主動先尋求改進與提升，否則兩岸就保持距離，以策安全。

簡單地說，「請用文明來說服我」反映出的認同是「你是你、我是我，我比你文明，你要與我在一起，請你變得與我一樣文明再說」，其本質是一種距離、一種排斥，讓兩岸的認同愈來愈遠。

二〇〇八年以後，兩岸關係大幅開展，從以往單向的訪遊到雙向的互動，大陸觀光客到台灣來的愈來愈多，也有更多機會與台灣民眾面對面、身臨其境台灣的文明發展。

如果我們的心態仍然是「請用文明來說服我」，那麼我們可能在路邊看到隨意丟菸頭、在公眾場合大聲喧譁、在捷運站爭先恐後的陸客時，會用不屑的眼光看他們，認為他們是一群缺少文明的暴發戶。如果我們能夠想想，大陸民眾正在經歷一個轉變的過程，如果我們用善意的態度，在公車、捷運、商場展現出我們守秩序、不喧嘩的文明發展，在互動時呈現我們和善、尊重的文化內涵，不就是在慢慢地用文明來說服他們嗎？

兩岸關係太重要了，因為涉及台灣的安全與發展。兩岸關係的改善，每個民眾都有責任，把我們最文明的一面呈現在大陸人士面前，讓他們認識中華文化的本質以及文明社會的展現。

當來過台灣的陸客回到大陸，他們的筆下是值得尊敬的台灣，口中是溫暖的台灣時，大陸又怎麼會再用武力打台灣？兩岸關係怎麼會不改善？

看得破的人，處處都是生機；看不破的人，處處都是困境。

陸客自由行開啟了一個新的兩岸交流時代，也給了全台灣民眾一個機會，請時常記得「我要用文明來說服他」。當然，我們也要提升自己的文明程度。

2011/6/30《人間百年筆陣》

放下「我們的執」

這幾天，一則新聞震撼世界：北歐的挪威、一個每年頒發諾貝爾和平獎的國家，發生了死傷慘重的案件。理由只是因為討厭穆斯林。

為厭惡穆斯林就要殺害毫無關係的年輕人嗎？這是「分別心」惹的禍。對於這些極端的民族主義分子來說，他們認為自己是在「替天行道」。這是典型的唯我獨尊、自以為是的瘋狂「我執」行為。

這件事絕非特例。古有十字軍東征，基督教與伊斯蘭，一個拿著聖經，一個拿著可蘭經，彼此殘殺。近有納粹屠殺猶太人，只因懷疑與嫉妒猶太人搶了他們的財產。「我群」永遠是對的，非我族類的「他群」一定是包藏禍心的。

經濟好，比較不會有問題，但經濟不景氣的時候，大家就在找代罪的羔羊了。

◆沒有新觀念，不會進步；沒有大格局，不會遠見。

曾經，世界上很多人都到美國去找尋「美國夢」，美國也因吸納世界的精英變得強大富裕。但是，由於經濟不景氣，美國茶黨崛起，若干州通過嚴苛移民法案，原本強調族群融合的美國，再度陷入「我群」對「他群」的歧視。

歐洲許多國家主張保護主義及種族排外的政黨或政治團體，人氣也正在上漲。德國新納粹仇視少數族裔，法國極右派「民族陣線」出頭。挪威的槍殺案只是把這股仇視用鮮血展現在世人面前而已。在他們看來，「我群」是不可被侵犯的，侵犯「我群」利益的「他群」，必須用鮮血來懲罰。

如果一個人站在街頭說：「我是最優秀的」、「我的利益應該優先」，經過的人大概都會說，「這個人可能有神經病」；當這個人說：「我的工作機會被搶走了」，行人會認為這可能是他不努力。但是，當這個人站在群眾面前大聲地說，「我們是最優秀的」、「我們的利益應該優先」，可能會博得全場的歡呼。不要訝異，「我」與「我們」的差別雖然只有一個字，但可以把我們內心的陰暗面徹底釋放出來。

當只有個人的「我執」時，愚昧所造成的傷害只是一個人。但是當「我們的執」形成時，會認為錯都在別人，自己人都是對的。歐洲新納粹、美國茶黨、伊斯蘭世界恐怖分子能夠群聚，不都是典型反應嗎？

「我們的執」其實就是國際關係學上所說的「民族主義」，或者可以說是「我群主義」。他們用「我們的利益」、「我們優先」來召喚支持者，其實最後獲利的是那些喊口號、製造分歧的政客們。

回頭看看台灣。十幾年來由於選舉的需要，族群問題不停被挑動。「我是台灣人」、「台灣利益優先」已經成為一個政治正確的口號，「中國人」也愈來愈成為禁忌。「台灣人」與「中國人」變成了「我群」與「他群」的差別。

在台灣與大陸分別是「我群」與「他群」的認識下，「我群」必須要團結，因此，任何說大陸好的人，都容易被視為是背叛「我群」的「他群」；主張兩岸交流的人，都被看成是「他群」的同路人。

星雲大師說得好：我是台灣人，我是中國人。大師下飛機到台灣說：我回家了；到美國、日本、大陸，乃至全世界各地，都說，我回家了。這種沒有「分別心」，沒有「我執」，沒有「我們的執」的胸懷，不正是我們應該思考與學習的嗎？

2011/7/29 《人間百年筆陣》

個人的性格，影響自己一生，群眾的性格，影響萬世族親。

從玄奘大師認識什麼是價值

前幾天，我的學生告訴我，台灣知名作家黃春明在一次對談中稱，建議家長不要讓孩子看偉人傳記，因為不少偉人傳內容「不切實際」。同學們因而問我的看法。

我反問同學：第一、你覺得是否應該讀偉人傳記呢？第二、你覺得哪一位歷史人物是最值得敬仰呢？

對於這兩個簡單的問題，我的幾個台灣大學碩士班的同學感到猶疑。他們難以回答第一個問題的原因可能在於，因為他們受了高等教育，學會了對任何事情保持一種批判的態度，在他們的眼中，傳統的偉人故事有太多的虛假，也有太多的道德教條，做為一個現代的自由人，應有自己的價值判斷，而不是跟著眾人走。

他們難以回答第二個問題的原因，可能是他們擔心答得不好，這是大多數學生的毛病，但是更有可能的是，他們已經很久沒有認真思考這個問題了。

除了人以外，其他動物不會思考生命的意義。做為一個人，必須要去思考，否則就很容易變成虛無主義者。生命虛無主義者認為，生與死沒有多大不同，反正每個人都會死，生命是無常，渾渾噩噩、得過且過，縱情享樂、自殺結束，都是可能的選擇。價值虛無主義者心中無所謂好壞、是非、對錯，說好聽點，用價值多元來掩飾自己的判斷，用「去中心價值」來為行為找到合理化的解釋，因此，只要成功、不擇手段；只要發財，不在乎是非；只要出名，不介意是否會有不良社會後果。

每一個人在成長過程中，都需要一些「榜樣」。我們向誰學習，或敬佩甚麼人，就注定了我們對於價值與是非的判斷與選擇。

我經常自問，歷史上哪個人物值得我敬佩，理由在哪裡？那一天，我告訴同學，古今中外歷史人物，最讓我折服的就是玄奘大師。

他一生為了一個信念而活，終身不改變。他為求得經典的原典和解答佛法疑難問題，踏上西行求法的路程。他窮盡一生探索真理，沒有改變。

他走過河西走廊、新疆的大漠，冒生命危險，憑藉意志力與信念，經中亞各國、阿富汗和巴基斯坦北部，又經喀什米爾地區、尼泊爾南部，歷盡千辛萬苦，終於到達中印度最高佛教學府那爛陀

最好的談判，是從對方的利益著手；最大的結緣，是幫助別人獲致成功。

寺。他這種堅忍無懼的精神，當今有多少人能夠做到。

他在那爛陀寺專心精研唯識經典和其他佛教理論，最後在遊歷印度各地考察學習，然後又回到那爛陀寺講學和撰述。當時的印度的戒日王為其開講堂，邀所有研究佛法和印度各學派學術參與辯論，沒有一人能夠辯駁玄奘，為他贏得了「大乘天」和「解脫天」的美稱。

他沒忘初衷，他更大的目的是要把佛法譯成中文，供後世學習。在孤獨求法十七年，經歷一百一十國，行程五萬餘里，帶回佛經六百五十七部，然後在長達十九年的歲月中，以堅韌不拔的意志，夜以繼日，翻譯大小乘佛經七十五部一千三百三十五卷，為佛教在中國留下生機，充實豐富了中國傳統文化。

他的《大唐西域記》，記載了當時印度的歷史、建築、風土人情，為近代研究印度留下了線索。十九世紀考古學家史坦因就是依靠玄奘的著作，掘發了古印度的歷史。印度歷史學家阿里因此說：「如果沒有玄奘，重建印度史幾乎是不可能」。英國史學家史密斯也說：「對於印度歷史來說，怎樣評估玄奘都不為過」。

玄奘為人類文明的傳播、佛教思想、中華文化做出巨大貢獻。他一生不為私利，全為公德。他一生不懼艱難，在西行大漠無水無糧、幾近昏迷時，仍持「寧可西行而死、絕不東歸而生」的求法信念，有幾個人能夠做到？

為何要給年輕人與自己建立一些學習的榜樣與典範？他們的行為、精神、理念、貢獻，可以做為我們判斷當前社會價值的標準，了解價值的高低、優劣、從而知道甚麼才是應該敬佩的人生。

2011/8/29《人間百年筆陣》

佛陀的主張是超越神權的控制，掌握自我的命運；淨土的理念能達到生權的理想，建立平等的國度。

百年中國：迷悟之間

十月就要到了。我們要如何慶祝或回顧我們祖、父、兄輩曾經走過的這一百年？

滿清末年，西方列強開始垂涎中國。中國人面對如何救中國的問題。最先認為只要「船堅砲利」就能救中國，後來證明這是個迷，「維新變法」才是正悟。但接二連三的割地、賠款、不平等條約，證明「維新變法」仍然是迷。甲午戰敗，割讓台灣成為清廷走不出迷所付出的代價。孫中山認為，只有武力革命才是悟。百年前的武昌起義，千年帝制變成了民主共和。

可惜，人民只知共和，不知民主。知識分子又發現，一夜成功的革命只是個迷，缺少民主內涵的共和制度並不能夠阻礙軍閥循私割據。巴黎和會讓北京大學青年學子認為，沒有民主與科學，中國的發展走不出迷，必須要拋棄傳統，走完全西方的道路才是真正的悟。一九二一年成立的共產黨認為只有馬克思主義才能給中國帶來真正的悟。事後看來，仍舊是迷。

北伐成功，難得有黃金十年提供國民黨實踐其現代化理想。東北邊的日本，忍不住了，他們想，不趕快打斷現代化，中國起來怎麼辦？這是日本繼甲午戰爭第二次打斷中國的現代化進程。

要先剿共還是抗日，先安內還是攘外，中國人又陷入迷霧。當時在日據下的台灣同胞也迷了，到底要為中國這個「祖國」，還是日本這個「主國」效忠作戰？

好不容易抗戰勝利，國共兩黨再次鬩牆，爭的到底是主義、路線，還是權力？人民已經分不清了。

不出五年，一九四九年國共分治。大迷之後總會有明悟。檢討以往失敗的經驗，國民黨在台灣重新開始，成功的土地改革，讓經濟快速發展。中國大陸卻又陷入大迷。經歷了三面紅旗、文化大革命，不正常死亡數千萬人，超過了對日抗戰死亡人數。

也是大迷之後的大悟。一九七九年起大陸的改革能夠開放，也是對於文化大革命災難的大徹大悟。從此，放下了形式上的主義與路線，選擇「摸著石頭遊河」，以「不管黑貓、白貓、能抓老鼠的就是好貓」的務實理念，開啟了快速經濟發展。

從此以後，兩岸在現代化的道路有了交集。但彼此的認同並沒有因為交流而改善。到目前為止，大陸沒有放棄將飛彈對準台灣，台灣也沒有放棄向美國軍購。在台灣，有的主張「九二共識」，有

顯正首要破邪，揚清必先激濁。

的主張「台灣共識」。前者批評後者是不切實際的「預售屋」，後者批評前者是隨時可拆的「鐵皮屋」。到底誰是迷，誰是悟？

回顧百年歷史，如何回顧？已經百年了，政治人物還在爭議誰對誰錯，兩岸在爭誰屬於誰？誰不應該屬於誰？統一、偏安、台獨？哪一條是未來的前途？到底哪一種制度比較好？誰是迷，誰是悟？

去年四月間在日本富士山下的本栖寺兩岸學者召開「本栖會談」時，即提出要拍一部百年中國歷史紀錄片的構想。當時第一個問題，百年中國歷史很複雜，到底應該從甚麼角度切入。在本栖寺暮鼓晨鐘、佛音裊裊的感受下，當下決定，用星雲大師的「迷悟之間」為紀錄片定性。

這部長約三百多分鐘的六集紀錄片，跨越百年歷史，探討整個中國現代史的進程，兩岸五十餘位重量級學者接受訪問，是迄今為止唯一由兩岸共同參與製作的史觀紀錄片。資料嚴謹、立場客觀、拍攝地點包括重要歷史場景，費時兩年完成。

星雲大師為了表達對我們的愛護，特別為紀錄片的片名「百年中國：迷悟之間」題字，並在紀錄片最終時出現為百年中國祈福與開示。

大師說：「自從鴉片戰爭之後，滿清腐敗。民國成立以後，內戰、軍閥割據、抗日，種種的事端都是由於對立，人民辛苦。所以現在這個時代進步，希望我們所有的全中國人民消除對立，大家和平相處，大家享受一種人間的自由民主，不要再爭什麼，所以我們民眾的希望，用慈悲愛心和平來和諧相對」。

「用慈悲心愛心和平來和諧相對」是大師對我們慶祝中華民國百年、紀念辛亥百年的期許，值得兩岸全體中國人深思反省。

為了表達對大師的尊敬，我們願意將紀錄片無條件提供給人間衛視播出，並送給佛光山全球每一道場一套DVD。

2011/9/27《人間百年筆陣》

懂得將「佛法」運用在日常生活，就「有辦法」隨緣任運自在；能夠以「佛法」的觀點看待一切，就「有辦法」處理多變人生。

大學教育：公德與功德

近來有幾件新聞，讓我們可以好好思考大學教育的目的在哪裡？

廣達董事長林百里先生語出驚人，對著數百名參加台北世界設計大會的設計師、學生和學者，直言「我超恨台大電機系，念書如同念聖經」，並痛斥台灣的教育方式有問題，教師應鼓勵學生「創新」，不該是死讀書及格就好。他還反諷地說：「我讀書讀不好，所以我才會成功。」言下之意，他由於沒有受到學校教條的框框，反而得到了今日的成就。

林百里的談話並沒有引發社會多大的指責，台大電機系主任反應說，林先生是「愛之深責之切」；台大教務長也說，時空背景已變，台大已「脫胎換骨」。這些回應均無任何怨懟，除了回應者的與人為善以外，另一個原因可能在於，認為林先生是一位成功的商人，他還為電機系捐款，一個成功者的發言，自然有其道理，應虛心接受。

另外一則新聞，所反應出來的就不是與人為善，而是憤怒與不安了。近幾個月來，西方社會人士從阿拉伯之春得到靈感，走上街頭，開始時，活動的目標是要持續占領紐約市金融中心區的華爾街，目前該運動已發展成「一起占領」（Occupy Together），蔓延至全世界各地。這項運動的目的在反抗大公司的貪婪不公和社會的不平等，反對大公司影響美國政治。

成功的商人或資本家，是街頭運動者的對象。資本家們不斷「創新」，希望消費者能夠盡速汰舊換新，發明金融衍生商品，進行金錢遊戲。他們為社會創造了更高的整體國內生產總值（GDP），結果卻是環境資源不斷被掠奪。隨著全球化速度的加快，M型的兩極社會已經是全世界普遍的現象。

如果用世俗「成功」的標準來看，林百里先生與華爾街的資本家們都是成功的企業人士，他們幾乎都是出身名校，但是為何這個世界並沒有因為這些名校學生而變得更美好，反而是愈來愈貪婪，貧富差距愈來愈大？問題出在哪裡？答案自然很簡單，社會的價值標準出了問題。

透過家庭、學校、社群的學習或相處，每個人都形成了異同的價值信仰。西方的價值體系基本上是以個人「自由主義」為基礎，著重的是個人能力的表現，以「社會契約」做為約束彼此行為的標準。在這樣的思想體系下，西方資本主義自然有了溫床，能力與成功畫成等號，成功者才能為社會所肯定。

◆

一個人心量有多大，事業就有多大；一個人心能容多少，成就就有多少。

在以能力與成功做為檢驗的工具下，競逐不是選擇之一，而是唯一的選擇。「名」與「利」成為衡量成功的依據。人們逐漸忘掉關切他們為何會成功，也不在乎他們成功的路徑是否符合正義，也不願意去評論他們為社會帶來什麼。

在這樣以「契約」做為社會連結網路的社會裡，人們關切的是「契約」是否合法，而非合理或合情，因此可以看到很多年輕人在高科技園區每天被迫工作到近半夜。公司可以高調地說，「這是市場，願者來，不願者去」。在一個以契約為基礎的社會，很多公司都有可能成為一個不同程度的血汗工廠。

林百里先生認為在台大期間「念書如念聖經」。基督徒大概不會認為聖經是無趣的，聖經裡面的哲理應該足夠讓信徒一生去反覆體會。聖經教的不是創新而是生命的價值與意義。同樣的，大學之所以為「大」，它存在的目的，是希望為社會培養一個全人，一個不僅是有技術知識的個人，還是一個將來可以為社會謀共利的社會人。

一個人的成功不應該只是名與利的累積，而是他能夠為社會提供什麼樣的「公德」與「功德」，這才是大學教育的目的。

「占領華爾街」的全球公民運動看來還會持續一段時間，這是西方個人主義、資本主義一發不可收拾的必然困境。在這個資訊爆炸時代，大學所缺的已經不再是如何傳播知識，更重要的應是，如何培養一個健全的社會人，一個對社會要有貢獻、關懷與承擔，一個引領社會擁有「公德」與給社會更多「功德」的人。

2011/10/28《人間百年筆陣》

凡事皆有利弊，只要懂得權衡之道，往大處著眼，枯石朽木也能入藥；凡人皆有長短，只要懂得用人之道，取彼之所長，破銅爛鐵也能成鋼。

健康也是一種責任

坐捷運去學校時，在忠孝復興站轉車，下文湖線的電扶梯時，總會看到一面大幅的廣告，上面有美容醫師的保證：「一瘦就是一輩子」。

一個簡單的問題：我們應該「瘦一輩子」還是「健康一輩子」。「一瘦就是一輩子」這樣的觀點，背後隱藏了多少偏差的價值信仰？又誤導了多少女人的優先選擇。

「肥」與「瘦」有其身高與體重的換算標準。有人天生體質易胖，有人怎麼吃也不會胖。「太肥」與「太瘦」對身體都不好，都應該調整。可是在商品的宣傳中，「肥」與「美麗」幾乎很難畫上等號。「減肥」因此已不再是個「健康」的訴求，而是「美麗」的必要條件之一。電視廣告、影視女模、談話節目，似乎都刻意或不經意地傳達這個概念。

「健康」有一定的客觀標準，但什麼是「美麗」，卻是相當主觀的。減肥者有時會陷入迷惘，總是覺得自己太胖，不夠美麗。結果為了減肥而讓身體機能運作逐漸失序，進而失去了健康。

當「瘦」變成價值或信仰時，健康往往就被忽略了。減肥是否成功是自己的事，但是在人際關係上，失去健康，就牽涉到他人的生活。

兩個人一起登山，如果走累了，前面五分鐘，一個人可以揹另一個人，對一對情侶來說，這是一個美麗的負擔。如果要揹五十分鐘，對一對夫妻來說，可能是義務的負擔。如果要揹五個小時，對於任何有關係的人來說，都是痛苦的負擔。如果需要揹上五天五夜，那麼就可能是心有怨懟的負擔了。

當然，每個人都有善良的一面，父母兒女、夫婦之間，兄弟姊妹之間都有超過一般友誼的情感。但是做為一個善良的人，需要有意或無意地考驗他人的善良嗎？

如果身體不健康了，即使外表看起來是「瘦」了，身邊最愛你的人能夠不管嗎？這種犧牲部分健康，只為滿足自己的「美麗」，是否過於自私呢？

有人可以說，我就是要「瘦」，如果將來有問題，你們不要管我！但是我們捫心自問，如果真的身體弄壞了，身邊的人能夠不管嗎？一個把自己身體搞差，或不珍惜健康的人，其實是缺少家庭道德的人，因為他的家人被迫檢驗是否有足夠的同情心、愛心或與責任心。

邪知邪見，似是而非，使人沉淪；正知正見，明心見性，使人自在。

如果因為年老而活動日益困難，當然需要他人的協助與關懷。但是如果一生都不要麻煩別人，那有多好！能夠幫助別人，而不需要別人照顧，是一件多麼有福氣的事。不給他人添麻煩，不也是一種美德嗎？

健康的父母是兒女最大的幸福，特別在工業資本主義時代，兒女要天天守在床邊照顧父母幾乎不可能。健康的夫妻更是彼此的最大幸福，不需要考驗對方的耐心，也不必檢驗對方在患病時是否真的不離不棄。

要維持好的體態，不是一件容易的事，在飲食上需要節制，在運動上需要持之以恆。我們要追求的不是「瘦一輩子」，而是「健康一輩子」。醫生不應該只是教他人如何「瘦」，而是協助他人活得「健康」。

當我們過度肥胖時，應該想到的第一個問題是，是否會因為太胖而讓身體不健康，進而將來會麻煩他人？當要減肥時，要想到所採取的方式是否可以犧牲健康為代價，而造成親人日後的困擾。

自己不健康，活得不會快樂，多運動去吧，保持健康不只是為自己，其實也是一種人我的道德，也是應盡的責任。

2011/11/23《人間百年筆陣》

龍天護佑　新的一年

過完冬至，一年就要過去了。與往常一樣，這一年有快樂，也有憂愁。

人生無常。台灣剛剛撫平「九二一大地震」的陰影，今年三月日本的「三一一地震」讓台灣人民再次感受到了人生的無常。不僅是天災，也有人禍。伴隨著地動海嘯的是軸射線擴散的恐懼。台灣人民展現巨大的慈悲心，短短一個月內，台灣捐款救災金額超過四十億台幣，居世界第一，讓日本感受台灣的溫暖與大愛。期望明年風調雨順，平安就是福。

世事無常。五月一日，一手策畫攻擊美國紐約雙子星大廈的恐怖分子賓拉登，被美國擊斃。美國終於為在雙子星喪命的約三千名同胞報了仇。十月二十日，利比亞的強人無法擋住「茉莉花革命」的浪潮，在反抗軍的槍下結束了在利比亞四十二年的獨裁統治。兩位美國眼中的麻煩者相繼消失，對美國而言是正義的伸張，但是伊斯蘭世界與阿拉伯國家並沒有因此變得更為平靜。北韓的金正日

勇者創造命運，弱者依賴命運，仁者靜觀命運，智者改變命運。

也在年尾時撒手人寰，未來的朝鮮半島是否還能相安無事，誰也不知道。倒是美國在暫時結束全球反恐後將重點移向亞洲。「美國重返亞洲」會是另一輪東亞的權力競逐，還是美國霸權的鞏固？美國如何處理或介入朝鮮半島問題？看來明年的東亞並不平靜。

慾望無常。今年資本主義的世界發生兩件大事。帶領蘋果電腦再現雄風的賈伯斯向世人永遠說再見了。他的不斷創新寫下了資本主義「贏者通吃」、「贏者尊榮」的鐵律。不少原本的巨人，像是諾基亞（NOKIA）手機，都在賈柏斯面前倒下。這個世界或許因為蘋果電腦新產品變得更方便，不過每個人手上時髦的 iPad 並無法改變貧富差距愈來愈大的事實。賈伯斯像個魔術師，永遠給人們新的驚喜，特別是滿足了追逐神奇時髦者的欲望，但他畢竟仍是資本主義世界裡的一個過客，他只是在創造消費而已。

金錢無常。在大西洋的另一端，歐洲五隻小豬還是困在豬圈裡，「歐債危機」是美國資本家們闖的禍，讓歐洲人來收拾。不過，歐洲人也不要把責任完全推掉。希臘人等南歐人那樣只知自己生活享受，而不管社會群體，休閒享受重於一切的人生態度，是他們無法跳脫「歐債危機」的另一個原因。我們不是要責備他們，但是美國與歐洲已經把我們拖下水了，台灣的股票一直往下掉。在全球資本市場高度連動下，看來明年似乎還是難以逃出資本主義貪婪與牽動的魔爪。

天災、人禍、報復、鬥爭、復仇、貪婪、幾乎每年都在新聞媒體的版面出現，明年大概也不會特別的平靜。美國已經決定重返亞洲，他首先要面對的就是北京在東亞的戰略布局，雙方在南海問題、釣魚台或兩岸問題上是否會碰撞？中國大陸會進行「十八大」的換屆，台灣在一月十四日也要進行全面性的大選，其結果必然會影響現在兩岸的和平發展路徑。現有的兩岸互動是否會停止或中斷，不僅我們在關心，全球也在看。資本主義的貪婪會繼續侵蝕，歐債風暴不可能馬上停止，我們未來的新政府是否有能力因應？

人的力量即使有限，但是問題來了還是要人來解決。今年已經結束，展望來年初，希望人民能夠選出一個能夠給人民安定、安全、安心與希望的政府。這是我們在明年初能夠為自己做的事。

有些事，我們急也沒用。明年是新的一年，也是中國人民俗的「龍年」。值得高興的是，佛陀紀念館要在十二月二十五日落成了。這座由十方信眾、萬方結緣所興建的紀念館，期望能夠幫助每個人開發清淨的佛性，並為人間注入善美與真心，帶來社會的安定與和諧。或許大家有空，攜家帶眷，到佛光山看看，為自己、為國家，也為兩岸和平祈個福。

新的一年，我們除了自己努力，也共同祈禱「龍天護佑」吧！

2011/12/23《人間百年筆陣》

與其坐待因緣行事，不如創造因緣機會。

願馬總統再造公平正義與兩岸和平

我們恭喜馬英九總統繼續連任，也為選舉能夠順利進行、平安落幕感到高興，這是台灣民主的再一次成功。馬英九即使獲得連任，但是他也從四年前贏對手二百二十萬票，降到這次只贏七十多萬票；蔡英文雖然帶領民進黨度過了最低潮的時刻，仍舊沒有辦法得到台灣人民的青睞。這兩個黨出了甚麼問題？現在是檢討並再出發的時候了。

蔡英文在這次選舉中有兩個致命性的缺失。第一是否認「九二共識」，第二是沒有刻意地與陳水扁的貪腐畫清界線。前者等於把台灣帶入了可能的險境，後者等於放棄喚回台灣社會應有的良善價值，喪失了社會的公義。

馬英九自二〇〇八年上任總統以來，以「九二共識」為基礎，開啟了兩岸的大交流，促成經貿密切往來。大三通方便了兩岸商旅，大陸觀光客大量來台，強化了商機。包括 ECFA 在內的十六項協議的簽署，為台灣與其他國家簽署 FTA 減少了政治性的障礙。沒有「九二共識」不會有外交休兵，持中華民國護照者目前可以在全球一百二十四個國家或地區享有免簽證的待遇，自然也是兩岸外交休兵的結果。更重要的是，兩岸人民共同享受到和平的紅利。

作為一個政黨，民進黨自然可以提出取代「九二共識」的方案，但是由於蔡英文一直沒有提出一個超越「九二共識」的兩岸論述，受到外界，尤其是企業界大量的質疑。他們認為如果蔡英文當選，將會使得現有兩岸和平發展趨勢停滯倒退，因而紛紛站出來支持「九二共識」。選前一天，宏達電董事長王雪紅就是一個鮮明的例子。選舉的結果也顯示，人民還是支持兩岸關係的穩定與和平。

另外，人民對於總統或所有政治人物，最基本要求就是奉公守法，潔身自愛。為了考慮深綠的基本選票，蔡英文在面對陳水扁家族的貪腐案，總是沒有與陳水扁畫清界線，某些傾扁的談話更凸顯了馬英九的清廉形象。而在立法委員不分區名單上仍舊無法給人煥然一新的感覺，使得民進黨在這次選舉中失去了社會道德的價值的制高點，無法贏得更多中間選民的選票。

馬英九總統即使贏得選舉，但較上次選舉的得票已有縮小，有兩個重要的原因。第一是馬英九無法讓兩岸和平發展的成果，由所有人民共享。第二是馬英九沒有明確的國家方向與兩岸和平發展論述。

資本主義發展的結果很容易造成貧富不均，全球化又加速了貧富不均的差距與速度，台灣也沒有跳

出這樣的宿命。由於兩岸和平紅利，台灣得以在上一波的全球金融風暴中未受到太大波及，但是兩岸經貿發展的果實，並沒有讓全民所共享。一般大學生的薪水不但沒有增加，失業待業的比比皆是。台北市的房價漲的驚人，年輕人幾乎無法自力在台北購屋。兩岸和平發展的紅利多數被大企業主或中間商所拿走。全民的生產總值有增加，但是社會缺少公平正義，使得馬英九政府的治理能力受到很大質疑。

在兩岸關係方面，所謂「九二共識」，是一九九二年兩岸為事務性協商所達成的互信，沒有這個互信，二〇〇八年以後的十六項協議不可能簽署。但是兩岸關係的本質是政治問題，如果兩岸無法對政治關係進行安排，現有的事務性交流隨時會碰到阻礙而停滯或倒退。若要鞏固與持續目前的和平發展成果，兩岸有必要在政治面上達到共識。

對於兩岸政治關係，北京方面在意的是「一個中國原則」，我們這方面不能退讓的是兩岸必須為兩個平等的憲政秩序主體。如何在這兩者之間取得平衡，這正是馬英九總統在第二任所必須處理的重大議題。如何在「九二共識」基礎上，建立一個「後九二共識」，是未來要共同努力的目標。

我們再一次恭賀馬英九總統，也期望在未來的四年中他能夠為社會創造公平正義，為兩岸建立長久的和平。

2012/1/15《人間福報》專論

盼新政府推動台灣社會與兩岸關係的道德對話

新春新氣象，新內閣正式成形了。由陳沖與江宜樺兩位分別擔任行政院院長與副院長，象徵新政府將以因應全球財經挑戰與促進社會公平正義，做為未來施政兩大主軸。這兩個方向是正確的，但更重要的是我們需要調整的心態。

政治學上，「功利主義」與「個人自由主義」是兩個主要的思維。「功利主義」認為，政治的目的是為絕大多數人追求最大的利益。換言之，為了社會的整體利益，可以犧牲少部分人的權益。「個人自由主義」認為，每一個人都有基本的權利，政治的目標必須顧及到每一個人基本的權利，為了大多數人的利益而犧牲少數人的利益是不道德的。

功利主義有兩個缺陷：第一、它將正義與權利變成計算問題，而非原則問題；第二、它把人的所有付出都用一個度量衡來計算，把一切價值放在一起比較，而不考慮其中的性質差異。功利主義

「擁有」的層面有限；「享有」的樂趣無窮。

走到極端就是任何東西都可以換算成價錢，包括愛情、慈善、幸福，都可以用金錢或數字來衡量。

個人自由主義崇尚一些基本的人性價值，認為某些核心價值是無法計算的。某些價值應該大於功利的考量，這種看法彌補了功利主義的第一個缺陷。但是，個人自由主義所在乎的核心價值，多在於自身的權益與程序正義，包括自己的自由與人權。對於人與社會的關係，例如人生的道德價值、人生的意義、社群生活的品質為何？不是沒有多著墨，就是認為這些無關社會的正義。

功利主義與個人自由主義是西方的兩大主流，透過資本主義運作，它們也影響到整個世界。我們現在已經看到了其中的問題，在資本主義的價值體系裡，只要合法，一切行為都是允許的，只要合法取得，利潤多少是買賣雙方面的兩廂情願的結果。貧富不均、價值混亂自然成為普遍現象。第二、強調形式上的程序正義，而忽略了本質上的結果正義，使得這個社會有個人的自由，但缺乏社會共同的歸屬感與認同感，人們在乎的是自己的權利，而忽略了自己其實也是社會的一份子。

如果一個社會不能培養公民精神，只是一些唯利是圖的個人所組成的團體而已。貧富差距與價值混亂是值得擔憂的，它會破壞民主社會維繫公民意識所需要的團結。差距愈大，貧富兩者的生活圈就可能會脫鉤，社會的相互不信任感就會增加。我們期待新的政府除了帶領人民保持經濟發展、避免貧富不均惡化，更期待重建人民對於社會的整體公民意識。

中華文化裡有很多內涵是西方功利主義或個人自由主義所欠缺的。我們的文化強調「己所不欲，勿施於人」、「推己及人」、「民胞物與」、「仁愛」、「忠恕」。這些正面的傳統中華文化，是我們在面對資本主義與個人自由主義洪流時，必須重拾的社群文化價值。同樣的，在處理攸關台灣前途最重要的兩岸關係時，我們也不能只是從「功利主義」與「個人自由主義」來思考。「功利主義」考慮的是兩岸交流中的獲利，台北方面在乎的是能否繼續賺大陸的錢，大陸方面在意的是能否透過經濟讓利取得拉攏台灣的政治利益；透過「個人自由主義」思維的放大，台北在乎的是主權是否獨立，北京在意的是否會傷及主權完整。這樣思維下的兩岸關係是缺乏「道德正義」的，兩岸的基本互信很難建立。

無論對台灣內部事務，或是兩岸關係，新政府均應該啟動公民對話，認真探討如何建立一個公平正義的社會，如何發展一個公平正義的兩岸關係。只有功利、只有個人，在族群間、貧富間缺乏公共歸屬的社會是難以幸福的。同樣的，只談利益、只關心主權，而在政治、經濟、文化上缺乏兩岸為命運共同體的認同感，兩岸是難以和平發展的。

2012/2/2《人間百年筆陣》

能和，則能共存共榮，不和，勢必同歸於盡。

李白是不是我國的詩人？

郝前院長提出了教科書的問題，但是由於媒體將重點放在二二八死亡人數上，而沒有探討另一個更深層的問題。即我們國中與高中歷史教科書的結構，帶給了年輕朋友什麼樣的史觀與國族認識。

前幾天在台大上課的時候問同學一個問題：李白是「我國詩人」、「中國詩人」或是「兩者皆是」？同學們對於這個問題感到有些困惑，困惑點在於「中國」是不是「我國」？

這就是台灣近十餘年教育所帶來的結果。台灣人民對於自己的認同出現了不同的看法。

「山川壯麗、物產豐隆……光我民族，促進大同」是我們所熟悉的〈國旗歌〉的歌詞。「山川壯麗」指的是黃河與長江在內的山川，「民族」指的是歷史已有五千年的中華民族。依照目前中華民國的憲法，中華民國主權涵蓋全中國。我們屬於中國，中國也屬於我們。我們是「台灣人」，但是也是「中國人」。這也是為什麼認為從中國大陸帶來的故宮博物院收藏的都是「我們」的寶藏。

兩岸關係是內戰的產物。到目前為止，我們仍稱「兩岸關係」而非「兩國關係」，其理由即在於彼此雖然由各自的政府所治理，但是在主權方面均主張各自的主權包括對方，因此，兩岸在主權的主張上是重疊的，兩岸不是「兩個主權國家」，而是「一個中國、各自表述」，也就是我們主張中國是中華民國，大陸也可以主張中國是中華人民共和國。在這樣的認知下，中國既是北京的，但也是台北的。

不過，經過十多年台灣政治的發展，目前的實際情形似乎有了改變。對於現在的年輕人而言，我國的土地只剩下了台灣的美景，而不是〈國旗歌〉裡面的「山川壯麗」，歷史也只剩下了台灣的在地史，與中國大陸或宋元明清間愈來愈沒有關係了。為何變成如此？

其中一個關鍵因素是我們歷史教科書的書寫方式已經改變了。首先是教學的順序。一般而言，歷史必須有時序的概念。如果我們要教「國史」，應該是從最源頭的民族文化發展開始，然後進入中華民國。但是我們現在的教科書卻是先教「台灣史」，再教「中國史」。

目前「台灣史」的書寫方式，是從原住民開始，經過荷蘭時期、明鄭、清領（清朝占領）、日治（日本治理）、然後到一九四九年國民黨政府來到台灣。這個順序有幾重意涵。第一、它是模仿歐洲發現新大陸的「殖民史觀」，即台灣本來是有「原住民」，後來所有的政權，包括荷蘭、明鄭、

藥無好歹，癒病者良；法無勝劣，相應者勝。

清、日本、國民黨都是「外來政權」，一直到一九九二年的台灣立法院全面改選，或一九九六年總統直選，台灣這塊土地上才有了真正的「本土政權」。

第二、將一九四九年以後的中華民國放在「台灣史」，而把一九四九年以前的中華民國將放在「中國史」。那麼，一九四九年以後的「中國史」內容是甚麼呢？各位可能不會想到，完全是中華人民共和國在大陸的政治、經濟、社會發展，不再包括中華民國。換言之，我們在歷史教科書上，已經接受中華人民共和國延續了一九一二至一九四九年的中華民國在中國史上的地位。這也等於自我否定了我國在一九七一年以前在聯合國與中共爭奪中國代表權的努力作為。這代表我們的歷史教科書已經確立兩岸為「一邊一史」。

這種歷史教科書所培養的年輕一代，自然視「台灣史」為中華民國的「國史」，因此，我們已經不是「中國」，不只李白變成中國詩人，孔子也成為中國哲人，而不再是我國的思想家。

教科書這樣的書寫方式其實已經違反了中華民國的憲法。這樣的史觀看似符合台灣主流民意，但是它卻是近十多年台灣政治作為所建構出來的。其結果不止會將兩岸未來帶入「兩國關係」，而使得兩岸目前的和平關係產生質變，也讓我們下一代失去了對於中國的話語權，這對年輕人是不利的。

為符合中華民國憲法，以及讓年輕朋友有個正確的歷史觀，我們不應該讓中國大陸獨享，而自我放棄了中國歷史的話語權。衷心建議馬政府，能夠重新調整歷史教育的方式。第一、不要再區分「台灣史」或「中國史」，而統以「本國史」表述即可。第二、教學順序上，應從中華文化道統的脈絡，即從堯舜禹湯…開始，而不是先教「台灣史」再教「中國史」。

給年輕朋友一個正確的史觀，等於是給他們一份歷史文化的資產，為政者應有這種責任。

2012/3/5《人間百年筆陣》

希望可以寄託於明日，行動必定實踐於今日。

教養是一種品德：包容與慈悲

幾年前一次總統選舉的辯論會上，成功大學黃崑巖教授曾請教候選人對教養的看法。幾位總統候選人都支吾以對，不知所云。

這些總統候選人都是政壇上的沙場老將，閱歷豐富、口齒伶俐，他們很容易在政策的方向上批評對方、在政策的價值上指責對方，卻無法清楚的談論什麼是教養。

同樣的場景出現在每天電視的新聞評論節目。名嘴對同一事件可以有完全不同的看法，個個言之成理，並把對手陣營批評得一無是處。他們的談話固然有助於釐清一些事實，但是他們的態度與立場讓電視機前的觀眾陷入焦慮，甚而仇恨。

最近的例子是台北市都更案。站在功利主義的立場，公共政策是為絕大多數人謀取最大的利益，因此，只要符合法律規定的絕大多數住戶同意時，少數就應該服從多數，讓都更案順利進行。相對的，站在個人主義的立場，多數人不可以強制少數人的權益，否則就是公正、正義與人權的喪失。

有關都更案的討論其實是政治學上兩種最基本的價值選擇。社會上功利主義與個人主義的辯論永遠不可能有滿意的答案。因此，我們必須學習站在另一個角度去看這些問題。

在我們的文化傳統裡，對道德是比較有意識的，做事情的時候，常會問「是非對錯」的問題，特別是我們總喜歡去挑別人的錯處，只要抓到了誰的道德瑕疵，往往就成了論斷這個人的根據。可是自己的主張就一定是對的嗎？誰又不會犯錯呢？

每個人的知識有限，天下也沒幾個人經得起嚴格的檢驗。這並不是說是非對錯不重要，重要的是我們應該如何來面對自己或別人的是非對錯。這就牽涉到了教養的問題。

教養是一種我者如何看待他者的態度。教養牽涉到的不是「是非對錯」的判斷，而是一種人與人之間「同情共感」的能力，一種理解別人、體貼別人的能力。

我們看到別人犯了錯，合理的面對方式，絕非不分青紅皂白，就把他臭罵一頓，也不是像鄉愿一樣，睜隻眼閉隻眼。一方面我們要清楚知道他錯了，另一方面要儘量去理解他為什麼會犯這樣的錯。這樣的同情不僅可以給他人留下空間，有迴旋的餘地，從錯誤中學習，也給自己留下寬容的餘

批評不必怕，阿諛才可畏；失敗不必怕，無知才可懼。

地，來長養自己的愛心，並且通過別人的過錯，來真正看清楚人性深處的脆弱，以此來堅強自己的人格，避免重蹈覆轍。

教養是一種包容與慈悲的態度，它已經遠遠超過了價值是非的判斷與及功利主義或個人主義對於公共政策的辯論。

堅持做一件合於道德規範的事情，表現出個人的人格強度。孔子說「剛毅木訥，近仁」，所謂剛毅的人，是指其人格上比較堅強，可以抗拒誘惑。我們對這種人表示敬佩。捍衛群體利益與珍惜弱者的公平正義，同樣也能得到我們的尊敬。但是我們更應該學習的是，能夠對別人同情共感，表現出個人的「人品」。

古人最喜歡的一種人品，就是「溫柔敦厚」，這是因為溫柔敦厚的人知道給人留餘地，也給自己留餘地。他能欣賞別人，鼓舞自己，於是就在他和別人同情共感的互動中，顯示了天地之美。也就在這種美的欣悅中，可以感受到教養為人間帶來的力量。

我經常體會星雲大師所說的「迷悟之間」。的確，人間的事不僅常在對錯與是非之間徘徊，我們應該把它看成是迷悟之間。以「迷悟」來看世間，會更多一層將心比心與體諒，也才會有包容與慈悲。

去年我與朋友製作了一部近現代史的歷史紀錄片，大師給我的啟示，讓這部紀錄片以《百年中國：迷悟之間》為名。如何看兩岸的歷史過去，是要在對錯與是非之間糾纏爭辯？或許比較好的辦法是從有「教養」的態度去看過去、去理解對方。

這些年來，我們的社會是不是充滿了暴戾之氣呢？好多人都自認為是正義的化身，結果常常為了爭正義，給社會帶來了仇恨與暴戾。社會要進步與祥和，是否也應該有更多包容與慈悲的教養呢！

2012/4/4《人間百年筆陣》

改心換性是改變命運的藥劑，回頭轉身是開創命運的良方。

如何避開資本主義的陷阱

近來油電雙漲引發物價上漲，如何徵收證所稅也引起股市的騷動。馬英九總統第二任期還未開始就已經面臨了巨大的危機，民意支持度更是直直下滑。

馬總統說，油電凍漲已經多年，現在的漲價只是為反映實際支出而已，今天不漲明天就會付出更多。但是一般老百姓會認為日子已經愈來愈難過了，油電雙漲後只會更加惡化。他們認為，政府的責任應該是幫助人民，而不是只會想到拿人民的錢去填補財政的破洞。可是我們又看到，房價一天比一天高，再貴的豪宅也有人買，年輕人根本買不起房子，社會財富兩極化的現象愈來愈嚴重。

政府與人民的抱怨看來均有理，我們應該如何看待這個問題？

回答這個問題以前應該先有一個認識，那就是我們已經生存在一個幾乎是完全的資本主義世界裡。不論是否喜歡，我們幾乎無法跳脫，甚而在解決困境時，也是按照資本主義的邏輯找尋方法。

資本主義是以「理性主義」為基礎。以「理性主義」為基礎的「資本主義」具有下列四個重要的特徵：

第一、是世俗主義：它完全根據物質世界來定義現實，不理會超經驗的事務和神。在世俗主義的世界裡，任何東西都可以換算成一個價錢。

第二、以人類為中心：依據人類的利益與行動理解現實。世界的資源是供人類使用的，因此，資本主義必然會帶來自然與人力資源的不斷被耗用。誰使用的資源最多，誰賺的錢最多。

第三、具有科學主義特徵：認為現象可以通過真理得到認識，真理可以經由客觀縝密的研究方法發現。甚麼是真理？能夠賺到錢才是真理。

第四、是工具主義：推崇使人們能夠立刻解決問題的見解。因此，要賺錢就要想辦法，誰能夠創新就能賺大錢，沒有能力解決問題的人就是一個失敗的人。

「天下沒有白吃的午餐」是資本主義的座右銘；「優勝劣敗」是資本主義再平常不過的法則。

在這樣的世界裡，辛勤工作者有之，投機者也比比皆是，前者期待脫離貧窮，後者希望一夜致富。資本主義的國家也有著同樣的思維，國家強大時，呼籲其他國家要與其進行自由貿易，他們弱時，則嘗試關緊大門，拒絕外國企業來搶自己國人的就業機會。

◆要作正直的君子，敢言、敢為；不做消極的好人，糊塗、昏庸。

以最典型的資本主義國家美國為例。為了賺錢，以美國市場為誘餌，以自由貿易為手段，強迫其他國人吃可能有問題的美國牛肉。由於美國手上擁有全球通用美元的鑄幣權，在面對自己內部的經濟問題時，他們也不管全球金融是否會因美國大量印行美元而遭殃，最近幾年美國用印鈔票來解決其經濟問題的作法，已經為全球帶來了莫大的災難。

我們不可能消滅資本主義，因為資本主義最核心的「自私」與「貪婪」是人性的最核心弱點之一。資本主義個人如此，資本主義國家也是如此。那麼我們到底應該如何面對這個幾乎不會自我消失，而只是不斷擴大與強大的力量呢？

我們當然希望有個大有為的政府，也希望自己運氣好些，有個好公司可以依靠，也更應該認真的工作。但是最根本的還是應該在於減少對資本主義的信仰，而用自我內在的方式去化解資本主義的魔咒。

「知足常樂」看來是一句普通的話，卻是我們在面對資本主義「貪婪」時是最有用的法寶。「人溺己溺」也是我們突破資本主義「自私」本質時的必要修為。也只有如此，我們才能從資本主義的陷阱中跳脫。

資本主義會永遠存在，因為它符合了人性的某些特性。只有在人類消失時，資本主義才會消失。

但是我們可以做到一點，讓資本主義不是人類唯一的價值選擇標準。

在追逐利益時要懂得「知足常樂」的「惜福」與「人溺己溺」的「慈悲」，讓資本主義的貪婪與自私不至於霸占了我們的心靈與這個世界。

2012/5/3《人間百年筆陣》

粗者與人鬥力，愚者與人鬥氣，慧者與人鬥智，賢者與人鬥志。

知識、關懷與勇氣

前幾天，負責辦理畢業事務的同學來找我，希望能夠透過錄影為同學說幾句叮嚀的話。我想鼓勵與提醒同學什麼呢？

「知識」可以讓人免於愚昧，這也是我們從小要讀書，長大後更要不斷進修的原因。沒有知識，就不可能有智。人若無智，一生注定虛度，就像無頭蒼蠅，茫茫然不知所處。

從學校畢業，只是一個階段的結束。在這個知識爆炸的時代，所學的東西可能在畢業那一天即已經過時了。「逆水行舟、不進則退」不是一句成語，是人生真實的寫照。

要想為社會做事，沒有知識是不可能的。自己知識愈豐富，愈能得到別人肯定、賞識與支持。

「關懷」與每個人的心量有絕對的關係。一個人的心量愈大，愈懂得關心他人。知識再多，如果只是懂得關心自己，是不可能得到別人的尊敬的。

知識需要學習，關懷也同樣需要自我要求。小的時候，人總以為自己是世界的中心，習慣於拿而非給。隨著年齡增長，有的人變得愈來愈自私，也有的人開始懂得布施。有的人永遠只會照顧自己的家人，有的人卻了解應有更多的大愛。

般若譯為智慧。決斷為智、撿擇為慧。了解世間一切有為法的事相稱為智，通達出世間無為法的空理稱為慧。學習關懷他人是讓人能夠生慧的最好法門。一個人多偉大，並不在於有多少財富或知識，而在於能夠給他人什麼。愈能布施的人，愈是真正富有的人，關懷心愈大的人，愈能得到他人的尊敬。

「勇氣」是追尋夢想、面對挑戰時，必須的品德。人生道路不可能永遠平順，如果沒有勇氣，就會半途而廢。人如何能夠堅持勇氣？核心在於是否相信自己所信仰的價值。如果自己都沒有想通，信心自然不夠堅定，也談不上勇氣了。

「知識」幫助我們找尋價值，了解事情的對錯、人生的意義。「關懷」幫助我們豐富人生，讓自己不再渺小、讓社會更多溫暖。「勇氣」則是我們要實踐與精進的必要品質，不要害怕與畏懼，如果自己的價值是對的，就要深信「德不孤必有鄰」這句古話。

我在鼓勵同學時，經常以星雲大師為例。佛學是星雲大師的知識泉源，大師以人間佛教做為其

盡其在我，雖敗猶成；僥倖而得，雖成實敗。

知識體系的核心。如果沒有這一套人間佛教的完整知識體系，佛光山也不過就只是個社會慈善團體或一般寺廟而已。所謂知識體系，就是一種反映價值的知識組合。一般人容易追尋知識，但是很難形成為一套價值體系。人間佛教此一知識體系，讓佛光山所有僧眾有了航行的方向，這也是為何佛光山今日可以讓「佛光普照三千界，法水常流五大洲」，受到海內外肯定的原因。

我經常告訴學生，為何星雲大師會受到大家尊敬，其中一個理由就是因為大師懂得關心他人。家長關心的是自己兒女，企業家關心的是自己公司，政治人物關心的是自己前途，這些都沒有甚麼不對，但是關懷面如果只是這麼窄，注定會有煩惱，路也不可能走得廣遠。

星雲大師來到台灣時，只是一個年輕和尚，憑藉什麼今天可以開創如此恢宏的局面？沒有勇氣是絕對辦不到的。為何大師能夠有勇氣？關鍵在於他有一套完整的知識體系，他相信他所做的是對的。只要心中是真理、無罣礙，千萬人吾往矣又有什麼困難呢？這不也是大師經常能夠不畏俗言，勇於振聾發聵的原因嗎？

六月是畢業的季節，不要疏於充實自己的知識，也不要吝於關懷他人，遇到困難要有勇氣去克服。這些淺顯的道理是值得我們畢業後一生去琢磨的。

2012/6/11《人間百年筆陣》

追尋善知　刻不容緩

「生而知之、學而知之、困而學之、困而不學」是孔老夫子用來描繪不同層級的人面對「知」這件事的態度。

如果我們將這裡所說的「知」解釋為一般世俗的知識，那就容易誤會孔老夫子認為「天才」是上等人，這絕對不是孔老夫子的原意，但是如果我們將這個「知」視為是「善知識」或是一種「生命的意義」或「價值的取捨」，將更能理解這四個層級的差別。

我們大概都有過一些經驗，對一些事情的對錯是非產生過價值上的懷疑，也疑惑於人生的意義究竟在哪裡？我們到底要如何教小孩？我們要用什麼樣的原則與身邊的人相處？是否只有懂得投機的人才會占便宜？是否奉公守法的人就注定不可能會發財？名利難道真的不重要嗎？我們也會問自己：如何面對誘惑？自己有沒有能力去抵擋誘惑？

禮是和平的保障，無禮是危機四伏；戒是安樂的維繫，無戒則紛亂必起。

以上這些問題對於不同的人，或是在不同的人生階段會有不同的答案。人的一生其實就是一個摸索的過程，差別在於有的人很快找到答案，有的人終其一生仍然無法解迷覺悟。

「生而知之」是孔老夫子所設定的上等人。這種人一來到人間，很快地已經有了「善知識」，了解到「人生的意義」與「生命的價值」。如果用佛教的輪迴觀念來說，這是他前幾世的修行成果，讓他在這一世很快地與前世的價值接上了。能夠愈早了解生命的意義，這種人愈是幸福。

「學而知之」指的是，一些人因為有了好的因緣，或許是透過家庭，也有可能是經過學校、朋友，讓他能夠很快地認識到如何正確面對生命的態度，在是非善惡之間有了清楚的分辨基礎。這些人或許不一定會功成名就，但是可以規規矩矩做人，是一個好的社會公民。

「困而學之」指的是大多數的一群人，他們經常要在碰到挫折之後，才會去思考自己應該追求什麼？他們之間有的在經歷了人生的無常後才感嘆自己原來是這麼的無知，有的在困苦中終於明瞭到哪一些才是人生應該珍惜的東西。如果覺悟得早，他們算是幸運的，如果大錯已經釀成，身陷囹圄，這時後悔已晚，空留餘恨罷了。

「困而不學」是愚昧的一群人，他們的座右銘是「千錯萬錯都是別人的錯」，他們至死不改自己的習性，即使面對困境，還是不願修改自己的行為。

最近新聞媒體都在報導前行政院秘書長林益世收受賄的事。林益世算是國民黨的青年才俊，曾經擔任國民黨副主席、立法委員。受到馬英九總統的賞識與栽培，年紀輕輕就擔任行政院秘書長的大責。大多數人在看到這個新聞時，先是震驚，後是感慨。

林益世的妻子與母親，一個是著名的新聞主播，一個曾經擔任高中老師，很不幸的，都成為了這個貪汙案件的共業集團。林益世與他的家人沈迷於權力的榮耀、金錢的誘惑，卻沒有用一點時間去思索人生的意義與生命的價值。林益世絕非只是「一步走錯」，而是他的心態與價值早就錯了，收賄被抓只是東窗事發、難逃法網而已。

林益世的家人選擇將贓款藏在神桌底下時，他們早已忘掉神桌是用來擺設祖宗牌位、諸佛菩薩的地方。林益世案件再一次告訴世人，如果沒有良善的價值做為信奉的依據，生命將是白忙或惡夢一場。

做為家長，我們應當盡早告訴小孩正確的價值。做為在社會上已經打混多年的成年人，應盡早從各種困境中去認識生命的意義是什麼。愈早能夠有「善知識」，愈早認清生命的意義與價值，愈是幸運。它可以避免我們浪費時間徘徊在似是而非的選擇，更可以讓我們問心無愧認真專心的過日子。

2012/7/10《人間百年筆陣》

只要建設自己，不要破壞他人；只要莊嚴國土，不要汙染生態。

兩岸可以開啓東海與南海的對話

東海釣魚台列嶼歸屬問題最近成為媒體焦點。日本方面大動作宣示主權已經引起該地區的緊張。

為緩和這股緊張的情勢，並尋求理性的解決方案。馬英九總統八月五日在台北賓館出席「中日和約生效六十周年紀念展暨座談會」時，提出「東海和平倡議」，希望相關各方：（一）應自我克制，不升高對立行動；（二）應擱置爭議，不放棄對話溝通；（三）應遵守國際法，以和平方式處理爭端；（四）應尋求共識、研訂東海行為準則；（五）應建立機制，合作開發東海資源。

可惜，馬總統的善意並沒有得到日本的正面回應。八月七日，日本外相玄葉光一郎即表示無法接受馬英九總統的「東海和平倡議」。

對於台灣來說，「東海和平倡議」應該指的只是釣魚台列嶼的爭議，牽扯的只有北京、台北與東京三方。它與南海爭議涉及多方有很大的不同。站在台北的角度，是否要在三方都同意後才能啟動對話，目前日本明確地表達出不同意的態度，馬總統下一步要怎麼走呢？選擇放棄此一構想，還是可以先行開啟兩岸就東海與南海問題的對話？

馬英九所提五點，對於兩岸來說，第（一）點沒有問題，因為兩岸不會為了釣魚台列嶼而有軍事對立等不理性的衝突。第（三）點也沒有問題，因為依據國際法，兩岸均主張釣魚台列嶼絕非日本領土。

可是，近來馬政府的智庫人員在報章上發表文章，不主張與北京合作共同處理釣魚台問題，受外交部委託參與香格里拉會議的學者代表也表達兩岸不會在南海合作的立場。我們可以了解馬英九政府的苦衷，一方面民進黨不同意兩岸在東海與南海問題上合作；另一方面，美國也不願意兩岸在這件事上走得太近，甚而軍事合作。

馬政府目前的困境在於，如果仍然不與大陸就釣魚台與南海問題進行對話協商，那麼台灣在這兩個海域的問題上就被完全孤立，沒有任何發言權。

台灣不僅沒有參加南海相關會議，連菲律賓也不太理會台灣的態度。美國也不允許我海軍陸戰隊在太平島駐軍，並對於我在當地武力使用多方限制。馬政府如果一直沒有在這些領土爭取到應受

到尊重的發言權，會影響到自己的國際聲望以及台灣的利益。

政治對話並不表示兩岸就要簽署任何協議，馬政府大可不必如此謹慎擔心。如果我們將主權比擬成「所有權」，治權比擬成「管理權」。那麼釣魚台以及南海諸島均是我們中華民族所共有的「所有權」，兩岸分別在其現有的領域內行使「管理權」。東海的釣魚台與南海的太平島是由我政府管理，而中國大陸也成立三沙市，對東沙、西沙、中沙等各島嶼進行管轄。

如果以故宮博物院的文物來做比擬，故宮的所有文物都是屬於中華民族的財產，所有權屬於兩岸全體人民，目前在台北的文物是由台北故宮來管理負責；北京故宮的文物由北京來管理，兩岸故宮當然可以就雙方的文物進行相互研究、合作。雙方在面對第三國時當然有責任共同爭取或維護這些文物的所有權。故宮文物可以合作，有關島嶼為何就不能進行合作？

兩岸可以在東海釣魚台與南海合作的地方很多，不要一談到合作就是軍事合作。例如可以在急難救助上、民事安全上、開發油氣資源上共同發表聲明、對話與合作。透過共同維護東海釣魚台列嶼及南海各島嶼的所有權，而達到相互尊重，甚而接受彼此在所轄島嶼上的治權，不是一件好事嗎？

釣魚台與南海問題其實也在考驗台灣的智慧，如果我們只想到如何配合美國在東亞的利益，就不會與大陸進行溝通對話；如果我們只是想與日本解決問題，日本是不會對我們讓步的；如果我們一直不開啟與大陸的對話合作，我們在周邊海域的發言權會愈來愈小。

溝通對話不是件壞事，在日本已經明確表達不支持馬政府的「東海和平倡議」時，馬政府不能先與大陸互動嗎？

2012/8/9《人間百年筆陣》

人與人之間的不和諧，可以用慈悲去化除；人與物之間的不協調，可以用智慧去解決。

日本應放下對釣魚台的我執

釣魚台是最近的熱點，我們應該如何看待這個問題？基本上，我們同意馬英九總統的主張，即「主權在我」，但是可以「共同開發與維護資源」，讓釣魚台的資源為周邊利益相關者所共享。

日本在釣魚台列嶼的主權問題上是完全站不住腳的。日本認為釣魚台主權屬於日本的第一個理由是「先占」原則。依據國際法，「先占」必須以該地原來是「無主地」為條件。釣魚台列嶼屬於中國人所有，由中國人發現、命名、先占，明清兩朝近六百年有效統治，納入海防，已有充分歷史證據，不是「無主地」。

日本的第二個理由是「時效」原則。一九七一年發生釣魚台列嶼主權爭議後，日本認為「明治二十八年（一八九五年）迄今（一九七一年），尚未受到世界上任何國家之抗議而平穩地使用該列島」，日本認為擁有了釣魚台列嶼近八十年，因而取得「時效」。

日本此一「時效」說法，問題重重。因為自一八九五年至一九四五年，日本殖民統治台灣期間，釣魚台既為台灣附屬島嶼，故與台灣俱成為日本領土，日本人使用該島自無他國抗議。戰後日本歸還台灣給中華民國之後，釣魚台自應一併歸還。

自一九四五至一九七二年美軍託管期間，釣魚台列嶼並不在日本統治之下，亦不在任何國家的名義下受到統治，因此美軍託管並無主權上的意義。又台灣漁民，即經常使用該島，沒有受到干擾，再加上當時美軍依據一九五四年《中華民國與美國共同防禦條約》協防台海，也使台北沒有與華府交涉的必要。而從一九六八年至今，釣魚台列嶼問題已具爭議性，中華民國政府也一再主張主權並對日本多次提出抗議，故並無日本所提的時效問題。

雖然在一九七二年將釣魚台列嶼隨同琉球群島的行政權交給日本一事，但是美國政府在一九七一年五月二十六日曾正式照會我政府表示，美國將自日本取得之行政權交還日本一事，並未損害中華民國政府之有關主權主張。美國參議院後來附加說明，表示對主權問題持中立立場，認為應由中日雙方協商解決。

歷史上領土問題最後的解決方式往往是透過武力，但是經歷過戰爭災難的人類，逐漸明瞭到不應該再使用武力。和平解決衝突爭端已經是人類文明的一項特色。如果不選擇武力解決，那麼唯一

尊重別人的自由，尊重生命的價值，尊重大眾的擁有，尊重天地的生機。

的方法就是「妥協」。

「妥協」的方式之一就是訴求國際法院判決或仲裁。不過，由於大多數國家都認為領土問題是不可以妥協的，因此，大多不同意以國際法解決。自一九二八年迄今，國際法院，含常設國際法院，或一般國際仲裁法庭所解決的島嶼主權爭端案件只有五件而已。

特別是，已經據有領土的一方通常不願意訴求國際法院。例如，由於南韓據有獨島（日本稱之為竹島），因此當日本要求訴求國際法院時，南韓政府則表示反對。目前日本據有釣魚台，因此，當台北要求訴求國際法院時，日本也是相應不理。

「妥協」的第二個方式就是政治解決，即暫時擱置主權歸屬爭議，務實地處理其他爭端。在釣魚台問題上，彼此暫時放下主權歸屬的爭議，將釣魚台周邊的資源釋放出來，讓相關方共同使用。共同使用與珍惜資源，其實也是人類文明發展的必然趨勢。我們所屬的地球其實是屬於人類大家的，大家應共同享有與珍惜地球的資源。

歷史文明在推進的過程中，有兩股力量在拉扯，一是堅持主權領土完整的「排他性」，為了主權領土不惜戰爭；一是人類生活已經是相互依存的「共生性」，大家要和平共處。人類應該要學會，在主權衝突的地區，彼此應該暫時放下爭議，以「共生」為首要考量。

我們期待日本能夠放開心胸看釣魚台列嶼問題，不要再火上加油，選擇用自制與和平的方式來處理爭端。在主權歸屬沒有解決以前，放下對釣魚台的我執，不要獨享釣魚台附近的資源。如果日本不能想通這一點，一意孤行，釣魚台將會是讓日本無寧日的麻煩地方。

2012/9/10《人間百年筆陣》

台灣在東亞新冷戰中的戰略選擇

一般來說，我們都將一九九〇年以後蘇聯的解體，視同國際冷戰的結束、「冷戰後」與「全球化」時代的來臨。但是，從近日的發展來看，東亞地區的冷戰並沒有結束，反而是愈演愈烈。一個東亞新冷戰的格局已然形成。

十月一日，美國海軍第七艦隊宣布，以駐防於日本的航空母艦「喬治．華盛頓號」，和以美國本土為母港的航空母艦「史坦尼斯號」為主的兩大航母戰鬥群，正在西太平洋地區集結演習。這次演習與中國大陸及日本間因釣魚台主權爭議所引發的緊張態勢有關。

同樣的，中共官方媒體報導，解放軍於中秋節和十一長假期間，在東海、南海和黃海等周邊海域實施大規模軍演；南海艦隊十月二日在與越南存在領土爭端的西沙群島進行船隻臨檢和拿捕演練。這明顯地是向與大陸有領土爭端的日本、越南施壓，並與美國航母艦隊較勁。

國際關係中有一個理論叫做「霸權轉移理論」，意指當新的強權國家逐漸興起而挑戰到當時的舊有強權時，這個時候最容易發生衝突。

在心態上，美國一直將太平洋視為美國的內海，要掌握在這個地方的主導權，日本也自詡為美國的扈從者。但由於中國大陸近年來經濟的崛起，軍事力量日強，使得美國獨霸東亞的能力受到挑戰。兩強相爭使得這個區域充滿不安。

美國為了因應中國大陸在東亞勢力的擴張，決定將戰略重心移往亞洲。美國國防部長在今年六月的香格里拉會議上，提出要在二〇二〇年重返亞洲，並表示其六成海軍將部署在太平洋。可是美國又早已經決定未來十年要裁減四千七百億美元的國防預算。換句話說，美國準備將那些短缺的國防預算交由東亞國家分擔。這不僅會打亂東亞國家原來的國防規畫，也促使相關國家順著美國的戰略思維建軍。

在這一輪新冷戰的結構中，當美國與中國大陸在東亞的戰略利益上發生矛盾或衝突時，台灣的角色與選擇在哪裡？六十多年來，在安全方面，台灣對於美國有著高度的依賴，但是在經濟方面，台灣對大陸的依賴日深。目前馬政府的戰略構想為「親美、友日、和陸」，企圖在美國、日本與大陸之間維持一個戰略性的平衡。

要恪守律儀，莫把隨便當方便；要見義勇為，莫把姑息當慈悲。

不過，這只是個理想而已，當美、日與大陸發生利益衝突，台灣要做甚麼選擇？特別是涉及釣魚台或南海這種主權歸屬問題時，台灣站在哪一邊？目前台北方面提出東海和平倡議，構想很好，但是周邊沒有一個國家認真看待這個和平倡議。日本認為釣魚台的主權沒有爭議，堅決不讓步；美國要重返亞太，尋求延續此地的軍事霸權；大陸要想在東亞有發言權，軍力是必要的後盾。台北可以倡議東海和平，但是沒有能力創造東海和平。俗語說「兩大之間難為小」，可以想想看，要站在翹翹板中間維持平衡是一件多麼困難的事。

在權力競逐的遊戲中，小的一方很難左右逢源，在關鍵時刻它會被迫必須表態。釣魚台的爭議正好凸顯了台灣面臨的戰略選擇困境。一方面台灣想透過與大陸的經貿交往，讓經濟得以壯大，但是另一方面在安全跟主權問題上，又寄望於美國，而明白表示不與大陸合作。

台灣一方面想與大陸建立和平發展的互動關係，但是又不願意與大陸開啟政治性協商。在與美國已經有的《台灣關係法》與大陸可能建立的《兩岸和平協議》中，馬政府明確地選擇了前者，迄今不準備開啟兩岸政治協商或對話。甫在大陸訪問的民進黨大老謝長廷主張兩岸應有「憲法共識」，但是民進黨仍然不願放棄「一邊一國」的台獨主張。

東亞的新冷戰格局正在形成，台灣的戰略選擇優先、整體布局是甚麼？釣魚台問題所引發的美、日、陸三方面的互動其實已經提醒台灣必須要嚴肅思考這個問題。

2012/10/9《人間百年筆陣》

多一分理性，少一分衝動；多一分公義，少一分特權；多一分服務，少一分自私；多一分慈悲，少一分瞋恨。

未來的世界更需要從心出發

就是這一兩天，世界上的兩大強權，美國與中國大陸分別舉行關鍵性的政權轉移工程。美國總統大選已經結束，中共的第十八大今天召開。

一個新的局面即將開啟，美國與中共之間未來到底是和還是鬥，是友還是敵，全世界都在關注。不過，為這個新局開場的並不是個歡樂與和諧的氣氛，雙方內部一股不安、互不信任的氛圍正在醞釀，這股氛圍讓我們對未來的世界多了分憂慮。

美國廣播公司坦言，由於此次選舉凸顯出的高度政治對立，美利堅已經不再是「合眾」國，一個「分眾」國時代已然來臨了。以「文明衝突」來描繪未來國際政治形貌的美國學者杭廷頓在二〇〇四年又撰寫一本《我們是誰？》來分析美國為何認同出了問題，為何合眾國的「民族熔爐」制度卻形成為一個分裂的社會？

看來杭廷頓的預言並非虛假，不僅是美國的族群認同出現問題，次貸風暴以後，原本已經不小的貧富差距更形擴大。有經濟學者認為，美國這次大選，可以說是一場經濟上的階級鬥爭。由於持續性普遍不景氣與失業率居高不下，階級鴻溝的擴大已成為事實。

中共的十八大今日召開，第一、二把手習近平與李克強早已確定，政權算是平穩轉移。不過，幾個月前的薄熙來事件，也暴露了中共高層存在著高度的不確定因素。十八大前夕北京城內外的嚴肅維安措施，讓人感受到無形的壓力。

近年來，大陸內部社會事件頻傳，政府將大量經費投入在「維穩」工作上。隨著全球化，資源分配不均，大陸的貧富不均現象也愈來愈嚴重，人心浮動。目前中國大陸正面臨政治、經濟、社會的全面轉型。未來所面對的挑戰，將是政治社會體制轉型與社會不安的時間競賽，如果社會不安情緒不能有效疏導，將會嚴重影響到未來的穩定與發展。

台灣社會的分裂情形也沒有好到哪裡。退休軍公教人員的年終慰問金受到攻擊；立法委員的收入受到質疑。由於貧富差距在台灣也是愈來愈大，年輕人買不起房子，也不敢結婚，普遍感覺到失落與無力。政客、媒體們火上加油，使得台灣的社會也存在一種高度互不信任，階級矛盾逐漸形成。

前幾年，台灣在政治人物的操弄下，族群問題、統獨問題吵個不停，社會嚴重撕裂，國家認同

你大我小，不爭吵；你對我錯，人緣好；你有我無，紛爭少；你樂我苦，幸福多。

分歧，已經嚴重影響到了台灣的對外競爭力，從亞洲四小龍變成要與越南、菲律賓國家爭排名了。如果台灣再陷入階級對立，那麼全面性的社會割裂，將讓台灣難有寧日，自然也影響到社會的和諧與經濟的發展。

資本主義固然容易累積財富，但是資本主義的世界必然是弱肉強食。威權的社會固然有助於政治穩定，但是社會的不安與騷動並不會自然的消除。傳統的民主選舉固然可以和平轉移政權，但是為了贏得選舉而不惜製造社會撕裂的政客與政黨處處均是。

制度當然重要，一般人認為好的制度必然可以帶來好的結果。但是我們愈來愈發現，再好的制度到了人的手上都可能變質。美國、大陸、台灣，甚而全世界其他地區，都可以看到好的制度被濫用與變質的情形。

制度固然重要，但是每個人的心更是重要。面對這麼一個社會分歧，甚而分裂的時代，星雲大師說的「做好事、說好話、存好心」看似平淡無奇，卻是一劑必備的良方。多用一點善意去看人，多一點體諒、包容，或許我們一個人無法改變整個世界的軌跡，但是如果多一些「三好」，這個已經逐漸分裂的社會總會多一些正面轉向的機會。

2012/11/8《人間百年筆陣》

歐盟六十大壽的賀禮：諾貝爾和平獎

挪威諾貝爾委員會主席賈格蘭德（Thorbjoern Jagland）宣布歐盟為諾貝爾和平獎得主時稱：「歐盟與其前身六十多年來致力於推展歐洲和平與和解、民主與人權，歐洲大半地區由戰爭之陸轉化為和平之陸，歐盟居功厥偉。」

這段向歐盟致敬的文字，的確是事實。法國與德國這兩個世仇，在不到一個世紀就進行三次全面戰爭後，終於放下武器、相互擁抱。六十年前，歐洲基督教文明兄弟們仍處在冷戰鴻溝的兩端，柏林圍牆的倒塌只是去除了彼此的藩籬，在中東歐國家加入歐盟後，一個家庭式的歐洲才真正形成。從此以後，歐洲大陸上的基督文明弟兄們或許還有些齟齬，但是保證不會再兵戎相見，他們真的和解了。戰爭的鮮血固然促使他們反省，但是讓他們能夠攜手合作前行的卻是致力於歐洲統合的歐盟。

以仁慈代替武力，才能得到永久的和平；以忍耐代替勇敢，才能得到永恆的力量。

歐洲大陸是屬於歐洲人的，但是要進入歐盟大家庭則必須遵守歐盟所設定的規範。這個規範是西方基督教文明的價值體系，一個不可挑戰的原則，即民主、法治、人權與市場經濟。只要遵守這些原則，其它都好商量。這六十年來，我們看到這個家庭的成員愈來愈多了，他們之中，有的為了權力的分配相互爭執，有的為了利益的爭奪彼此叫罵；有的願意共同使用一個貨幣，有的卻仍舊不願意放棄自己的國幣。但是有一點的確都做到了，再怎麼吵，民主與人權已成為他們共同的信仰。

交出將武器要使用的煤鋼管理權由大家共同管理是確保和平的最好方法。在這樣的構想下，一九五二年歐洲煤鋼共同體成立。經歷戰爭後的歐洲國家也不再是昔日的強權，彼此的經濟力量統合後才能壯大，一九五八年因而又成立了歐洲經濟共同體。「確保和平」與「經濟發展」是歐洲統合的初衷，六十年過去了，初衷早已實現，在它一甲子大壽的日子，得份大禮，應該也不為過。

歐盟這個大家庭裡沒有一個絕對權威的大家長，成員之中有像認真工作因而累積大量財富的德國，有愛好政治權力喜說大話愛耍威風的法國，有不喜這個家庭管束太多而偏好特立獨行的英國，也有愛好享樂不認真工作因而欠了一屁股債的西班牙、義大利、希臘等南歐國家。要讓這一群國家相互滿意的確不是件容易的事。每一位大家庭成員都有自己的問題，各個成員國的人民對於自己國家對歐盟的承諾又有不同的看法，問題因而更為複雜。讓這些人能夠聚在一起幾十年，的確已經不是件容易的事，單就這一點，也應該給些掌聲。

一些西方的金融投機客，利用人性貪婪的弱點，介入了這個歐洲大家庭，攪亂了一池春水。金融危機所引發的歐債危機讓歐盟發生嚴重齟齬，近日在希臘街頭，看到人民高舉「納粹默克爾」的圖片，要求與德國算二戰時的老帳。南方的窮弟弟與北方的富哥哥看對方愈來愈不滿意了，有些成員甚而鬧得要分家了。

遠在一旁的挪威有些心急。挪威的心情是複雜的，一方面它了解到一個和平與繁榮的歐洲對於挪威是非常重要，這個斯堪地那維亞小國從來就不是個強國，它的命運不可能離開歐洲。另一方面它又擔心與歐洲大陸的兄弟們搞在一起，自己富有的石油利益可能會被瓜分，因而在一九七二與一九九四年兩次公投，均拒絕加入歐盟。不過，挪威還是很夠意思，在歐盟六十大壽的日子，送上諾貝爾和平獎大禮。這不是很好嗎？如果自己屬於歐盟，可能還會瓜田李下，引人批評。

不是每個人都滿意挪威的作法，有的認為歐盟只能創造本身的和平，而根本無法維護周邊和平。造成多人傷亡的巴爾幹戰爭在一九九〇年代爆發時，歐盟無能力遏止，逾十萬人喪命，後來在美國出面下，波士尼亞與科索沃最終才恢復和平。這樣的看法雖是事實，但似乎有些吹毛求疵，因

為諾貝爾委員會送給歐盟六十歲賀禮的理由是他們這個大家庭內能夠不再打架，而不是說他們可以讓其他人不打架。

有的認為，歐洲經濟這麼不好，陷入主權債務危機的歐南國家與以德國為首的歐北富裕國家裂痕極深，民粹主義、法西斯主義、失業率與貧窮瀰漫歐洲，歐盟哪有資格獲獎？這個批評也有道理，但是和平獎委員會想要表達的是，即使如此，歐盟仍然堅持理念，沒有對任何一個成員放棄，這種彼此休戚與共的基本認識，正是歐盟六十年來所累積最可貴的資望。

那一個當時參加歐洲統合，目的就是要讓歐洲不要過分整合的英國，還是不改老毛病，是所有成員國中唯一對得獎或壽禮說三道四的。英國的媒體大潑冷水，《每日郵報》批評諾貝爾和平獎頒給「白癡」，小報《太陽報》則引述前財政大臣蒙特的說話，指歐盟獲獎是「滑稽和荒謬」。《泰晤士報》則形容獎項「無聊」。英國的冷嘲熱諷、酸言酸語，也顯示出歐盟六十年來路徑的艱難，歐盟絕對不是一個「兄弟齊力可斷金」、「一個聲音說話」的外向型組織，它的最大貢獻在於它可以為歐洲大陸創造和平，這也正是它能夠得獎的原因。

一個政治性的獎項，必然是既有價值意涵，又有政治性的期許。諾貝爾和平獎也同樣傳達這兩個訊息。價值訊息主要是讚揚歐盟國家放棄昔日成見，化仇敵為密友，相互接納，建立與堅持和平的價值。政治訊息則是：歐盟已經與歐洲密不可分，在歐盟正遭遇大量批評、悲觀氣氛滋長、有成員想要退出的時刻，給所有歐盟國家菁英一個鼓勵，希望繼續強化，不要讓歐盟有崩離的傾向；給人民一些期許，期許人民了解得之不易的歐盟是需要彼此共同珍惜與維繫。

2012/12/25《中國新聞周刊》

心中的罪惡，法律無法制裁；內心的牢獄，法律不能去除。唯有在因果的法則之下，才有公平可言。

兩岸外交握手的開始

明天，一月十一日，近三十位兩岸的退休大使與同行的學者集聚在酷寒的北京，就當前的國際格局、亞太情勢與兩岸涉外事務進行對話交流。這是歷史性的一刻，對兩岸關係的和平發展進程而言，更是巨大的一步。

從一九四九年起，兩岸分治六十餘年，就軍事而言，前面十多年間兩岸還有軍事上的對抗，後來的時間大多是隔海對峙，有隔空喊話、叫罵、調侃，但並沒有實際的武裝衝突。但是就外交而言，兩岸在國際上卻從來沒有放棄面對面的對抗，雙方進行的是國際政治上最難解決的「零和博奕」。兩岸的外交人員在別人的家裡，相互鬥爭，雙方各自的成就就是如何置對方於死地，迫使對方捲旗、離席、撤館。

兩岸外交上的鬥爭，有它時代的背景，但是站在中華民族的整體立場上，誰也沒有真正的賺到好處。一九五一年的舊金山和會，一個戰勝國與戰敗國集聚的會議，死傷無數的中國人，不管它是兩岸的哪一個政府，都因兩岸相互敵視對方，國際間也樂得讓兩岸均沒有參與那個應該是屬自己的勝利大會。由於兩岸的分治，戰敗的日本並不願意白紙黑字地將台灣與澎湖的主權交還給哪一個中國政府，只說放棄而已。由於兩岸在外交上的互不相讓，不論是東海的釣魚台列嶼，還是南海的南沙群島，兩岸均無法在國際間共同發聲、共同維護屬於中華民族的財產及利益。由於兩岸互挖牆腳，大量的金錢進入外國人的戶頭，為「鷸蚌相爭，漁翁得利」這句成語做了最好的當代註解。

二〇〇八年是一個大交流時代的開始，兩岸在外交上的休兵，終於使得雙方的外交人員暫時鬆了一口氣，但是兩岸外交人員的互動，並沒有像兩岸交流一樣這麼樣的熱絡，駐外人員仍舊是「雞犬相聞，老死不相往來」。這一點也不稀奇，外交看似最講究彈性與妥協，但卻又是最有立場與堅持的一種特殊性事務。兩岸都覺得這樣的情形不好，但是誰也不願跨出第一步，或者應該這樣說，也不知如何跨出第一步。

大使們終歸是大使，即使離開了為自己政府奮鬥一生的崗位後，仍舊希望能夠為自己所屬的社會能夠做些什麼事，不同的是，這些外交的老兵，更願意聽聽昔日對手的想法，看看大家一起能夠做些什麼事。只有兩岸和解，兩岸才真正感覺到彼此是一家人。兩岸外交人員能夠彼此坐在

篤信因果者，必定是有道德的人；了解緣起者，必定是有智慧的人。

一起，共話天下大勢、民族情感、了解彼此的考量，不就已經為兩岸未來的大和解開了一道曙光了嗎？

在方夏文化交流協會與兩岸統合學會的共同努力下，兩岸的退休大使併肩而坐，是希望能夠告訴兩岸、所有的華人，甚而全世界其它國家，兩岸之間沒有什麼是不可以溝通，同樣的血緣讓我們有足夠的關懷去了解彼此，豐富的經驗讓我們有足夠的智慧去解決所有的難題。

方夏文化交流協會是大陸方面一群以退休大使為主體的社團。兩岸這次的退休大使會面，並不是在政府授意下進行的互動，而是彼此自發性的意願所促成。兩岸退休大使希望透過雙方的會面，讓兩岸人民了解，再多的歧見也不應該傷害彼此的見面與溝通，愈多的溝通愈容易讓對方理解彼此的想法，進而也才能增加彼此的互信與認同。

兩岸外交休兵固然可貴，但是休兵畢竟是消極的作為，積極的作法應該是兩岸在國際間的共同參與。政治學的基本知識告訴我們，沒有參與不會有認同，只有共同參與才會有共同認同。兩岸退休大使今日能夠握手交流已是功德一件，如果能夠為未來兩岸在國際間的互動與共同參與提出建議，那真是功德無量。

這次會面原本要安排在江蘇宜興的大覺寺舉行，後來因當地設施仍有不適，因而改在北京舉行。兩岸大覺畢竟不容易，但是我們相信，只要能夠秉持包容與關懷的心境，兩岸之間絕對沒有任何難事。我們預祝會議圓滿成功！

2013/1/10《人間百年筆陣》

寬，則能容；容，則能和；和，則能平。

一起「曲直向前」，共同「福慧雙全」

一個星期的春節假期就要結束，我們也將重返工作崗位，新的一年拉開了序幕。

在過年前，即將星雲大師為今年蛇年的祝禱詞墨寶法語「曲直向前、福慧雙全」掛在辦公室門前。過年期間，也將此祝禱詞透過手機與親朋好友們共同分享。

第一次看到「曲直向前」這四個字，是會心一笑。很多人在過年時以「蛇」的諧音來說些吉祥話，大師卻是以蛇行「曲直」兩字為形意，很脫俗，也很有創意。

由於要處理一些雜務，年初三就回到台北工作，再進辦公室大門時看到「曲直雙全、福慧雙全」八個字時，更體會到這幾個字不簡單，它並不僅是新年的祝禱詞而已，它更像是大師對眾生的期許。

「向前」兩個字一直是大師終身志業的路徑，「人間佛教」的一個精神就是不斷地豐富、昇華自己的人生與眾生的幸福。在去年國際佛光會二十周年時，大師就以「人要未來，勢必得前進」來開示大家。

大師說，曾有人開車到佛陀紀念館，到了門口卻遲遲不向前，也不敢後退，所以他特別在門口標示「向前有路」。大師說，沿著佛館道路可看到美好風光，若留在原地不知前路何在，也失去前來參訪觀光的意義，「前進的人生才有未來，方能領略人生路上的萬種風情」。

為讓大眾思索「前進」的重要性，大師還說了一個寓言故事。一隻小狗聽人說幸福在狗尾巴上，為了抓住幸福，拚命轉著圈子，要咬住自己的尾巴，老狗在一旁笑說：「尋找幸福是向前走，只要腳步向前，幸福自然跟隨。」大師說，可見幸福是昂首向前走，對過去無悔，對現在無懼，對未來無憂。

「向前才有路」是大師對眾生的開示，不要輕言放棄自己的理想，不要輕易被挫折擊倒，「向前有路」更是鼓勵大家更上層樓。「山窮水盡」有時只是一種幻象，只要堅持就有可能「柳暗花明」。修行如此，人生的道路何嘗不是如此。

「曲直」兩字更有大智慧在裡面。所謂「前進」並非是盲目向前，也不應是為了向前而不擇手段。「曲」這個字是「謙卑」、「謙虛」，更是一種對人的包容與體諒，「直」這個字，是對自己信念、原則的堅持。「曲」是對他人，「直」是對自己，「寬以待人、嚴以律己」，在向前的道路上要給人方

◆

大同世界，是政治上的理想目標；極樂淨土，是心靈上的當下實現。

便、給人歡喜，但是對自己要堅持正直、正念。給人方便、給人歡喜就是「施福」，堅持正直與正念才能「增慧」。

新的一年看來不容易，挑戰肯定不會少。在東亞地區，北韓的第三次核武試爆後，金正恩是否還會有衝動的舉措？釣魚台的武裝衝突一觸即發，台灣如何在這場衝突中確定自己的角色與功能？日元大幅貶值是否會影響到東亞的經濟？台灣的年金改革方案是否能夠順利推行，或是可能激發出社會的階級對立？新的內閣是否能夠帶領台灣走出經濟的低迷？中共十八大後的兩岸關係已進入「深水區」，台灣是否做好了準備？

除了上述的大環境外，我們每個人也都有自己的挑戰要應對，面對這些挑戰，我們絕不可能就停留在原處，未來之路勢必要前進。有的挑戰來自於他人，對此我們應該思考有無做好應變準備？有的障礙是自己所造成，我們是否只是顧影自憐、唉聲嘆氣，而無自我改變的決心？在大環境上，我們期望政府能夠勇於「曲直向前」，「狗咬尾巴」只是原地打轉，不斷內耗而已。在我們自身的問題上，我們也應「曲直向前」，在前進的過程中要福慧兼修。

在這裡，向大家拜個晚年，我們一起「曲直向前」，共同追求「福慧雙全」！

2013/2/15《人間百年筆陣》

嚴肅認真面對公投

由於馬政府決定將核四是否停建訴諸公投，引發國人對於公投的討論。除了一些情緒性的相互攻擊外，爭議之處在於：第一、對於重大問題，特別是與生命安全有關的問題，是否應該訴諸公投？第二、公投的門檻是否太高，以至等於形同虛設？第三、執政者可否提出公投議案？

第一個問題是政治學上的根本問題，基本上沒有標準答案。這個問題反映出在民主過程中，代議政治或直接民主兩者之中，誰應該扮演主導的角色？這個爭議展現在七個方面：第一、公投是彌補了不彰的政黨功能還是弱化了民主應該有的政黨政治？第二、公投可以對抗專家政治還是公投使得業餘的看法凌駕於專業的知識之上？第三、公投可以補強立法效能的不足還是會使得立法怠惰與程序扭曲？第四、公投可以提升人民的政治參與還是過度期望人民的政策理性？第五、公投反映出透明同步的民意政策還是破壞了政策的持續性？第六、公投是以全民共同決定來追求

天下物，應歸天下用；天下財，應還天下得。

決策的最大正當性還是犧牲了少部分人的權利？第七、公投可以穩定代議民主機制還是破壞代議決策機制？

民主國家不會排斥公投，但會規範其適用的範圍以及應有的程序。公投如果沒有經過理性的辯論，就容易形成民粹，一種以多數強迫少數的「暴民」政治。如果任何事情都可以透過公投決策，也是一種「反智」政治。

核四是否停建，絕對不是一個簡單的問題，它既涉及專業知識，又涉及不同人的價值選擇。在行使公投以前，政府、政黨、專家與人民之間都必須有充分深刻的對話。所有人應該避免用情緒性（我是人、我反核）或恐嚇性（沒有核能、經濟倒退）等方式來簡化問題。

我們應該了解，權利與責任是相對的，如果選擇參與公投，就必須要有負責的認識。公投是很嚴肅的事，絕對不是嘉年華會的熱鬧而已。

在大多數國家，公投只是彌補代議政治的不足，而非取代，因此成案條件自然比較嚴格。這又是為甚麼呢？目前我們的公投法規定要有一半以上的選民出來投票，其中又需一半同意才能通過，為何不是參與投票人中贊同比反對的多就可以通過呢？

原因在於代議民主是我們目前的主要民意決策方式。試想，我們在上一次選舉中以多數決選出了總統與立法院多數，讓他們成為執政者，這等於我們已經以多數決授權他們去做其所主張的政策。因此，如果民眾現在又要否決原先同意他們的政策，是否應該比以前的條件更嚴一點呢？以核四為例，選前馬政府與國民黨均支持興建，人民也支持了他們，讓他們執政。在執政期間，如果人民要反對，就應該要有更強的民意來否定它，否則等於可以隨意否定當時選舉的結果，也破壞了政策應有的延續性。

另一個問題，為何公投的題目必須是以否定現在政策為原則呢？因為，如果是同意現在政府的政策，又何必再勞民傷財舉辦公投呢？在核四問題上，由於政府是支持核四續建，因此題目只能是類似「你同意核四停建嗎？」而不應該是「你同意續建核四嗎？」

第三個問題，執政者可否提出公投議案？這個問題有兩個答案。首先、行政院沒有必要提出一個與自己目前政策相反的主張。如果閒著無聊，行政院可以提「你同意核四續建嗎？」的公投，但是不必要提「你同意核四停建嗎？」。相反的，執政黨的立法委員可以在立法院提「你同意核四停建嗎」？原因很簡單，行政機關畢竟與立法機關是兩個共同決策的不同單位，即使是執政的立委，他除了應支持其所屬政黨的角色外，他還有另一個角色即是反映民意，因此可以提出。

我執不除，不能與大眾和諧共處；法執不除，不能和真理相應契心。

公投不是嘉年華會，也不同於一般選舉，它是一種集體負責，也是一種集體共業的參與。參與者都要謹慎與負責。

2013/3/19《人間百年筆陣》

中國崛起應是中華文明的再次崛起

中華文化曾經受到西方的肯定。法國啟蒙思想家伏爾泰（Voltaire, 1694-1778）認為中國的儒教是一個崇尚理性、自然和道德的新「理性宗教」。他推崇孔子，「全然不以先知自認，絕不認為自己受神的啟示，他根本不傳播新的宗教，不求助於魔力」。狄德羅（Denis Diderot, 1713-1784)見解類似，在他主編的《百科全書》關於「中國」的一段，認為從先秦至明末的中國哲學，其基本概念是「理性」。他特別欣賞儒教「只須以『理性』或『真理』便可以治國平天下」。

歐洲啟蒙思想家還從歷史中看到了以倫理道德為主要內容的中國文化力量。萬里長城未能阻止異族入侵，而入主中原的異族無一不被漢族所同化。啟蒙思想家認為，這種「世界上僅見的現象」，原因在於中國所特有的倫理型文化強大的生命力。伏爾泰寫道：「這是一個巨大的證明，體現了理性與才智對盲目和野蠻的力量具有自然的優越性」。

封閉的門窗，隔絕了外界的接觸；封閉的心靈，侷限了思想的空間。

伏爾泰的《諸民族風俗論》（Essai sur les moeurs et l'esprit des nations, 1756）推崇中國文化閃耀著理性、人道的光輝，中國的儒學深藏當時歐洲現實難得見到的「自由」精神及宗教寬容。伏爾泰發現，孔子和西方古代賢哲一樣，「己所不欲，勿施於人」，「己欲立而立人，己欲達而達人」，並「提倡不念舊惡、不忘善行、友愛、謙恭」，「他的弟子們彼此親如手足」，這就是「博愛」的本義，因而也就和「自由」與「平等」的信條息息相通。

德國哲人萊布尼茨（Gottfried W. Leibniz, 1646-1716）也說道：「如果請一個聰明人當裁判員，而他所裁判的不是女神的美，而是民族的善，那麼我相信，他會把金蘋果送給中國人的。就我們的目前情況而論，道德的敗壞已經達到這樣的程度，因此，我幾乎覺得需要請中國的傳教士來到這裡，把自然神教的目的與實踐教給我們，正如我們給他們派了教士去傳授啟示的神學那樣」。

直到法國大革命，中國哲學中的德治主義還對雅各賓黨人發生影響，羅伯斯庇爾（Robespierre, 1758-1794）在其所起草的一七九三年《人權和公民權宣言》的第六條引用中國格言：「自由是屬於所有的人做一切不損害他人權利的事的權利；其原則為自然，其規則為正義，其保障為法律；其道德界限則在下述格言之中：己所不欲，勿施於人」。

這些西方先哲對於中國傳統文化的頌揚，逐漸淹沒在西方的船艦炮利中。工業革命與資本主義的結合，讓西方人的基督教價值信仰成為強者的哲學、勇者的論述、唯一的真理。當中國開始衰弱並成為列強的次殖民地後，中國的哲學思想也就成為落後的代名詞，甚而成為衰敗的代罪羔羊。即使在第一次世界大戰後，有少數文學菁英讚揚中國文化所倡導的「兼愛」與「非攻」，但是在那個帝國主義的年代，即使是中國人，也有不少人將中華文化視為腐朽的象徵。

中國從來沒有成為世界的帝國，這代表著中華文化也沒有成為全球的話語或價值信仰。嚴格來說，中華文化的話語體系從來沒有真正地走出大洋，而僅停留在儒家文明的東亞體系。在那個「天下觀」的時代，中華文化的話語權沒有受到異族的挑戰，但是隨著西方的強大，由於器物文明的落後，中國體制不僅成為落後的象徵，中華文化的優越性也遭到否定。

近三百年間，西方的知識價值體系，成為西方器物文明優越的附加價值。西方大國的崛起，其背後的本質思維幾乎一致，從文明的角度來看，它們的「世界觀」（Weltanschauung）是西方基督教文明中「正義與邪惡」的二元世界、「物競天擇」進化論下的「適者生存」強者哲學以及資本主義「資源掠奪」等的組合。「以鄰為壑」是它們崛起時處理周邊區域的態度，它們所制定的「制度」、「法律」是強者要求弱者必須遵行的規範，「弱肉強食」是國際的遊戲規則。霸權要維持他們的霸業，必須要

秉持共存共榮的理念，涵養尊敬包容的雅量，捐棄同歸於盡的心態，建立歡喜融和的人間淨土。

創造出可以讓世界接受的價值與話語體系，不論是「民主和平論」、「貿易和平論」、「霸權穩定論」，看似為追求世界和平與穩定的理論，惟其本質卻更像是霸權為了要維護其霸業所建構出來的論述。

「基督教文明」的善惡二元論、「物競天擇」的強者哲學、「資本主義」的擴張正當論構成了西方文明話語體系的重要內涵。隨著器物文明的強大，西方可以界定甚麼是「善的價值體系」，西方可以詮釋甚麼是「帝國」、「文明」、「正義」、「民主」、及「和平」。歷史上西方文明的擴張，伴隨的並不是和平，而是衝突與戰爭。勝者崛起，敗者讓位。曾經是霸權國家的強權，內部有宗教、階級、族群問題，它們也都企圖用擴張來掠奪資源進而解決其內部的矛盾。

一直到今天，西方的文明話語仍然主導著世界，但是西方的文明話語仍然沒有給世界帶來和平。在西方文明爭霸的數百年間，中國傳統的天下秩序觀受到西方西伐利亞國際法主權觀的挑戰，中國傳統的義理觀受到西方的利益觀挑戰，中國傳統的和平觀受到西方權力政治觀的挑戰，中國傳統的社群觀受到西方個人主義的挑戰，甚而中國傳統的幸福觀都遭遇到西方價值觀的挑戰。

中國大陸目前的力量已經提升，但是不希望看到中國大陸的崛起仍然是順著西方強權崛起的老路，中國的崛起不應該是個霸權的崛起，而是中華文化與價值的再現。我們希望中國的崛起是一個面對西方文明價值體系時，「取其精華、去其糟粕」後再融合了中華文化的另一種文明的崛起。

重新認識中華文化的價值思維

中華文化的價值有太多地方不同西方的文化價值。我想從兩個方面舉例來說明，中華文化能夠提供西方甚麼樣的思維。

第一、檢視是非善惡的標準不同。西方文化的基礎是基督教的精神及論述。整體來說，基督教展現的是一個雙元的世界。從上帝創造人類開始，上帝與人就處於二元的對立，彼此無法交換。西方善惡、是非的標準，也是二元的對立。在這種二元的思維下，人必須接受上帝的洗禮才能成為一個善的人，而西方從十字軍東征到宗教戰爭，總是認為自己是站在神及善的一邊。從航海大發現到全球的殖民，傳播福音、讓非基督教文化改邪歸正是西方深層的道德訴求。

在這種善惡二元論的思維下，永遠有正義的使者在替天行道，傳送西方的價值是一項美德，接受西方文明價值就是接受福音。這種西方文明優越論主宰了近三百年的世界。

一等國家，國富民富；二等國家，國窮民富；三等國家，國富民窮；劣等國家，國窮民窮。

中華文化接受了佛教的一些思維，首先是「人」與「佛」間是可以置換的。「人人可以成佛」，代表著人與人的「眾生」平等，不是人皆為造物者所創造的「天賦人權」的平等。佛家與道家的思想提供了「安天命」的精神基礎，與西方的「物競天擇」形成了強烈的對比。佛家思想強調「善惡在一念之間」，每一個國家，正如同每一個人不全然是善的。佛教判斷價值的標準不僅在於做了甚麼，更在於當時的「心念」為何？從這個標準來看，西方近百年來的擴張行為，包括最近美國在全球事物的介入，到底是為了人權、和平，還是本身的國家利益、資本家的利益。美國決策者知曉、被介入者也知曉。

儒家認為，需要救贖，並不是向上帝懺悔，而是要「三省吾身」。西方文明只有在面對上帝時才懂得謙卑，但是中華文化卻強調「反求諸己」。西方文明經常強迫對方接受西方的價值，而中華文化卻強調「尊重和諧」。西方文明中的「優勝、物競天擇」，中華文明的回應卻是「己所不欲，勿施於人」。西方資本主義不斷掠奪資源、人定勝天，中華文明卻主張要「適可而止」、「天人合一」。

第二、民本與民主、結果與程序的價值信仰不同。西方主張 by the people（民治），中華文化特別重視 for the people（民享）。西方強調程序正義，中華文化則著重「結果正義」。西方的民主是以「程序正義」為基礎，因而特別重視「民治」，而中華文化檢驗一個政治是否為「善治」(good governance)，標準在於這個政府是否能夠為人民帶來幸福，亦即著重在「民享」的部分。

西方的民主透過代議政治，因此，所推選出來的是反映民意的「代表」（representative），其目的是「反映民意」，採取的方式為由下而上的「選舉」，而代表反映的是選民的族群、宗教信仰、階級、地域、利益歸屬不一而定，哪一位候選人得到票數多，就可以成為代表。但是在中華文化中，「選賢與能」是指所選出來的是能夠代表「賢」與「能」的人，其目的是「造福百姓」而不是「代表」而已，因而採行的方式是上下並行，在古代透過「科舉」、「任命」，當代則是「推薦」、「選舉」並用，這種以「選賢與能」為目的不同於以產生「代表」為目的的民主過程。

西方的「民治」又分為兩類，一是「代議民主」，一為「直接民主」，亦即人民有行使公投的權利。從冷戰以後，西方推動第三波民主化，以及 21 世紀以來的顏色革命、阿拉伯之春等民主活動，西方均以 by the people 做為評價一個地區或國家是否民主的標準，至於這些地方是否因為施行西方式的民主而使得生活更好或更混亂，並不是西方關心的重點，對西方價值來說，「民治」先於「民享」。

另外，西方強調「程序正義」的看法，在克里米亞公投中也受到挑戰。克里米亞人民以公投方式決定脫離烏克蘭，正如同當時的科索沃也以公投方式取得脫離塞爾維亞一樣，但是西方卻對於克

得理而能饒人，是謂厚道；厚道則路寬。無理而又損人，是謂霸道；霸道則路窄。

里米亞的公投結果難以接受，這也反映出「程序正義」在某些情境下，也不過是強權介入的一種說法而已。

西方目前也經常以此標準衡量其它國家的民主化進程。西方也應了解，東方中華文化在看待民主這個議題時，有目標取向的「民享」是重於程序取向的「民治」。

在中華傳統文化中，即使在君主時代，也有「民本」思想。大儒孟子即提出「民為貴，社稷次之，君為輕」的觀點，告誡為政者「天視自我民視，天聽自我民聽」。若上位者的德行和為政不為百姓所接受，那上位者就要喪失繼續執政的資格了。孟子又稱「聞誅一夫紂矣，未聞弒君也」。這種推翻不義政權，亦即無法做到「民本」標準的政府，成為中國歷代以來農民革命或政權交替一項正當性的論述。

簡單來說，西方檢驗一個政權正當性的標準是民主，而其中又以著重程序正義的民治為核心。而中華傳統文化檢驗一個政權是否具有正當性，端看其結果能否為人民帶來福祉。當代西方用定期選舉制度來解決社會的分歧，但是在中華文化則是責成政府要用「親民」、「愛民」來避免社會的動盪。在今日來看，兩者均有其可取之處，彼此不應視自己的價值為唯一或居高，相互理解與包容應是在面對不同價值選擇時的必要態度。

兩岸共同以中華文化豐富西方文化

西方文化裡面有些東西是好的，例如對人的尊重，強調平等、自由等普世價值，問題在於當這些理念與國家利益結合時，好的價值就成了文化霸權的一些說詞或工具。在善惡二元論、物競天擇與資本主義的向外擴張核心依據下，西方往往將他們所信仰的價值與自己的利益結合，強加於其它文化與民族。

西方人創造了民主與自由，但是在大多數的情形下，是在自己封閉的政治國度裡面使用，對於其它國家或地區，特別是會影響到他們的國家利益時，民主與自由的標準就由西方來詮釋。

近代史上崛起的大國關心的是「利」與「力」，它們為這個世界建立的是強者的哲學，是霸道的文化。中國傳統對外關係重視的卻是「和」與「合」，主張「濟弱扶傾」，是王道的思維。從中國的易經中可以看出，中華文化強調的為「和與合」的「互補」而不是「利與力」的「衝突」。這也

◆

若能以「牛馬」精神服務大眾，必為大眾尊敬；若能以「龍象」姿態成就事業，必為社會中堅。

是西方文明迄今仍然沒有給世界帶來和平的原因。中華文化有一些東西是西方需要的，舉例來說，「仁」這個概念對於西方「物競天擇」論者是陌生的，「己所不欲，勿施於人」是資本主義信仰者無法理解的，「是非存乎一心」、「設身處地」更是西方善惡二元論難以琢磨的。

西方幾百年的民主有其過程，沒有龐大的中產階級與人民的啟蒙，西方的自由民主不會從天而降。西方的天賦人權，是建立在人是上帝所創造，因此應該擁有上帝所賦予的權利的觀念上。在政治上，個人主義與功利主義是西方政治文明的核心，西方的民主制度就在這兩種主義上誕生。在經濟上，資本主義是西方不可動搖的信念，九十年代以後西方自由主義與資本主義結合，希望儘量減少政府在決策時的權威，讓私人企業成為經濟發展的主導力量。但很遺憾的，今日全球的高度貧富不均正是這兩種理念結合下的產物。

每一個民族與文化都有其特殊性。儒家文化雖然尊重個人，但是更強調社會的整體秩序與和諧。中國人強調的「關係」，包括人與人、人與社會、人與天，顯示出中國人維持社會秩序與和諧的方法並不是完全以「合法」為基準，而更強調是否「合情」「合理」，因為「法」大多數是強者制訂的。從國家的發展來看，中國固然有「日出而作，日入而息，鑿井而飲，耕田而食，帝力於我何有哉」的小農或中小企業自由思想，但是做為一個以社群主義為凝聚力的中華民族，國家與政府的正面力量一直是人民所關切與期許的。中國人對於「天下為公、世界大同」的理想，看似遙遠，但未嘗不可以作為西方以「強權政治」做為真理論述的警惕。

中國大陸要想成為一個舉足輕重的大國，除了要有強大的物質力量以外，還要有能力在思想論述上取得主導，也就是要建立「軟實力」的論述。中國在崛起過程中，應該從哲學層面重新整理一套中華文化的世界觀、秩序觀、價值觀。中國的責任並不是要取代西方的文明價值，而是提醒西方他們的文明價值會出現甚麼樣的問題，告訴西方為何中華文明的若干價值可以豐富或補強西方的文明。中國的崛起就是要取得這種話語權與世界秩序的詮釋權。

這個世界需要更好。西方的文明價值目前雖然仍是世界的主流，但是目前已經出現了若干問題，它們解決問題的方法，無論在處理金融危機方面，還是在解決國際衝突方面，已經開始背離了自己的價值信仰。這是中華文明的一個機會，也是責任。如何讓西方了解，中國大陸的崛起不再是西方大國崛起模式的再翻版，而是中華文明的再次崛起，它不僅是對西方文明的警醒，也是補充，中華文化可以豐富世界文明的價值，讓這個世界更能相互尊重與包容，更為美好與祥和。

兩岸雖然分治，但是在中華文化的認同上從未真正的分歧，在中華文化的研究、反思、落實上，

能在心中尋找和平的人，是最幸福的人；能在眾中發揮熱力的人，是最智慧的人。

台灣反而走的大陸更快、更深、更實。中國如何和平崛起是個大哉問的大題目，在和平崛起所需要的價值結構上，台灣應該可以扮演其重要，甚而主導的功能，這不僅有助於整個中國的和平崛起，亦有助於中國大陸內部社會的和諧與安定，而這些亦是對外崛起所不可或缺的要求。

整個中國的和平崛起需要兩岸共同的參與，兩岸間的政治難題需要解決，兩岸間的文化力量需要結合，這些都需要兩岸的智慧與包容。如果這些問題都無法處理，中華民族又何能高唱和平崛起呢？

人間佛教與中國夢

去年十一月二十九日，出任中共中央總書記不足半個月的習近平，在參觀中國國家博物館「復興之路」的展覽現場時提出「中國夢」，並定義其為「實現偉大復興就是中華民族近代以來最偉大夢想」。今年三月十七日，中共第十二屆全國人民代表大會第一次會議在北京人民大會堂閉幕，習近平在講話中九次提到「中國夢」。中國夢已是中國大陸第五代中央領導人的集體執政理念。

每個國家都有自己的夢想。但是從歷史的進程來看，一個國家的夢想往往是另一個國家的夢魘。歷史上九個崛起的大國：葡萄牙、西班牙、荷蘭、法國、英國、俄國、德國、日本、美國，它們的夢想都給自己的國家帶來了財富與榮耀，然而夢想成真時，卻讓其他民族受到壓制與傷害，這是為什麼呢？這九個國家雖然位居世界各地，但基本上都是西方文明的追隨者。西方文化裡面有些東西是好的，例如對人的尊重，強調平等、自由等普世價值，問題在於當這些理念與國家利益結合

靜下來聆聽對方的音聲，是「溝通」的秘方；動起來幫助對方的需要，是「談判」的籌碼。

時，好的價值就成了文化霸權的說詞或工具。在善惡二元論、物競天擇與資本主義的向外擴張核心依據下，西方往往將他們所信仰的價值與自己的利益結合，強加於其他文化與民族。這九個國家或許給自己的人民帶來快樂，卻給其他民族帶來了災難。建立在其他民族災難上的快樂也不會長久，一個夢想成真就是另外一個的倒下。

中國夢的目標為何？星雲大師說得很清楚。今年四月六日星雲大師在參加博鰲論壇時說：「中國夢，這個夢想很大，很好。我想它的含義就是讓中國很強大和諧，很公平公正，讓人民很幸福，社會很安樂。」中國夢應該如何來築構？還是依循以往九個大國的老路子？如果只是這樣，中國夢也不過仍是一個霸權式的夢想而已。

對外來說，九個崛起大國關心的是「利」與「力」，中國傳統對外關係重視的則是「和」與「合」。從中國的《易經》中可以看出，中華文化強調的為「和與合」的「互補」而不是「利與力」的「衝突」。這也是九個大國崛起沒有給世界帶來和平的原因。中華文化有一些東西是西方需要的，舉例來說，「仁」這個概念對於西方「物競天擇」論者是陌生的，「己所不欲，勿施於人」是資本主義信仰者無法理解的，「是非存乎一心」、「設身處地」更是西方善惡二元論難以琢磨的。

中國夢絕非僅是大國的崛起而已，中國夢應該包括中國大陸的社會能更為和諧、每個人的生命都能夠受到尊重、人民能夠享有更多的平等與自由、社會能夠更多的公正。簡單一句話，中國夢指的不僅是中國大陸的「富」與「強」，更應該包括「善」。

佛教到了中國以後，早已與中華文化融為一體。無論是「和」、「合」、「仁」、「愛」都是整體文化的一部分。星雲大師將其融合應用，一生致力於發揚「人間佛教」，他倡導入世、慈悲、和諧、寬容，無論是一般人可以了解的「三好」（說好話、做好事、存好心）或「四給」（給人歡喜、給人方便、給人希望、給人信心），都是希望每個人都可以為人社會的「善」布施因果。

「人間佛教」在台灣，不僅弘揚佛法「善」的教義，也在文化教育、社會福利、社會安全上做出了偉大的貢獻。「人間佛教」其實就是「築夢者」，一磚一瓦地為整個社會的幸福與祥和築出美夢。

今天的中國大陸，國民生產總值（GDP）全球第二，算是一個已經崛起的大國，但它的社會問題仍然很大。「人間佛教」應該可以幫助淨化、安住大陸的人心，也可以協助祥和、安穩大陸的社會。我們期望大陸方面也能深刻認識到，「人間佛教」是絕對有助於中國夢的築建。張開雙手歡迎「人間佛教」！

2013/4/18《人間百年筆陣》

有計劃，則不亂；有分工，則不忙；有預算，則不窮；有歡喜，則不苦。

台日漁業協議擱置了主權爭議了嗎？

二〇一三年四月十日亞東關係協會與日本交流協會簽署就有關「釣魚台列嶼」（Diaoyutai Islets）附近的漁業事務，達成《台日漁業協議》（日文：日台民間漁業取り決め），同年五月十日起生效。從表面看來，一向強勢的日本，在經歷自一九九六年起十六 次談判均堅決不讓步的情形下突然「讓步」，放棄對國際公法所定「專屬經濟海域」的堅持，同意在總面積近八萬平方公里的海域裡不再驅趕、騷擾台灣漁船，其中還包括台灣方面暫定執法線以外共計約四五三〇平方公里的海域。

馬政府更不斷強調該協議第四條「免責條款」確認了各項規定不損及主權主張，認為並未「以主權換漁權」。此一協議遂被認為是馬英九「東海和平倡議」的「主權在我、擱置爭議、和平互惠、共同開發」四原則之成果。事實是如此嗎？

依據海洋法的「陸地決定海洋」原則，專屬經濟海域的權利來自陸地的主權。釣魚島的主權歸屬，最終決定了「專屬經濟海域」誰屬。眾所周知，日方此次談判，自始至終是以釣魚台主權歸屬於日本不存在爭議作為前提。日本之所以願意「讓步」，真正原因當然是中共近來在釣魚島附近的強勢維權作為而迫使日本「讓步」，而其所以願意釋出漁權是基於尊重「台灣漁民傳統漁場」為由。

我們無從了解談判的內容。純從法律的效果來說，該協議第四條規定「本協議之所有事項或為實施而採取之措施，均不得認為影響雙方具許可權之主管機關有關海洋法諸問題之相關立場」。從這條文字的字面理解，該協議僅是就雙方漁民在釣魚台附近海域的漁業臨時安排，協議不影響雙方各自對釣魚台主權的主張。協定文本並未規定協定是否適用於釣魚台領海內，但在四月十日台北方面外交部長在記者會中表示：「此次漁業會談係針對雙方重疊專屬經濟海域的漁業作業安排達成協議，並未涉及雙方對主權的主張。釣魚台列嶼周邊十二浬是我國主權所及的領海，並不包括在協議適用海域之內」。

日本政府是否同意台北方面這樣的說法不得而知。不過，要檢驗非常容易，即日本船隻或人員在進入釣魚島領海或登島時，台北政府有沒有抗議？日後台方的人民或政府船隻是否有登島或進入領海的舉動？如果只有日本進入，而台方不進入，那麼就等於台方默示只有日本在釣魚島擁有主權。

四月二十三日，安倍政府允許「奮起日本全國行動委員會」成員搭船前往釣魚台列嶼在中華民

國所主張十二海浬領海範圍內進行所謂「漁業研究」，並派出海上保安廳船隻隨行保護，作法與四月十日雙方所簽署《台日漁業協議》之精神與原則相抵觸。台北方面卻沒有表示抗議，如果台灣方面的公務船隻、漁船或保釣團體以後不得再進入十二海浬，而只有日本進入時，就等於落入「以漁權換主權」的事實了。

雖然台日漁業協議是一個具有「官方」性質的協定，但是由於它的形式上仍然是一個由「民間」機構所簽署的非官方正式文件。民間協議是沒有國際法效力去處理主權爭議的。換句話說，該協定第四條根本沒有法律意義的。但是台北方面卻認為它是國際法上的「免責條款」，就有些過度解釋了。日本政府也不會認為在釣魚島的主權問題上已經有「各自表述」的情形。

該協議第五條規定雙方可片面於六個月前通知對方而中止協議。表面上這是國際漁業協議慣例，實際上人盡皆知此規定對台方的威脅遠大於日方。一旦日本對於台方行為不滿意，可以選擇中止協議。換言之，該協議的執行取決日本的「善意」。如果台方執意進入領海、容許人員登島，日本隨時可以中止協議。

另外，台日漁業協定也給了日本可以海上執法範圍的藉口，該協議雖然突破了台灣劃定的「暫定執法線」，也超過了日本主張的中間線，向中間線以西延伸了十至二十海裡，面積約為六一九〇平方公里，這意味著該協議也給了日本海上保安廳突破中間線執法的藉口。

大陸學者也認為，台日漁業協議對大陸解決東海及釣魚島問題造成負面影響。因為釣魚島問題涉及大陸、台灣和日本三方的海洋政策和海上劃界主張，中國大陸與日本間釣魚島主權爭議及與之相關的專屬經濟區和大陸架劃界、海域資源共同開發等問題仍將長期存在。台日漁業協議的簽訂，為目前複雜的東海和釣魚島問題增加了一個新的不確定因素。

整體來說，《台日漁業協議》並不涉及擱置了釣魚島的主權爭議，日本一點也沒有讓，從協議名稱看，日本特別強調「民間」，並以〈日台民間漁業取り決め〉稱之。就主權的角度來看，台北方面極有可能為了漁業小利而失去了主權大義。

為何兩岸不能合作共同保護漁民安全？

在台灣目前似乎有一個禁忌，也屬於政治不正確，即不能夠主張兩岸共同維護釣魚台的主權，也不能主張兩岸共同維護在南海或東海的漁民權利。兩岸的政府都主張擁有釣魚台的主權，也認為南海的九段線內是我們的歷史海域，照理來說，兩岸既然有共同的利益，為何不能合作呢？

要捍衛海域主權。軍事力量很重要，但是面對菲律賓可以，碰到日本就沒轍了。另外的方法，一是靠美國在背後撐腰，一是與大陸合作。

政府目前不贊同與大陸合作的最重要理由在於，擔心「與虎謀皮」的結果會瓦解台灣未來在面對大陸時的統戰心防，另一則是會讓美國不滿意。目前台灣兩大政黨在釣魚台及南海問題上清楚地選擇美國，而非大陸。

自從美國前國務卿希拉蕊在二〇一〇年河內舉行的東亞高峰會上，高調宣布美國願意介入南海領土爭議，揭開美國重返亞洲政策的序幕。美國要想透過重返亞洲，重新強化在亞洲的強權地位，必須要找一個大家心知肚明的假想敵，來凝聚美國與亞洲國家的結盟或合作。朝鮮半島的不穩、中共與菲律賓、越南在南海的爭端、中共與日本在釣魚台列嶼的緊張衝突，都成為了美國重返亞洲，尋求其再平衡戰略的最佳機會與藉口。

台灣在安全上一直依賴美國，在美國重返亞洲的這個節骨眼上，也就被迫選擇與美國在一邊，因此，不論是釣魚台或是南海問題，台灣均公開表明「不與大陸聯手」。

主權問題很敏感，他涉及民族尊嚴與實質領土利益。一方面兩岸是同文同種，應有共同的民族利益，釣魚台與南海有豐富的海洋資源，值得兩岸共同維護與開發；但是另一方面，台灣在策略上又選擇一個對大陸並非有完全善意的美國做為扈從對象，在釣魚台與南海事務上，均不敢違逆美國之意而行。

稍微有點國際政治常識的人均可以了解，最近日本之所以願意在簽署台日漁業協定，不是因為日本受到台灣提出「東海和平倡議」的感召，而是拜大陸近來在釣魚台事件的強硬軍事行動所賜。日本希望透過漁業協定來瓦解兩岸合作的任何可能，而背後當然有美國的影子。簡單地說，東亞情勢愈緊張，美國的角色就愈重要、影響力就愈大。

美國決定要重返亞洲，開始其在東亞的重新政治、經濟、戰略部署，台灣目前選擇向美國表態，

我們能在生時多做善事，則臨死何懼？我們能在平日貢獻社會，則雖死猶生。

繼續扈從美國。

馬政府的「親美、友日、和中」對外戰略，從文字用語及排列的順序上已經可以看出其親疏遠近的優先選擇，對美要「親」，對日要「友」，對大陸只要「和」。但是另一方面，由於地緣的關係，大陸目前是台灣最重要的經貿對象，兩岸人民、資金往來的速度與密度已經遠遠超過美國及日本。台灣在政治安全上扈從美國，在經濟上依靠大陸，看似聰明，其實已經陷入戰略上的人格分裂。這種左右逢源的作法在承平時期或許可以得到利益，但是當環境發生衝突發生被迫表態時，就沒那麼容易了。

這個大戰略還有一個盲點，即我們與美國再「親」，日本再「友」，美國與日本是不可能啟動軍艦為台灣漁民護漁。而大陸是唯一可以與台灣一起護漁的。

美國固然是台灣重要的夥伴，但是美國也有其自身的國家利益，歷史顯示，美國放棄盟友的例子並不少見。兩隻大象不管是親熱還是打架，旁邊的小草都注定要倒霉。小的一方要想站在翹翹板中央用左右腳保持平衡兩個壯漢非常不容易，「親遠疏近」更是一件很危險的事。台灣目前還能維持其「美、日、陸」的平衡政策，是因為北京到現在為止還沒有逼台灣表態，以及美國認為台灣目前還可以為其亞洲新戰略服務。我對台灣目前的戰略選擇是憂慮的。

2013/5/17《人間百年筆陣》

兩岸應以中華文化為精神「止戈立信」

從一九九八年起，台灣就希望與大陸建立軍事互信機制，一直到二〇〇八年馬英九總統上任初期還有這個提議，當年底大陸方面在「胡六點」中給了正面的回應。但是在二〇〇九年中期以後，台灣方面以「先經後政」為由，不再主張就軍事互信事進行對話。

和平是人類值得追求的最高價值。從二〇〇八年起兩岸已經進入大交流、大合作的時代，但是在政治上兩岸仍有著內戰的遺緒，迄今軍事上仍然存在著對抗的思維。目前兩岸政府推動軍事和解有困難，民間可以先行，今年六月底在北京，我所屬的兩岸統合學會與大陸的中華文化發展促進會邀集兩岸退役將領與學者約三十人，舉行了一場探討如何尋求兩岸安全與和平的研討會。這次會議名稱是《築信研討會》，主題是「止戈與立信」。

對於兩岸關係而言，這是一次重要的會議，其意義在於提出了與以往探討兩岸軍事安全互信機

應以道理說服他人，應以寧靜克制妄動，應以誠懇感化世間，應以慈悲折服敵對。

制完全不同的思維，會議達成共識：「兩岸應以中華文化的止戈與立信精神，及同為一家人的理念，為兩岸關係和平發展和增進中華民族整體利益做出進一步安排」。

「止戈」、「立信」、「同為一家人」這三個概念融合為未來討論兩岸軍事安全機制的基礎。首先，西方軍事安全機制的目的是「軍事安全」，兩岸的目的則是「止戈和平」，這兩個概念完全不同。其次，西方主張「互信」，而兩岸主張「立信」。「互信」必須依賴條約或協議來保障，但是「立信」則是以中華文化的「義」，也就是「民族大義」為基礎。最後，西方是在國與國的關係上追求互信，兩岸則是在「同為一家人」的認同上立信。

在會議共識中，與會者也一致認為，「軍事安全互信是政治互信的體現」，與政治互信是不可分，亦非是單純的軍事問題，任何有關軍事安全互信機制問題的討論，均必須「秉持一個中國的架構」為原則。至於「一中架構」為何，兩岸目前均有不同看法，在這方面，兩岸已有「九二共識」做為基礎，可以在此基礎上進行互動。兩岸統合學會提出「一中三憲、兩岸統合」做為兩岸「一個中國架構」的內涵，主張可以在「一中三憲」的架構中進行軍事安全機制的討論。

會議共識中還確定了西方「國與國」式處理軍事互信的思維與方式，不適用於兩岸軍事安全。軍事互信、信心建立措施（CBMs）等都是西方人所創造出來的概念，起源於一九七五年的《赫爾辛基最終議定書》。它是以現實主義為核心，屬於國家與國家間的行為，它並不適用兩岸和平發展的思維，原因在於：首先，當時是因為二戰後的領土問題已經解決，即最核心的爭議已經不存在了，東西陣營才可能建立軍事互信。目前兩岸的核心問題是主權歸屬的爭議，包括台灣內部仍有分離主義訴求，在核心問題如果沒有共識，任何軍事互信或CBMs的機制都將只是沙中之塔，是極為脆弱的。

其次，軍事互信機制能夠建立與運作的條件在於雙邊的實力相近，可是兩岸有在軍事力量的差異。由於有差距，台北在與北京談軍事互信機制時，往往希望華府可以第三方立場並存或見證，以及嚴謹的查證規範，讓台北比較有安全感，但是北京應該是不會接受這種讓美國介入兩岸的方式。

會議共識亦包括：「惟有雙方以民族大義立信，以大情大理築信，兩岸才能共築中華民族美好的未來」。這表示要建立兩岸的「互信」，必須先以民族大義來「立信」，用情與理來「築信」。民族大義自然是指「兩岸人民同屬中華民族，有責任共同推動兩岸關係和平發展，共同促進中華民族的偉大復興」。

與會者也一致認為，兩岸目前最容易也最應該的就是兩岸在海域權益方面的合作，特別是在東海與南海問題上，兩岸應尋求各種可能的默契或具體合作方式。

這次會議的共識為未來的兩岸軍事安全互信機制的探討，建立了以中華文化為內涵的基礎，可以擺脫一些以往在相關討論的誤區，使得未來的討論能夠更能清楚聚焦，為兩岸和平發展做出貢獻。

2013/7/16《人間百年筆陣》

兩岸要推動海洋合作

上個星期，八月八日，我所屬的兩岸統合學會與中國評論通訊社在山東青島合辦「兩岸海洋戰略圓桌會議」，就未來兩岸可能的海洋戰略合作充分交換意見。

誠如中評社郭偉峰社長認為，在兩岸關係發展中，可能會出現了三個隱憂：第一，兩岸海洋戰略的落差可能會影響兩岸關係的和平發展。雙方沒有一致的目標，缺乏溝通，容易因為海洋戰略產生誤判與衝突。第二，大陸的海洋戰略如果與台灣的海洋優勢不能妥善結合，可能會導致台灣更趨邊緣化，同時也使得中華民族整體利益受損，嚴重影響中華民族復興進程。第三，大陸今後實施的海洋戰略，不是要與美國對抗，正如習近平所言：寬廣的太平洋兩岸有足夠空間容納中美兩個大國。但是，台灣因素一樣突出，如果兩岸之間無法協調，台灣海洋戰略同樣可能引發中美的重大摩擦。

正是在這個背景上，我們召開「兩岸海洋戰略圓桌會議」。台灣方面出席的有政治大學國際關

忘記自我利益，是聖人；擺脫私人利益，是偉人；看重自己利益，是凡人；忽略別人利益，是小人。

係研究中心研究員鄭端耀、政治大學國際事務學院院長李明、南華大學國際暨大陸事務學系副教授孫國祥、前海軍副總司令蔣海安中將、退役中將傅應川及我本人等六位。

這次會議達成了幾點共識。在大原則方面包括：第一、與會者認為中華民族的偉大復興必須重視海洋，沒有兩岸在海洋上的戰略合作，未來的復興之路必然充滿荊棘，兩岸和平發展趨勢亦將受到影響。第二、兩岸不應將冷戰時期美日等依其國家利益所主導形成的東亞海域秩序安排視為理所當然，而應從歷史、法理為依據，堅定地維護中華民族在釣魚台列嶼及南中國海應有的合法權益。第三、兩岸共享整個中華民族的海域權益，有責任用知識為基礎、以實力做後盾，共同合作維護整個中國海域的主權與主權權利、在國際海洋區域進行合作，維護兩岸的共同利益。第四、兩岸目前所面臨的海洋挑戰日益險峻，應積極推動海洋戰略對話與合作，就兩岸海洋戰略的思維、目標、內涵、文化、作為、路徑等進行探索，以有效追求兩岸共同海洋利益。第五、兩岸海域的主權為中華民族的祖權，由兩岸所共有及共享，雙方在制訂海洋戰略時亦應顧及彼此的利益與福祉，相互提供優勢，協助維護雙方在相關海域上的治權，以共同治理的態度面對兩岸未來的合作。

在具體做為方面，與會者也認為，第一、基於資源應該共享的原則，兩岸可以將東海與南中國海油氣開發做為兩岸海洋戰略合作的突破口，另外，兩岸亦應共同推動研商成立兩岸海洋合作架構，以制度化兩岸未來的海洋合作。第二、每一個海洋大國都有自己的海洋日，與會者希望將每年的七月十一日——鄭和下西洋的啟程日——做為中華海洋日。這一天不同於西方哥倫布征服掠奪的啟程日，而是中華民族經由海洋睦鄰友好的揚帆日。第三、也是最具創意的一點，即建議兩岸海商漁船在海域懸掛「中華旗」以凝聚兩岸為共同體的一家人認同共識，會議亦建議兩岸政府主動視中華旗船隻為當然保護標的，以維護兩岸人民之民族利益。

2013/8/14《人間百年筆陣》

國家的政治能夠廉潔清明，就沒有貪污賄賂；世界的族群能夠包容異己，就沒有種族紛爭。

為何使用「日據」而非「日治」？

佛教強調寬容，但是也主張要正知、正見。

我們應該用寬容的態度來看待歷史，但也必須有正確的知識來認識歷史。人類在記錄歷史時不可能脫離文字，一字之差往往就會產生歷史褒貶，不同用語的背後更反映出不同的原則立場。例如，日本稱「進出」中國，我們則稱日本是「侵略」中國。日本人稱「投降日」為「終戰日」。

一八九五年，清廷戰敗將台灣割讓給日本，日本在台灣殖民統治了五十年，我們應該如何稱呼這段時期呢？現在的高中歷史課綱稱其為「日本統治時期」，與「清朝統治時期」的用法完全一致。這樣對嗎？還是我們應該稱其為「日本殖民統治時期」，以有別於「清朝統治時期」？又如何簡稱這段時期呢？稱「日治」、「日殖」還是「日據」時期？

這三個用語的差別在：「日治」是指「日本統治」，表示其統治有政治上與法律上的正當性。「日殖」指「日本殖民統治」，殖民行為在道德上或有問題。但是有法律上的正當性。「日據」是指「日本占據下的殖民統治」，指其殖民行為無道德、政治、法律上的正當性。

以往我們的歷史課本與政府文書中，簡稱日本殖民統治時期為「日據」時期，但是近十幾年來，由於執政者有不同的史觀，因此高中與國中歷史課本以及政府的文書中，都已經改為「日治」而不准再使用「日據」。

最近，馬英九政府做了一個決定，基於尊重多元社會，同意在教科書的撰寫時，「日治」與「日據」併用，但是政府基於國家立場，規定官方文書必須使用「日據」。

馬總統這個決定公布以後，台灣教師聯盟與台灣教授協會就在教育部前面拉布條抗議政府同意使用「日據」，並認為使用「日據」是「來自中國的黨國意識形態」，他們認為應該使用「日治」，否則就是「出賣台灣國格」。

以下的事實發展可以看出，稱「日據」才是對歷史的尊重，也是對台灣先人抗日行為的尊重，更是符合我國的國格。

一八九五年甲午戰敗，清廷被迫簽訂不平等的《馬關條約》，割讓台灣、澎湖。一九四一年（民國三十年）十二月九日我國正式與日本宣戰時，宣告廢除中日之間一切條約、專約及協定，《馬關

尊重不是說說就算了，而是要身體力行；共識不是知道就好了，而是要動作一致。

條約》當然也在內。

我政府此一立場得到國際充分認可。一九四三年十一月二十六日中華民國、美國與英國共同發布的「開羅宣言」中，即明定「在使日本所竊取於中國之領土，例如東北四省、台灣、澎湖群島等，歸還中華民國」，表示日本對台灣是竊取行為。也就是說，國際社會雖然認識到日本殖民統治台灣是事實，但是認為日本是以武力強占取得，沒有正當性。

不僅如此，一九五二年我國與日本簽署《中日和約》，雙方承認「在一九四一年（民國三十年）十二月九日以前所締結一切條約、專約及協定，均因戰爭結果而歸無效」。雖然日本殖民統治台灣為事實，但依條約，中日兩國均已同意《馬關條約》為無效，因此我們認為，日本是在「占據」台灣行為下行使殖民統治。基於尊重條約與國家立場，所謂「日本統治時期」的正確用法應為「日據時期的殖民統治」。

簡單的說，日本政府在與我國所簽的《中日和約》中都已經接受《馬關條約》為無效，我們自己實在沒有理由與必要還一定要再說，日本在台灣五十年的殖民統治為正當的統治。我們再看看歷史，當日本以武力據有台灣時，成千上萬的台灣先民犧牲生命抵抗日本的殖民統治。如果我們到現在還在日本殖民統治的正當性，使用「日治」，等於是汙蔑了當時抗日先賢們的犧牲奮鬥。

我們很難想像在全世界其他被殖民過的地區，還會有人一直要為以前的殖民政府尋求正當性。使用「日據」而非「日治」，就是告訴國人，日本在台灣殖民統治五十年是事實，但是它的殖民統治是不正當的。連日本在一九五二年的《中日和約》也同意其行為是不正當的，我們可以寬容日本，但是又何苦一定要為日本的侵略行為抹脂擦粉而堅持要使用「日治」呢？

2013/9/12《人間百年筆陣》

要用倫理淨化所愛，要用道德領航所愛，要用善美成就所愛，要用祝福加持所愛。

「九月政潮」的因果觀

一個在政壇上號稱沒有朋友的人與一個在政壇號稱沒有敵人的人碰撞，會是甚麼樣的火花與結果？

國人並不陌生馬英九總統與立法院王金平院長因為司法關說案而引發的「九月政潮」。這一場由關說而起的風暴，從「大是大非」與「有情有義」價值選擇，到有關監聽「程序正義」是否高於關說「行為正義」的辯論，經歷了法院是否可以介入政黨價值自主選擇的爭議，引發在野黨對行政院長上台報告的杯葛，致使台灣的政治又陷入停滯的泥沼。

從另一個角度來看這個問題。首先，我們要問，假如王院長的司法關說碰到的不是馬總統，而是另外一個總統，會是甚麼樣的發展？因為王金平的院長身分，大概會有兩個結果。一個是最多將王院長找來，提醒、告誡一番，大事化小、小事化無；另一個可能是拿著王院長的把柄，要脅他以後配合。這兩種結果都將使得一般民眾後來不知曉此司法關說事。王院長可以繼續他的院長任期，最後平安風光下任。

天下的事總是有些不尋常，偏偏王院長碰到的是一個在政治上有潔癖、行為上不懂得圓融、缺乏人情世故的人。但也就是因為馬總統的率直，而使得王院長的從政生涯畫上了一個最不完美的句點。不論王院長目前的司法官司是否能夠打贏、是否能夠做完院長任期，以後台灣民主政治的發展史上，王院長的司法關說事件注定將會被當成一個負面的教材來看待。這對王院長這位外界公認一生沒有敵人的人而言，的確是一個很大的諷刺，固然自己做錯事是最主要的原因，但是碰到一個號稱沒有朋友的人也是另一個因，也才有今日的結果。從王院長的身上，看到了因果。

馬英九總統處理這件事，外界認為他沒有謀定而後動，造成輿論上的節節敗退，在這件事中，幾乎沒有多少人願意挺身而出替他辯駁。即使有人站在反對關說的一邊，也是站在民主法治的立場，而不是為了支持馬英九本人。

「難容能容」、「有容乃大」。領導者必須要有寬宏的氣量、開闊的胸懷，天下的精英才願意聚攏。外界總是認為，馬總統用人喜歡在自己的小圈圈裡找人，外人也進不去，此次「九月政潮」更凸顯了馬總統缺乏「人和」，成為一個標準的「孤家寡人」。「難容能容」並非不在乎是非善惡，而是能自處卑微，納天下英才共成大事。面對台灣的未來，不是只有馬總統能夠信任的人才願意貢獻長才，有很

耳聞不如目見，目見不如足踐；口說不如手做，心想不如圓成。

多精英也願意為這個社會奉獻。如果馬總統只是在自己的圈圈裡找人，只能信任自己習慣的人，其實也是阻絕了他人為國家社會奉獻的機會。從馬英九的身陷困境，我們也同樣看到了因果。

我們希望馬總統與王院長能夠看出這些因果關係。古有明訓：「勿謂一念可欺也，須知有天地鬼神之鑒察」，為政者不可以利用自己的權勢破壞制度。夜路走久難保不出問題，逾越法律道德終將嘗到苦果。為政者也必須放開心胸，要能用天下的精英，包容不同的個性。未能聽廣言者暗，未能用廣才者短，自己畫小圈圈，最終使得自己也寸步難行。

一個沒有朋友的為政者，不見得是個壞人，但是他一定沒有做到「四給」（給人信心、給人歡喜、給人希望、給人方便），終將無法聚才成事。一個沒有敵人的為政者，他一定也必須滿足三教九流的要求，藏汙納垢自然難免，但是也為社會不公與不義種下了因。

這十幾年來，台灣的政壇幾乎沒有安寧，價值道德的選擇在藍綠的對抗中被忽略，是非善惡的取捨也在藍綠的爭鬥中被扭曲，整個社會已經變得有些茫然。政治人物若能多思因果，規矩認真行事，不要僅有一己一黨格局，而應為社會廣植福田，幫助台灣早日走出陰霾，重新奮起。為自己種善因，社會可以得善果，自己也必將有福報。

2013/10/11《人間百年筆陣》

台灣要快速向自由開放市場奔跑

前幾天傳來一個好消息，台灣與新加坡簽署相當於自由貿易協定（FTA）的「台星經濟夥伴協定」（ASTEP），這是繼今年七月與紐西蘭簽署自由貿易協定後的再一次成果，值得肯定。但是整體來看，在亞太地區的 FTA 競爭中，台灣仍大幅落後於其他國家。

「大國制訂規則、小國適應規則」，雖然有些不公平，卻是國際政治的現實。大國不會制訂一個對它不利的貿易規則，小國也只能適應，而無法制訂，除非小國選擇不進入全球體系，願意自我封閉。

目前經濟全球化的本質是資本主義的全球化。在資本主義的世界裡，自由貿易是最重要的原則。簡單來說，除非一個國家不選擇全球化，否則它就無法拒絕自由貿易。

有一個故事，兩個人登山碰到一頭熊，其中一人立刻蹲下身來把鞋帶繫緊，另一人問說，為何

「互相體諒」是消除紛爭之道；「互相成就」是集體創作之方。

如此做，你跑得過熊嗎？那人回說，我只要贏你就夠了。這個故事說明了全球資本主義世界裡，大魚吃小魚、小魚吃蝦米的殘酷事實。自由貿易不是萬靈丹，在自由貿易的世界裡，仍然有贏有輸。在全球化的時代，加速與他國簽署 FTA，並不一定就表示會是贏家，但是可以避免被吃掉而注定淪為輸家的命運。

資本主義是一條大河，如果我們要渡過這條河，有三條船可以乘坐。一是全球的自由貿易市場。很可惜，由於二〇〇六年杜哈回合貿易談判宣告失敗，世界貿易組織這條船目前幾乎已經停駛。所有國家紛紛選擇其他兩條船，一是區域自由貿易，一是雙邊自由貿易。前者如東協國家目前正在推動的「東協加一」、「東協加三」及「RCEP」（區域全面經濟夥伴關係）、美國正在推動的 TPP（跨太平洋戰略經濟夥伴關係）；後者則是各國自憑本事與其他國家簽署雙邊自由貿易協定，以增加自己的市場。

台灣必須在這條大河中航行，但是目前除了亞太經合會這麼一個以「談話性」為主的經貿區域組織，台灣沒有參與任何一個亞太或東亞的區域自由貿易協定。在雙邊自由貿易上，台灣已經嚴重落後南韓。南韓自二〇〇三年發表「FTA 路線圖」，迄今已經生效了八個 FTA，締約國達到四十五個國家之多，數量遠遠超過台灣。

今年我們能夠與紐西蘭及新加坡完成簽署FTA，其中一個政治因素即是二〇一〇年台灣與大陸簽署了類似FTA的「經濟合作架構協議」（ECFA），以致原本擔心中國大陸反對的國家也開始積極推進與台灣的相關FTA磋商。

可惜的是，「兩岸服貿協議」一直躺在立法院而沒有審查，又由於服貿協議卡關後，原訂今年底完成的「兩岸貨品貿易協議談判」，也幾近停擺。與此同時，中國大陸與南韓的FTA正加快速度，預計於明年初完成生效。由於台灣與南韓輸往大陸的貨品有高達百分之六十三重疊，大陸與南韓的FTA一旦生效，將直接重創台灣商品銷往大陸。

與大陸簽署服貿協議，或與其他國家簽署FTA，並不表示台灣的某些產業不會受到傷害，但是如果不進入全球自由貿易市場，台灣的整體利益都會受到影響。這是一個兩難的選擇，而政府的功能，就是在這個兩難的處境中，如何透過合理的政策，讓台灣的整體利益極大化，部分傷害極小化，運用政府的資源，補助或協助受害的產業生存及轉型。

這是一個全球化的世界，不管喜歡與否，我們已身在其中。做為一個小的經濟體，台灣不可能不跟隨全球化的腳步。只有適應，我們才能有生路，如果裹足不前，將會被淘汰。我們為台紐、台

「自他一如」的觀念，是人際和諧之本。「同體共生」的精神，是世界和平之基。

星FTA感到喝采，但是也要提醒，盡快讓服貿協議通過，並加速與他國的自由貿易協議的簽署，我們不能再用「保護」的保守態度來面對未來，趕快蹲下身來把鞋帶繫緊，快速奔跑，台灣才能活命。

2013/11/11《人間百年筆陣》

在大覺寺談兩岸文化融合

在星雲大師的支持下，今年十一月底在佛光山祖庭，宜興大覺寺，由來自大陸的孔子基金會、台灣的兩岸統合學會、香港的中國評論通訊社，共同主辦「推動兩岸文化融合研討會」。

大師對兩岸關係非常關心，對於能夠促成兩岸和平發展的舉措一向是全力支持。我因為只是一名學者，所屬的兩岸統合學會也沒有多少經費，大師卻肯定我們的用心及努力，到目前為止，已先後提供了日本本栖寺、澳洲南天寺等道場，讓兩岸學者就兩岸政治關係進行學術性的對話。這一次又提供大覺寺供兩岸三地學者討論重要的兩岸文化融合議題。會前大師又特別邀請目前擔任大陸中華文化學院的第一副院長葉小文以貴賓身分出席。大師賜福兩岸，情義感人。

兩岸關係從二〇〇八年起進入大交流與大發展的階段，截至目前兩岸已經簽署十九項經貿交流協議，去年大陸遊客也超過了二百萬人次，成果堪稱巨大。但迄今，兩岸政治性的協議，包括和平

人，要給人利用，才能創造價值。人，要學習偉大，才能留下歷史。

協議與軍事安全機制幾乎已經不太可能簽署，兩岸服貿協議不僅卡在立法院，連兩岸文化協議也沒有任何簽署的跡象。這五年以來，兩岸似乎僅有物質性的交流，而缺乏有關涉及強化認同的互動，也沒有建立任何強化認同的機制，致使台灣民眾在兩岸未來發展及身分認同上，與大陸民眾的差距相較於二〇〇八年以前，並沒有縮小的現象，反而有繼續擴大的趨勢。

兩岸關係要想持續性的發展，兩岸人民的認同是否能夠逐漸趨近，是一個重要的關鍵。這也是為何要召開此次會議的主要目的。在兩岸三地文化精英的共同切磋討論下，彼此達成了十點共識。

與會者均認為，兩岸的文化融合絕不是兩岸文化產業的合作而已，更應觸及到深層的文化接軌。文字是文化的載體，兩岸目前的文字存在著正簡各用的情形，文字的不同容易造成溝通或認識上的誤解，因此與會者建議兩岸可以從多方面積極推動文字趨同化的工作，以強化兩岸對文化及文字的認同。

為強化兩岸青年對於中華文化及歷史的共同認識，與會者建議兩岸共同編纂四書讀本及中華文化基本教材；兩岸高中使用的國語文課本，達成教材內容一半以上相同。與會者亦呼籲共同編纂歷史教科書，初期可以包含三皇五帝至清朝的範圍；鼓勵共同編纂認識兩岸之教材，以方便兩岸人民相互了解當代兩岸的政經社會發展。

由於兩岸政府目前還沒有任何要推動文化協議的跡象，與會者也認為，由於台灣這幾十年在中華文化的傳承上的確優於大陸，因此大陸方面可以主動以台灣目前所使用的中華文化基本教材為基礎，酌予簡單修改，即可使得兩岸的文化教材達到一致性。

在身分認同方面，為強化與鞏固兩岸四地及華人的共同身分認同，與會者建議兩岸四地推動發行中華卡，由兩岸四地組成中華卡委員會，共同研商持中華卡可享有權益的內容及施行方式，以供政府參考。

與會者呼籲兩岸應在重要地點建立包含多民族的中華文化先賢塑像，以受後世敬崇。與會者亦呼籲兩岸共同將萬世師表孔子誕辰紀念日九月二十八日明訂為中華教師節日，並鼓勵共同追思與舉辦相關活動。

兩岸關係的開悟就是文化融合。文化融合就是眾緣和合，五指各有長短，只有不爭短長，屈指抱拳，才能積聚力量；只有相互依靠，合十祈福，才能皆大歡喜。佛陀拈花一笑，問弟子花是什麼香？是花瓣香、花粉香？都是，都不是，是眾緣和合的香，這才是花香的源頭和真諦。兩岸文化融合的真諦也就在此。

2013/12/10《人間百年筆陣》

自己可以不聚外財，但不能不開發內心的寶藏；自己可以不仗勢力，但不能不開創國家的地位。

沒有權力哪來主權？

有人說，服貿協議讓台灣主權安樂死。有些社團主張，攻占立法院，反服貿協議，救台灣主權。有的媒體認為，服貿協議是馬英九不惜犧牲主權與政經利益交換馬習會。還有政黨宣稱，服貿協議會摧毀台灣經濟、扼殺台灣勞工、殲滅台灣主權　。對國際事務有了解的人說，這些指責除了顯示台灣社會缺少理性與知識以外，看不出有任何意義。

一個社會如果政策錯誤，必然蒙受巨大損失，但是如果愚昧，幾乎萬劫不復。台灣要追求主權（sovereignty）還是「主權的權利（right）」與權力（power）？這個命題首先必須釐清。客觀來說，只要是一個國家，它就擁有主權。但是它是否為被視為國家，又取決於客觀與主觀兩個條件。客觀來說，擁有土地、人口、政府與其它政府交往的能力，就具備了國家的條件，但是從主觀來說，只有國際社會認可這個國家，這個國家才能享有國家的地位與主權的權利。

傳統的國際法，只有國家享有主權，沒有主權就沒有主權的權利。但是在當代的國際法裡，並非只有國家才享有主權的權利。一些國際組織本身也可以享有國際法人格，享受不完整的主權權利，即不完整的治權。再進一步可以這麼說，在一個全球化的高度依存世界裡，目前的國際行為者已經不僅只有國家而已，包括國際組織、非政府組織、跨國公司、國際傳媒等等，它們都是重要的全球行為者，它們不是國家，但是其實已經享有國家原本所應有的權利。藉用現代公共政策的話語來說，它們都參與了目前的「全球治理」，行使一些原本屬於國家的治權。

中華民國具有國家所應有的所有條件，自然擁有國家應該有的主權，但是由國際政治的現實，在目前的國際社會，無法以一般的國家身分出現在國際社會，可是由於我們本身的實力與重要性，目前我們的治權幾乎為全世界所接受，也擁有一些原本屬於國家應該有的主權權利。

有的國家擁有合法的主權，但國力衰弱，即使擁有主權的合法權利，由於其權利缺乏實力做為後盾，因此並不為國際社會所重視。一個國家如果沒有實力，等於沒有權力，沒有權力則無法維護權利，這時只有主權，也只是徒有國家之名而已。人民無法享受主權可以帶來的利益，國家受人左右，毫無尊嚴而言。

國家沒有實力，治權將只是虛有其表而已。虛弱無力的治權，將更凸顯主權的荒謬。歸根究底，

多欲為窮，知足眼前皆樂土；人生有定，通達身外總浮雲。

一個國家是否有實力才是所有問題的關鍵。國家愈有實力，愈可以凸顯自己國家存在的正當性，也會讓其它國家實際上接受自己國家應有的主權權利。

主權是一個概念，它真正的意義在於它的「權利」，即「主權的權利」。我們必須了解，我們要追求與擁有的是「權利」，要想得到「權利」，就必須要有「權力」。「權力」又可以簡單分為硬權力與軟權力。經濟、軍事都是硬權力的一種，政治制度與文化均屬於軟權力。

服貿協議應該放在這樣的思維中來看。除非台灣不要進入全球化的世界，除非台灣選擇在區域化的整合中缺席，台灣就必須選擇對外開放的經貿政策。不走開放的經貿政策，台灣的經濟必然窒息，國家的實力必然減弱，沒有實力，原本已經脆弱的主權更無法為國際社會所接受。

那些主張服貿協議會造成國家主權的流失是完全錯誤的思維。服貿協議與 ECFA 一樣，都是經濟自由化的必要政策。這些經濟自由化的協議並不一定會確保台灣成為贏家，要想在自由市場中得利大於損失，還必須依靠政府的其它產業政策、治理效能、人民努力，但是如果沒有這些自由化的協議，台灣注定要在這場全球競爭中出局。

當台灣缺乏了實力，也就喪失了權力，全世界也就沒人再需要肯定我們的權利，這時，我們才真是自我放棄了主權，並讓我們國家的主權，不是安樂死，而是在痛苦中死去。期待國人能正視經貿自由化是一條不可逃避的強化台灣權力的道路。

2013/12/28《中國時報》

懂得化繁就簡，才能舉重若輕；懂得韜光養晦，必是大智若愚。

國家論述不能假

國人用「假」字來描繪二〇一三年。不只麵包假、橄欖油假，劣等米混充賣、乳酪餅沒乳酪，馬英九與王金平的握手是「假」，兩岸關係「先經後政」看來也是「假」。即使在二〇一三年末，民進黨柯建銘提出「凍結台獨黨綱」，也不知道這究竟是真還是假，或即使凍結了，是否也是「假」？

不用主觀的評斷來看這件事，事實最會說話。從民進黨迄今為止發表過六次重要的決議文，來看看其台獨的立場有何異同。

一九八八年通過〈四一七決議文〉，稱「台灣國際主權獨立，不屬於以北京為首都之中華人民共和國。如果國共片面和談、如果國民黨出賣台灣人民利益、如果中共統一台灣、如果國民黨不實施真正的民主憲政，則民進黨主張台灣獨立」。這時認為台灣還沒有獨立。

一九九〇年的〈一〇〇七決議文〉稱「台灣事實主權不及於中國大陸及外蒙。我國未來憲政體制及內政、外交政策，應建立在事實領土範圍之上」。「事實主權」說，表示還沒有法理主權，因此台灣也還沒有獨立。

一九九一年的〈台獨黨綱〉稱：「台灣本應就此主權獨立之事實制憲建國。但…應交由台灣全體住民以公民投票方式選擇決定」。這也表示台灣還沒有獨立。

一九九九年公布〈台灣前途決議文〉，稱「經過一九九二年的國會全面改選、一九九六年的總統直接民選、以及修憲廢省等政治改造工程，已使台灣事實上成為主權獨立的國家，依目前憲法稱為中華民國，與中華人民共和國互不隸屬。」這是說台灣事實上已經獨立，不用宣布，只是暫時借「中華民國」這個殼。

二〇〇四年民進黨勝選，發表〈族群多元國家一體決議文〉，稱「終結了數百年來壓迫台灣本土文化和公民權利的殖民主義和黨國體制，一個由公民共同意志決定的新國家終於型塑完成」，並稱「台灣認同與中華民國認同都是對國家認同的表達方式」。這不僅主張已經獨立，更嘗試將台灣與中華民國畫上等號。簡單說，民進黨的論述已漸從「台獨」轉為「獨台」，不僅借中華民國這個殼上市，而且「登堂入室」以台灣取而代之。

二〇〇七年，陳水扁陷入貪腐醜聞，為了鞏固權力，又從「登堂入室」退回「借殼上市」，並

眼睛要生在心裏，觀察自己；嘴巴要長在心上，評論自己。

認為這個殼不正常，再發表〈正常國家決議文〉稱「台灣是主權獨立的國家，但不正常（國際關係不正常、憲政體制不正常、國家認同不正常……），因此應早日正名，以『台灣』名義申請加入聯合國……制定新憲法，並在適當時機舉行公民投票，以彰顯台灣為主權獨立的國家」。再次回到台獨黨綱。

從以上可以看出，有時說台灣要追求獨立，有時說已經獨立，有時說認同台灣就是認同中華民國，有時又說台灣的國家認同不正常。什麼時候提什麼主張，端看當時政治環境的需要。台灣是否已經獨立，也是民進黨說了就算。

我們了解，目前兩岸的法理現狀是治權，處於分治狀態。我們的治權範圍只在台澎金馬，並尊重中共在大陸的治權，但是兩岸對於主權宣示目前是相互重疊。民進黨其實只要說清楚，兩岸的主權宣示到什麼樣的關係就可以了，是單一？兩個互不隸屬？還是重疊？

「假」的食品傷害社會健康，「假」的行為影響社會道德，「假」的論述影響國家前途。國家大論述假不得！

2014/1/8《人間百年筆陣》

微調課綱提升台灣

高中課綱微調引起社會廣泛討論，有的認為台灣被「矮化」了，被「去台灣化」了。這些批評者中可能並沒有幾個人真正看過微調過的課綱，在我看來，這次課綱的微調反而是對台灣的三個提升。

第一、提升台灣在中國近代史的地位。

在介紹荷蘭、西班牙來台時，微調課綱增加了「漢人來台」的事實，並希望增加「說明漢人來台、澎的緣由與經過，如宋元對澎湖的經營及明代顏思齊、鄭芝龍等來台，並說明原住民和漢人的互動」。這是提升對我們祖先的尊重。

原有的課綱完全不提台灣民眾勇敢抵抗外敵的英勇事蹟，以及台灣的現代化成果，微調後的課綱增加「在中法戰爭期間，台灣在劉銘傳的領導以及民間如林朝棟等的支持下擊退法軍」，以及「說

◆ 遭毀謗時能自省，則德日隆；聞讚譽時心謙下，則道日增。

明清廷在台灣的現代化建設如電報、教育和鐵路，使台灣成為當時全中國最先進的省分」。這是提升台灣的歷史地位。

原有的課綱完全不提台灣人民對中華民國肇造的貢獻，微調課綱增加了「說明台灣與甲午戰後晚清變法運動與辛亥革命之互動，包括孫中山來台尋求台人支持，以及台人參與革命及中華民國之建立」、「說明中華民國宣布對日抗戰並聲明廢除馬關條約、抗戰中軍民死傷慘重，以及台人李友邦等赴大陸參與抗戰」。「敘述中華民國憲法的制訂與台灣代表的參與」，這是提升台灣人民的歷史貢獻。

全世界都了解台灣是保存中華文化最好的地方，原有的課綱絕口不提中華文化，微調課綱希望「說明中華文化在台灣的保存與創新」，這是肯定台灣的重要。

第二、提升台灣人民的歷史尊嚴。

舊課綱單元名稱是「日本統治時期」，微調課綱改為「日本殖民統治時期」，多了「殖民」兩個字，是還原歷史事實。

增加日據時期羅福星的抗日事蹟，希望「說明日本殖民政府為方便統治並擴大其殖民利益，而致力於『工業日本，農業台灣』的基礎建設與經濟發展，……，並討論殖民政府對台灣人民經濟與土地的侵害，以及多數貿易由日本商社所壟斷」，均為還原真實歷史，並肯定台灣人民的歷史尊嚴，這樣不對嗎？

在提到一九二〇年代後台灣社會變遷時，說明「新型態本土知識菁英的形成，及其受到五四運動、新文化運動的影響與作為，如領導殖民地反抗運動和鼓吹各種新思潮等」，告訴年輕人日本帝國的「大東亞共榮圈」是侵略構想，希望能夠強調台灣的婦女是「被迫」作慰安婦等，都是為了強調台灣人民不是自願受殖民統治，還原祖先尊嚴，有何不妥？

第三、提升台灣人民在兩岸中的地位。

兩岸關係能夠和平發展，與兩岸均堅持「九二共識」、「一中各表」有絕對的關係。依照中華民國憲法，我們對於主權的宣示包括全中國，兩岸均為中國的一部分，因此，我們並不應該稱對岸為中國，而稱中國大陸。

台灣有人叫喊台獨，但是真正搞台獨是必然要流血的。這些口頭上的台獨者卻有不少在大陸忙著賺錢，政治人物也是將台獨做為其競選的主張而已。政治上說假的，但是他們卻把目前的高中的歷史、公民教科書用「一邊一國」的史觀來撰寫。

後步不捨，就無法跨步向前；前執不除，就無法客觀明理。

教科書倡導「一邊一國」的分離史觀，讓年青人陷入一種「教科書主張獨，但現實上不追求獨」的困境。「分離史觀」注定促使兩岸關係無法和平發展，也會讓台灣失去了中國大陸民心的支持，也會損害台灣經略大陸的機會。因此，蔡英文能開始稱「對岸」了，謝長廷也主張「憲法各表」，柯建銘也主張要「凍結台獨」，這些政治人物都開始在微調了。

教科書稱對岸為「中國大陸」而不稱「中國」，這表示，我們與大陸是平起平坐，不是它的一部分，對未來的中華民族前途，大家都有發言權，這才是真正提升台灣人民在兩岸中的地位。

2014/2/10《人間百年筆陣》

從芬蘭看烏克蘭

冷戰結束，烏克蘭獨立已經二十三年，但是這個國家仍陷入分裂。以首都基輔旁的第聶河為界，除了民族語言問題，東邊的經濟依賴俄羅斯，西邊則希望靠攏歐盟。

二〇〇四年，原為社會主義陣營的中東歐國家紛紛加入歐盟，烏克蘭也感染了這股親歐的氣氛。二〇〇四年的橙色革命，親歐派獲勝，採取「脫俄入歐」的親西方政策。但橙色革命的成功並不表示烏克蘭從此一片坦途。國內的權貴經濟體制不斷從中賺取私囊，經濟嚴重滯後，從獨立前是蘇聯最富裕的地區到現今國民所得只有俄羅斯的三分之一。二〇一〇年大選，二〇〇四年落敗、主張採歐俄等距外交政策的亞努科維奇獲得政權。

圍堵蘇聯的擴張，一直是冷戰期間美國的對蘇政策主要戰略思想。即使蘇聯瓦解，美國仍然沒有放棄圍堵俄羅斯的戰略構想。北約沒有因為昔日對手華沙公約的解體而解散，反而是繼續東擴。

自滿是阻礙進步的最大因素；傲慢是破壞道業的最大敵人。

橙色革命後的烏克蘭的親歐政府也希望加入北約大家庭，成為夥伴關係。從地緣戰略來說，烏克蘭如果參與北約，等於壓縮了俄羅斯與北約的戰略空間，北約也等於到俄羅斯的家門口來了。

俄羅斯的反應是激烈與迅速的，並尋找警告的機會。當時與烏克蘭有同樣想法的還有緊鄰俄羅斯的喬治亞共和國。二〇〇八年俄羅斯藉由支持喬治亞境內南奧賽梯自治區的獨立，出兵修理喬治亞，也使得烏克蘭有所警惕，而不再尋求參與北約。

二〇一〇年上任的總統亞努科維奇基本上是採歐俄平衡政策，二〇一二年雙方簽署《聯繫國協定》，亦即歐盟同意烏克蘭為歐盟的準會員國，由於歐盟要求必須以釋放季莫申科為政治條件，且若要落實該協定，烏克蘭內部必須做些政策、司法、規章、結構調整，這將會使烏克蘭未來十年負擔一六五〇億美元的代價。相對的，俄羅斯為了拉攏烏克蘭，將每千平方公尺天然氣的價格從四百美元降至二六五美元，並同意購買國債一五〇億美元。歐盟由於自身還未從歐債危機中脫身，又擔心烏克蘭總統的友俄態度，援助一直未能落實。二〇一三年底總統亞努科維奇暫停了該協定，引發親歐政黨及團體發動暴力示威。總統終被迫逃離烏克蘭。

芬蘭的地緣位置與烏克蘭相近，旁邊都有俄羅斯這個大國，但是冷戰期間的芬蘭卻是以謹小慎微的態度來處理它與周邊國家的關係；二戰結束，美國對歐洲推展馬歇爾計畫，也受邀參與的芬蘭認為參加馬歇爾計畫會把「芬蘭拉入敵視蘇聯的陣營⋯，保持蘇聯對我們的信任和保持我們有權決定自己的事務，比得到杜魯門和馬歇爾餐桌上剩下來的幾片麵包皮重要得多」。

冷戰結束後蘇聯瓦解，芬蘭終於可以加入歐盟，但迄今仍不願加入北約。芬蘭的考慮很清楚，不要讓東邊的俄羅斯有受到威脅的不舒服感覺。

烏克蘭在歷史上與俄羅斯幾乎是綁在一起，獨立後的烏克蘭未能有芬蘭的智慧，急著遠離俄羅斯向西方靠攏，缺少考慮別人感受的思考，又總是想從歐盟或俄羅斯得到些什麼，卻不想如何讓鄰國放下憂慮。

「小事大以智」。芬蘭較之烏克蘭有智慧多了，這是芬蘭幾百年的挫折所累積的智慧，獨立的烏克蘭還太年輕，不了解謹小慎微、給人歡喜的道理。它不給俄羅斯歡喜，俄羅斯也不給它歡喜，俄羅斯在冬季奧運一結束就立刻出兵克里米亞，烏克蘭最後極有可能失去這塊地方。烏克蘭這種小國需要大智慧。

2014/3/7《人間百年筆陣》

聽聞不足，必須補於思考；思考不足，必須補於實踐。

服貿不過　輸掉台灣前途

兩岸服貿協議公聽會已經結束，民進黨要求審查，依照立法院慣例，一旦民進黨本周開始審查服貿，未來都將由民進黨負責審查，不僅可掌握服貿審查的進度、也有可能退回或不通過某些條文。

國民黨團因而定調，為了讓執政黨搶回排案主導權，全力杯葛，一場攸關台灣經貿前途的大戰，即將開打。

不管我們是否喜歡，台灣目前處在以自由開放為核心的資本主義市場，除非台灣不要進入全球化世界，或在區域化的整合中選擇缺席，台灣就必須採行對外開放的經貿政策。不走開放的經貿政策，台灣的經濟必然窒息，國家的實力必然減弱，沒有經濟力量，不僅薪水不可能增加，在國際上的地位也會下降。

全球化是相互依存，也是相互競爭的世界。沒有競爭力必然落後，一落後必須用加倍力量才能趕上。南韓原來落後於台灣，但一九九七年亞洲金融風暴後，南韓採取積極開放政策，南韓已簽署十二個 FTA（自由貿易協定），涵蓋四十七個國家，只要比台灣少一個百分點的關稅，韓國就是贏家！

台灣想打敗南韓，須藉由取道 ECFA（兩岸經濟合作架構協議）爭取 TPP（跨太平洋戰略經濟夥伴關係協議）、RCEP（區域全面性經濟夥伴關係協定）。

包括 TPP 在內的區域整合多半會在二〇一五年完成所有談判，台灣不但沒有時間優勢，想在兩年內加入區域經濟整合，唯有以十倍速完成兩岸 ECFA 的後續協商，服貿協議生效，將是首要目標。服貿協議若不能過關，台灣不只是輸給南韓，恐怕也輸掉台灣的前途，這絕不是危言聳聽。

資本主義世界弱肉強食，我們不要天真的以為，只要兩岸的服貿協議通過，台灣經濟就可平步青雲，服貿協議當然不是萬靈丹，應該認識到它與 ECFA 一樣，都是經濟自由化的必要政策。

這些經濟自由化的協議並不一定會確保台灣成為贏家，要想在自由市場中得利大於損失，還必須依靠政府的其它產業政策、治理效能、人民努力，但是如果沒有這些自由化的協議，台灣注定要在這場全球競爭中出局。

除非我們放棄選擇資本主義，拒絕開放的貿易政策，服貿協議是台灣經濟發展的重要門檻，更

有志者，自有千方百計；無志者，只有千難萬險。

是台灣經濟全球化的必要過程。希望立委能放下意識形態，通過協議，共同努力克服因自由化而造成某些產業的必然傷害。

2014/3/12《中國時報》

社會運動應有遊戲規則，沒有特權

「太陽花運動」是甚麼樣的學運，這種台灣特色的學運與西方社運的差別在哪裡？它是台灣民主成熟的反映，還是台灣民主法治庸俗的結果？我們先來看看社會運動者應有的態度，以及運動應有的遊戲規則。按著規則走，才是君子與武士。

第一、社會運動是為了追求社會價值，但是本身也要接受社會價值的檢驗。社會運動是為反對社會的不公義，但是如果自己也不公義，以違法來強迫政府遂行其主張，面對這種行為，政府可以理會，也可以不理會。政府願意理會是基於某些政治考量，政府如果不理會進行合法之強制驅離也沒有錯，這是一個合法的政府堅持法律應有的防線。

第二、社會運動必須要有付出代價的準備。政府擁有合法的執法權力，人民擁有挑戰不義政府的不服從權利。當雙方進入對決時，就進入了自然社會之權力競爭的遊戲規則，這個遊戲規則包括

人生最大的敵人，不是別人，而是自己；人生最大的勝利，不是制敵，而是克己。

意志力與能力的對決，願賭服輸。如果抗議的目的是向政府控訴，呼籲政府注意，那麼就選擇合法抗議；如果目的是逼迫政府接受自己的主張，以改變現狀，那就要準備與政府展開意志力對決或挑戰法律，這時難免衝突，挑戰者也自然會有成敗。抗議者可以選擇其中任何一種，如果以暴力挑戰成功，他可以改變現有秩序，自然取得正當性，成為英雄；挑戰者如果失敗，也就必須無怨言的接受當權者的法律制裁，不要怕被拘捕，吃牢飯。西方的社會運動經常不惜流血，為追求政治信仰甚而訴求恐怖主義，就是雙方意志力及能力的對決。這種為達具體政治目的而進行的抗議，絕非請客吃飯，或是辦個會準時解散的嘉年華會集會。

第三、社會運動沒有特權。學生有理想，軍警要尊嚴、商人想財富、婦女要安全。每一個人都有其理想性及社會的角色與需求。從事社會運動是為了挑戰社會現有秩序，在社會運動中如果有特權，那就不是社會運動的本質。社會運動可以特殊的身分者發動，例如學生運動，但是一進入運作時，沒有任何身分的特權，只有理念與權力的堅持與競逐。

我們贊許與鼓勵學生關懷社會，勇於表達自己意見。學生可以抗議示威，也可以堅持自己的原則與底線，但是也要了解，學生只是一般的國民或公民，沒有任何法律保障的特權。一旦進入街頭反對政府，大家就一律平等，要堅持自己的原則，就要有接受政府合法暴力取締的可能。學生天真的熱情，值得我們呵護，但是帶頭衝撞的學生也必須了解，國民身份的學今天能夠「占領」立法院，是社會對於學生的寬容，是馬英九總統不願意再橫生枝節，是馬英九與王金平衝突下的畸形產物，如果天真的以為，是靠自己的力量占領了立法院，那可能就錯估形勢了。如果帶頭的學生認為一定要達到政治目的才肯退讓，就應該號召人民在街頭與政府對決，而不是在社會姑息氛圍下「被容許」「占領」的立法院內，享受冷氣，呼籲政府全盤接受自己的片面主張。如果這樣，這不是社會運動，而是台灣民主法治變形下的產物，是社會庸俗不分是非的結果。

2014/4/2《中國時報》：太陽花運動反思之一

能不計一時成敗，才能成就千秋之偉業；能不計個人得失，才能圖謀萬民之福祉。

兩岸核心問題不解，台灣永無寧日

學生進占立法院後，訴求一變再變。從四面八方來的聲援者，有律師、教授、民進黨人，有人倒掛國旗，有的主張台獨。太陽花運動所反映出來的問題，是對大陸的不信任與恐懼。

從蔣經國解除戒嚴、開放黨禁，並允許台灣民眾赴大陸探親開始，民主化與兩岸關係的正面發展是並存的。但是在李登輝鞏固權力，一九九四年對日本作家司馬遼太郎發表「生為台灣人的悲哀」以後，開啟台灣陷入認同的衝突，這個認同的衝突是以統獨為工具。而北京對於台北的「一國兩制」訴求、否定台灣在國際空間主體性的堅持，正好給了李登輝運用的空間。

李登輝大力推動民主化，但卻不惜以台灣族群認同衝突為代價，不惜以統獨選邊為工具。從那個時候起，每一次大選都變成認同選擇的決戰。台灣開始進入了民主內戰期，這一場內戰中，每一次選舉結果都不能完全說服對方，一直到今天仍舊如此。理由很簡單，有關認同這種涉及意識形態或信仰的東西，是無法做到「少數服從多數」的。台灣民主化就在這樣充滿懷疑、不信任、甚而「大陸是非我族類」的土壤及氣氛下滋長。

台灣最大的矛盾與撕裂是在經濟上需要大陸，在政治上又礙於國際現實無法脫離中國大陸而分離。別有用心的政客，不敢制憲，卻又要不斷解構憲法的正當性，他們同時進行分離史觀的教育工作，現在三十歲左右的年輕人接受的是「一邊一史」的史觀教育，在認知上已經把兩岸視為是「異己關係」。

北京對台北的政策也是政經分離，在經濟上儘量對台灣讓利，但是在台灣企盼的國際空間上卻是緊守立場，並以「一國兩制」做為兩岸政治關係的最終原則。北京的作為讓台灣民眾感受到讓利或經貿協議的背後，一定有政治的企圖，那就是用經濟把台灣套住，進而促使台灣對大陸的完全依賴，以致最後不得不在政治上屈服。

二〇〇八年馬英九總統執政以來，雖然兩岸進入大交流的時代，但是馬英九並沒有去處理兩岸政治定位問題，而僅加強經貿交流。經貿往來本來就是利弊互見，政治定位的不確定，使得民進黨可以將「兩岸經濟合作架構協議」（ECFA）與服貿協議的威脅無限上綱，並刻意將其為台灣帶來的機會進行扭曲與污名化，這使得兩岸和平交流的成果在台灣並沒有被正面且善意的解讀。再隨著

學問在於治心，心不治，縱學無益；思惟在於悟理，理不悟，縱思無益。

中國大陸經濟的快速發展，部分台灣民眾對大陸懷抱愈來愈多的恐懼與不安。

馬英九總統迴避兩岸政治定位安排的立場已經產生苦果，這次太陽花運動反映出對大陸不信任與恐懼。台灣要想擺開這個對未來不確定的陰影，唯一的路徑就是面對兩岸最核心的政治問題，這個問題不解，台灣永無寧日。只有找到一個相互滿足的政治定位方案，兩岸關係才能夠有互信，進而和平發展。

2014/4/3《中國時報》：太陽花運動反思之二

要先認識自己小，才能生存發展

從現實上來說，即使有國際規則，如果自己國家內部一意孤行，沒甚麼不可以。問題在於，這個國家能否讓其它國家接受，如果國家大而強，別人只好順從，但是如果自己小，仍要堅持自己看法，那就要付出代價。

面對服貿，台灣當然可以要求重審，甚而可以要求大陸重啟談判，但是台灣也必須先了解，是大陸還是台灣比較需要服貿？在一個國際間競相競逐的雙邊自由貿易全球化體系內，沒有兩岸的自由貿易，大陸還是台灣受傷較重？少了兩岸自由貿易這一環，台灣的競爭力能有多大？還能繼續期待「跨太平洋戰略經濟夥伴關係協定」（TPP）或「區域全面性經濟夥伴關係協定」（RCEP）？立法委員可以讓行政官員屈服，但是不可能讓其它國家官員讓步。學生可以強占立法院，堅持己見，但是不要忘了，其它國家也有民意。

◆ 做事可以失敗，但不能做人失敗；過去可以失敗，但不能未來失敗。

要承認自己的小是不容易的事。「大國制訂規則，小國適應規則」是國際制度的鐵則。大國追求「相對收益」（即自己要比別人得的多），小國不放棄追求「絕對收益」（即只在意自己的得），是國際互動時的常態。這是權力的安排，也是智慧的選擇。

承認自己「小」不是件容易的事，願意承認自己小，就必須做到以下兩點，台灣才能保命生存，進而發展壯大。

第一、要懂得「謹小慎微」的謀生之道。在國際關係上，所謂小，就是要懂得如何與周邊大國互動。芬蘭懂得自己小，從來不激怒鄰近的強國蘇聯。即使二戰後，美國願意給芬蘭馬歇爾計畫的援助，芬蘭卻向西歐表示：餐桌上的麵包比不上鄰居蘇聯的一張笑臉。瑞士知道自己小，懂得創造被周邊大國需要的價值，這個國家的座右銘是「我為人人」，而不是「人人為我」。反觀今日的烏克蘭，沒有能夠認清自己的小，反而企圖成為左右東西戰略的籌碼，最後以失去克里米亞為代價。台灣如果沒有能力處理與大陸的關係，不懂得「謹小慎微」，最終會失去自己。

第二、要懂得「有容乃大」的發展之道。李光耀最近在一篇「什麼讓日本變成平庸的國家」的文章中提到，「若我是個年輕日本人，我會選擇移民」。李光耀認為，日本民族的排他性，注定了日本的平庸與衰弱。大家還記得「楚材晉用」的成語吧，其實楚材不僅晉用，楚材也秦用，這也是楚國衰敗的最大原因。沒有人才就會失去競爭力。台灣雖然小，但是如果全世界的人才，包括大陸，能夠來台灣，台灣才能夠面對世界的挑戰，從有關服貿的討論，看到的是台灣如何守住自己的「小」、如何對大陸的排斥，這樣的台灣是不會有前途的。

不能認清自己的「小」，是「無明」，不能認清外在的環境，是「無智」。當我們關起門自己鬧的時候，不甘心一起共業的菁英已經悄悄出走，不在乎台灣未來的外國正在默默偷笑。親愛的同學，你們並沒有你們想像的「大」，你們天真的熱情已經阻礙你們自己的未來，民進黨的朋友，你們也沒有你們自己想像的「大」。先認識自己的小，才能生存發展，這是台灣近十餘年內耗應該學習到的功課。

2014/4/4《中國時報》：太陽花運動反思之三

說話斷人希望，也是殺生；助成別人因緣，也是護生。

政府要審思社會正義的責任

為何社會上質疑或反對服貿的聲音大而強，而支持者的聲音卻小且弱？大家都認為是政府沒有說清楚。服貿與所有的經濟協議一樣，都是專業性的協議，坦率來說，說清楚不容易。華爾街有一句名言，當華爾街擦皮鞋的都跟著炒股票時，股票就快要崩盤了。當平常只喜歡打電動的宅男宅女都願意上街頭時，服貿的命運也就多災多難了。

資本主義一切向錢看，它要求政府減少管制、減少繳稅、開放市場、自由貿易。從經濟自由主義大師海耶克的信徒柴契爾在英國、雷根在美國開始推動的經濟自由化開始，現在全球幾乎沒有一個國家能夠離開資本主義的自由市場體制。台灣當然也不可能例外。

資本主義的全球化像一隻惡狼，如果骨頭可以下肚，它也不會吐。不止台灣，全球化的世界，貧富兩極化愈來愈嚴重。兩岸關係從二〇〇八年進入大交流的時代，大量觀光客進入台灣帶來商機，大陸各省爭相來台灣採購，大陸透過經貿交流對台灣進行讓利，國民黨的黨主席們帶著台灣的企業大老，絡繹不絕於中南海。台灣房價飛漲，有錢人愈來愈有錢，但是台灣年輕人的薪水因而增加了嗎？

商人的鼻子比野狼還靈，他們了解利益在哪裡。全球化的自由貿易，無論是「兩岸經濟合作架構協議」（ECFA），還是服貿協議，都是他們攻略的工具。他們都賺到錢了，但是利潤到哪裡了呢，年輕人看到的是無望的未來，為何要支持這樣的兩岸經濟協議呢？服貿協議只是他們情緒宣洩，走上街頭的代罪羔羊而已。

一切問題出在執政黨沒有做好社會的財富分配，沒有給人民帶來希望。政府為了國家發展照顧資本家，但只有少數商人有良知願意回饋社會，絕大多數本土資本家自願或被迫與全球資本家結合來剝削人民、累積財富。這時候，政府在哪裡？政府既然不得不選擇站在自由市場這一邊，但他應該用盡力量照顧自由市場的弱勢。這幾年來，政府有做到嗎？

支持服貿的一般百姓聲音為何是如此的微弱，因為他們知道，就算有了自由貿易，他們也未必是獲利者。

資本主義的世界是弱肉強食。年輕朋友要了解，在不滿現狀的同時，反對服貿並不會讓你們的

保持現狀，就是落伍；躊躇不前，就是退步。

生活變得更好，沒有它，台灣的前途一定更壞。服貿協議不是萬靈丹，它與 ECFA 一樣，都只是台灣與全球接軌的必要自由化政策。兩岸經濟自由化的協議並不保證台灣成為贏家，但是沒有，台灣一定輸。支持服貿，不是支持國民黨，也不是支持馬英九，而是支持要給台灣一個機會，一個可能的未來。台灣要想在自由市場中得利大於損失，還必須依靠政府的其它產業政策、治理效能、正義分配、人民努力，缺一不可。

資本主義雖然可惡，但是除非我們放棄選擇資本主義，拒絕開放的貿易政策，兩岸經貿自由化的協議是台灣經濟發展的重要門檻，更是台灣經濟全球化的必要過程。這是一個必要的選擇，至於是它的結果惡還是善，並不一定，取決於我們的政府與人民如何因應這個挑戰與機會。

2014/4/5《中國時報》：太陽花運動反思之四

一場凸顯台灣社會荒謬的鬧劇

四月一日，一個被外界視為具有黑道背景的張安樂，帶著一群人在立法院門口高喊，要求政府「以法制暴」。政府卻呼籲張安樂等人不要「以暴制暴」。這是一個什麼樣的荒謬場景？一個被社會視為是黑道的人，可以對警察嗆聲要求維持法律，而執法的警察卻要保衛非法占據立法院的群眾。十多天來，政府的無能、社會的媚俗、政客的算計，以學生為主角，共同演出了這一齣荒謬劇。

社會運動有兩種，一種是在體制內進行抗議，合法申請、合法舉行、合法解散，目的是向政府表達不滿，呼籲政府注意改進。另一種是體制外抗議，其目的在逼迫政府接受自己的主張，甚而企圖改變現狀，這時候當然可以占領政府機關，甚而挾持人質，與政府對抗，或要求政府下台。

如果選擇第二種，就要有與政府對抗的決心，如果政府不接受自己的條件，可以不斷升高鬥爭暴力，迫使政府屈服。這時需要了解，政府一定會用其合法的公權力進行反擊，如果自己失敗，就

「禮賢下士」是身為領導者成功的要素；「妒賢害能」是身為主管者失敗的原因。

必然會接受法律的制裁，甚而成為階下囚。

在這兩種社會運動中，沒有一個人可以因為身分特殊而成為特權。他們或許會因為身分而受到社會的重視，例如學生、宗教家、知名人士，但是當他們選擇體制外的抗議時，他們只有一種社會秩序挑戰者的身分。政府可以因為有其他考量而對他們暫時選擇寬容，但是也可立刻執行其公權力，也就是合法的暴力。

我們很難想像其他國家會容許民眾占領國會大廈而不驅離，也很難想像一個國家會容許民眾非法占領國會並提出要求。在一個民主成熟的國家，違法者，除非他手上擁有人質或可能造成社會立即危害的武器，政府才會被迫與其妥協、談判。如果他手上沒有任何籌碼，警察會毫不猶豫地衝進去。

學生占領立法院，是台灣另類的民主鬧劇。這場鬧劇的背後卻是台灣近幾十年來沉痾的舊疾，有台灣認同的分歧、有對大陸的恐懼、有政黨政治的惡鬥、有年輕人看不到未來的鬱悶。這些因素，使得台灣社會已經逐漸失去了對是非價值的判斷，整個社會變得庸俗與荒謬。昔日的黑道可以指責警察包庇「暴民」，維持法治的警察卻堵起人牆保護強占國家機關的「暴民」。

認同的分歧，使得台灣社會無法講理，認同的堅持是無法用「少數服從多數」的選舉來解決的。

對大陸的恐懼，讓台灣失去了自信，選擇用逃避的方式去面對大陸，這讓台灣逐漸喪失對兩岸關係發展的影響力。政黨政治的惡鬥促使是非與價值都可以顛倒，非法占領政府機關的行為也可以得到支持與掌聲。年輕人對未來生活的茫然，讓他們合理化自己所有抗議政府的行為。

占領立法院的帶頭同學要了解，在法律面前任何人都沒有特權。可以選擇激烈的體制外抗議，但也要有接受政府合法執行權力的準備。不要以為自己成功地占領立法院，其實你們只是台灣政黨政治惡鬥下的借用品、是王金平向馬英九叫板的工具。支持你們的固然是一群對未來充滿茫然的年輕人，但是那些能夠提供你們資源，幫助你們發聲的人，卻可能有著「逢中必反」的政治目的。

從張安樂要求警察不可保護「暴民」而應「以法制暴」，從同學躲在警察身後、躲在被強占的立法院裡時，這一場學生發起的社會運動的神聖性就開始瓦解了。帶頭者無法與夥伴在街頭同甘共苦，卻在非法占據的政府機關裡尋求溫暖與保護。這已經不是社會運動，而只是台灣民主法治畸形、社會價值崩解、是非不分的一場荒謬劇而已，而同學正好是主角。

2014/4/3《人間百年筆陣》

缺少理性不會受人尊敬

清朝從鴉片戰爭起，歷經甲午戰爭，幾乎都是戰敗。外國認為中國因制度腐敗所致，但對中華文化仍敬佩。一直到義和團事件，西方人突然瞧不起中國，認為文明古國竟然相信神明可保刀槍不入，可扶清滅洋。

八國聯軍透過辛丑條約，要求清廷賠償四億五千萬銀元，是因當時中國有四億五千萬人，戰勝國要求每一國人都必須為不理性戰爭付出代價。中國從此失去了西方的尊重，在他們的眼裡，中國已不是理性的民族。

從最近反服貿開始，我們也看到逐漸喪失理性、失去願意探求道理的台灣。學者睜著眼睛說瞎話，學生把違法占領視為光榮演出，新聞媒體不斷尋求刺激，官員變得媚俗，屈服於無理，大多數人民擔心被嘲辱，選擇沉默。從西方理性的角度看，台灣已逐漸失去理性思維，民主變成民粹。

民粹的主張需要「道德」做為正當性基礎。自卑與自大是民粹的溫床，將一切行為合理化，結果卻自陷絕境。

全球化的世界，台灣不可能自外於這個世界。中國大陸正快速發展，能夠搶占先機，就多一份贏的機會。假如二十年前，台灣能夠積極面對大陸的政治與經濟，順利成為亞太營運中心，台灣發展一定不會陷入今天的困境。

台灣知道不能脫離全球化，也知道缺少大陸的聯結就無法迎接全球化，但有些人面對大陸時，選擇拋棄理性，寄望大陸的經濟崩潰、政治分裂，他們認為分裂與崩潰的大陸有利台灣的獨立。

一九九〇年代中期，台灣陷入「民主內戰」。這場內戰打的是「身分認同」與「兩岸未來」。公共政策可少數服從多數，但認同不容易用選舉解決，也不可能少數服從多數。政黨已兩次輪替，但「民主內戰」至今方興未艾。

太陽花運動開始以反對黑箱作業為名，大多數年輕人因這個理由站出來，但到後來，在政治目的引導下，訴求變成反馬英九、反國民黨，甚而恐中、反中與仇中。

當恐懼與仇恨時，理性往往退讓給情緒。愈恐懼愈不敢面對陽光，陰影永遠不會在自己後方。愈仇恨愈需要依靠非理性的支撐，這樣才會感覺自己有力量。

◆

當得意時，須尋一條退路，然後不危於安樂；當失意時，須尋一條出路，然後可生於憂患。

拒絕與中國大陸的服貿協議，並不表示可阻擋兩岸經貿交流；拒絕面對中國大陸的政治壓力，並不表示可阻擋中共對台的政治企圖。

不止太陽花運動，反核四的力量再度集結，呼籲的不是理性討論核四與核能安全、功能與代替方案，而是用「道德」訴求要求停工、停建。

反核的力量鎖定在生命至高無上的道德訴求上，任何再理性的安全係數都不能被接受，他們要求的是零風險。至於其他科技是否也能做到零風險、人民為至高無上的安全必須付出什麼樣代價，已不是重點。

我們可拒絕中國大陸，但沒辦法阻擋希望好日子的需求；我們可拒絕核能，但難以阻擋能源不足必須付出的成本。

問題不是不能拒絕，只有經過理性思辨的拒絕，才知道該走哪條路。很可惜，從幾次社會運動可看出，台灣已失去理性思考的空間，這是台灣的悲哀。再這樣下去，台灣不僅會輸掉國際競爭力，也會輸掉別人的尊敬。

2014/4/30《人間百年筆陣》

尊重存量才能增量：對簽署和平協議的認識

中國社會科學院台灣研究所朱衛東副所長最近在香港《中國評論》上撰寫〈對兩岸商簽和平協議相關重要問題的探討〉一文，提出若干觀點。

朱衛東認為，第一、未來的和平協議應以「一中框架」來定位，兩岸應明確堅持「九二共識」、「反對台獨」的共同立場。第二、和平協議的發展方向是「和平統一」，而非「和平分立」，亦即為統一創造條件。第三、當台灣做出不推動「一中一台」、「兩個中國」、「台灣獨立」的承諾時，大陸也應承諾放棄武力。第四、和平協議可以與結束敵對狀態同時處理，亦可分開處理。第五、和平協議內容宜對軍事安全互信機制做出安排。第六、和平協議應建立兩岸和平發展機制，包括成立「兩岸和平發展委員會」聯合機構。

在作法方面，朱衛東認為應該「解放思想、實事求是、務實推進」，他認為「由於未來一個時

最好的管理，就是自己管好自己；最壞的領導，就是自己言行不一。

期兩岸在處理所謂『中華民國』問題上無解，雙方應盡力迴避繞這一問題，不作無謂的爭論而破壞氣氛、減弱互信。在理論和路徑處理上，應不糾纏、不拘泥於兩岸關係的『存量』，而著眼於用『增量』的思維加以解決」。

對於北京來說，一九九二年的「九二共識」有三個意涵，即「堅持一個中國原則」、「謀求國家統一」、「一中不表」。朱衛東認為和平協議應堅持「九二共識」、「反對台獨」的立場，以及希望迴避「中華民國」地位問題，反映出他的論點仍然相同於目前大陸官方的立場。

朱文可能忽略了一點，國民黨在一九九二年時主張「一中各表」，那時主張「一中」並不是個問題，而二十多年後的今天，經由李扁執政期間長期的政治操作，「一中」已經等同於中華人民共和國，隨著兩岸權力日益消長，台灣對大陸的恐懼日深，所謂的「統一」已經等同於「被統一」。北京如果想刻意迴避中華民國地位，而又要求台灣表態「反對台獨」，這可能是台灣朝野都難以接受的。

北京大學台灣研究院李義虎院長則是最近在《北京大學學報》提出一個更為解放思想的觀點，他認為兩岸關係應該秉持「存量不變、增量改革」。李義虎明確地表示，兩岸的「存量」就是兩岸宣示主權均包括對方的「兩憲」，即「一中兩憲」，亦即「一中」與「兩憲」並存。

李義虎的「存量不變」與朱衛東的「不拘泥於存量」，看似表述上不同，是因為兩人對「存量」主體概念不同所致。李義虎文章中的「存量」，指的是兩岸治權所憑藉的「憲法」，而朱衛東將「存量」視為有主權意涵的「國家」。

朱衛東認為，中華民國的憲法本身就有「反對台獨」的約束，因此台灣應該在和平協議中做此宣示，但是站在台灣的立場來看，只有當大陸願意接受中華民國的憲法時，台灣宣示反對台獨才有意義。在我看來，「接受分治」與「反對分離」應該是並存的。李義虎主張的「存量不變」的「存量」就是「接受分治」與「反對分離」的「一中兩憲」。

只侷限於「存量不變」，會造成兩岸永久維持現狀或永久「和平分立」，因此朱、李兩人都提到「增量」的思維。朱衛東文中所稱的往「和平統一」發展、建立軍事互信機制、成立兩岸和平發展委員會等建議，均是「增量」的內涵與方式。

誠如朱、李兩學者的看法，從「分治」要走上「統一」，需要一些政治安排，亦即「增量改革」。這些未來的創新與改革其實就是統合機制的建立。首先是以「一中兩憲」為基礎簽署和平協議，和平協議本身就是未來兩岸第三憲的基礎，兩岸可以在相關議題上建立超兩岸或跨兩岸的機制，「兩

◆

把握當下，才能創造繼起的生命；展望未來，應該把握當下的機緣。

岸和平發展委員會」即屬於此種統合機制。

「接受分治、反對分離」是兩岸的「存量」，「推動統合」是兩岸的「增量」；「一中兩憲」是兩岸的「存量」，「第三憲」與「兩岸統合」是兩岸的「增量」；和平協議就是在尊重確定兩岸「存量」基礎上的「增量」協議。

2014/5/5《中國時報》

兩岸主權問題不可以模糊

近日由施明德、蘇起等人聯名發起的〈我們的呼籲——處理兩岸問題五原則〉聲明，引起社會廣泛回響。這些跨越藍綠的資深政治人物願意集思為兩岸的未來找尋一條道路，值得敬佩。

這份聲明總共有五點，第一點主張「尊重現狀，不片面改變現狀」，並在第二點表明「現狀」是兩岸政府為「分治政府」。第三點主張以「大一中架構」取代「一中原則」。

由於〈我們的呼籲〉中，只有提在治權方面要「尊重分治」，而沒有提主權的關係。因此，我在現場提問聯名發起人對於主權問題的看法。

很遺憾的，蘇起並沒有正面回答這個問題，而說：「處理國際事務的原則，有很多事情是講得愈清楚愈死，講得愈模糊愈活，到底是主權重疊或是互不隸屬，你要選擇題，⋯⋯但是有時候不需要面對這樣狀況，要讓他模糊是美麗的。」施明德也提出他的看法，認為政治人物不同於學者，「學

好心一起，一切吉祥如意；惡念一生，百萬障門開啟。

者要說清楚的，政治家是要解決問題的……所以政治家不必像學者一樣，否則這會阻撓問題的解決」。

就聲明的邏輯性而言，如果只清楚寫明「尊重分治」，但是又將主權問題模糊，並在第五點清楚地寫到「雙方均享有參加聯合國等國際組織，以及與其他國家建立正常關係的權利」，這就讓全篇聲明朝向兩岸主權互不隸屬的方向發展。

在我看來，有些事情是可以模糊，但是有些東西是難以模糊的，兩岸的核心問題在於主權及治權歸屬及關係的認知不同，如果這份聲明僅在要求大陸要「尊重治權的現狀」，但是卻刻意迴避主權的現狀為何？這份聲明充其量將只是一份聲明而已，它或許會有新聞效果，但是沒有辦法發揮解決問題的功能。

我同意要解決兩岸的僵局必須先尊重現狀。「現狀」是一切的基礎，但是「現狀」應該包括主權與治權的現狀，不能只提治權，而不提主權。目前兩岸的主權及治權關係的法理現狀是：兩岸憲法對主權的宣示均包括對方，即兩岸的主權宣示是重疊的；而兩岸的治權均在各方憲法的規範下分立。

依據憲法，中華民國的憲法主權宣示包括大陸，大陸憲法的主權宣示也包括台灣，因此，目前主權的現狀是「主權宣示重疊」。如果〈我們的呼籲〉一文中，卻不願意對此著墨，並以將其模糊處理為一種「美麗的模糊」，或視其為「學者與政治家應有的差別」，在我看來，台灣可以選擇迴避，然而，大陸在看這個核心問題上也會同意迴避嗎？

兩岸關係是攸關台灣的重大問題，解決問題固然重要，但是民眾了解問題的本質在哪裡更為重要。前者需要知識，後者需要面對問題時不迴避的勇氣。對於主權問題的認知牽涉到兩岸的信任，台灣如果迴避，大陸也不可能迴避。一個主權關係不確定的兩岸關係，路是很難平穩走下去的。

兩岸主權目前有三種說法，一種主張主權只有一個，北京說主權屬於中華人民共和國，第二種，國民黨說主權只有一個，屬於中華民國；第三種是民進黨主張主權有兩個並互不隸屬。坦白說，這三種主張均不是現狀，而只是紅、藍、綠各自單方面的主張。真正的現狀是兩岸的主權宣示均包括對方，是重疊的。

要使兩岸關係和平的發展，尊重現狀是基礎，而兩岸的現狀是「主權宣示重疊，憲政治權分立」。這才是台灣民眾及兩岸應該有的共識及原則。

2014/5/30《中國時報》

不平靜的東亞

今年是甲午年。一百二十年前的甲午年，東亞並不平靜，但是一百二十年後的今天，東亞似乎還沒有從冷戰的陰影中走出。

美國從二〇一〇年決定「重返亞洲」，後來又修正為「再平衡政策」，其目的就是希望維持在東亞地區的主導權。美國的策略路線非常清楚，一是政治軍事，一是經濟金融。

面對一個快速崛起的中國大陸，美國不能不需要它，但是也擔心它會影響到美國在東亞的戰略利益。美國的策略並不再是身先士卒，站在第一線，而是發揮美國的「巧實力」，也就是運用外交策略，來鞏固在這個地區的影響力。

東海的釣魚台可以運用做為中國大陸與日本衝突點、南海的主權爭議可以迫使中國大陸四面受敵。美國將釣魚台做為美日安保條約的適用範圍，等於是給日本吃了定心丸。今年四月一日日本內閣會議決定鬆綁「武器輸出三原則」，通過「防衛裝備轉移三原則」，大幅放寬對外輸出日本武器裝備和軍事技術的條件。如此，日本不僅可以將其藏匿於民用工業的軍工企業光明正大與國外軍工業合作，正式拋棄維持近半個世紀的武器出口禁令，也可以對越南、菲律賓、印度等國武器輸出，促進日本的經濟，更可以透過武器與中國大陸周邊國家進行軍事安全的合作，達到制約大陸的效果。

今年五月三十日，日本首相安倍晉三在新加坡「香格里拉對話」中，宣揚其「積極和平主義」，但是也強調，釣魚台是日本的領土，沒有爭議。美國國防部長海格（Chuck Hagel）在香格里拉對話中的發言，把中國大陸描繪成了一個靠武力伸張利益的「規則破壞者」、亞洲地區安全的「潛在威脅者」。日前，美國副國防部長沃克（Bob Work）也在華盛頓表示，對於安倍政府考慮修改憲法以解禁集體自衛權表示歡迎。

南邊的印度對中國大陸而言，也並非完全友善。印度人民黨新任總理莫迪五月二十六日宣誓就職，這位選前宣示擁有「阿魯納恰爾邦」（中國藏南地區）領土主權，選後高規格邀請流亡藏人行政中央司政洛桑森格參加就職典禮的民族主義者，未來對北京政策或轉趨強硬，中印關係為此將增添變數。

在經濟貿易方面，美國「再平衡政策」的利器就是 TPP（跨太平洋經濟戰略夥伴關係協議），

錯誤比不過道理，道理比不過法治；法治比不過權力，權力比不過因果。

美國希望主導經貿議題，制訂經貿新規則。G7（七大工業國集團）五月十七日發表宣言，加快TPP談判，意在排除中國大陸的參與。五月十九日，在TPP席首輪談判中，加拿大國際貿易部長愛德法斯特（Ed Fast）與紐西蘭貿易部長堤姆．格羅澤（Tim Groser），兩人均表示目前不宜納入中國大陸。由於TPP採共識決，納入新成員需要各成員國同意，加、紐表態，意味中國大陸進入首輪機率相當低。

由於TPP又是出名的「高標準」開放，若中國大陸無法在首輪加入談判拉低標準，到了第二輪只能配合現有十二國訂出的高標準，在短期內作大幅度開放。

美國透過日本、越南、菲律賓、印度等與大陸有領土糾紛的國家，在政治與安全上的深化結盟關係；再運用西方及其他相關國的力量，促使中國大陸失去下一階段經貿自由化制度的主導權。

領土主權、民族主義、經濟利益、政治權力，在甲午一百二十年後的今日，並沒有在東亞消失，反而是更複雜化。我們期盼美國及東亞國家能夠多多思考合作、包容的重要，讓東亞能夠平靜。身處台灣的我們，也需要密切的關注，並思考如何因應未來可能的變局。

2014/6/10《人間百年筆陣》

官方溝通管道成形　兩岸關係新頁

中國大陸國台辦主任張志軍來台灣訪問，在兩岸關係發展中，的確是件大事。

一九八七年台灣開放民眾赴陸探親以來，兩岸就進入民間交流階段。在一九九一年，兩岸分別成立海基會與海協會後，邁向白手套的機構互動。一九九三年辜汪會談，為兩岸制度性交流畫下歷史新頁。今年二月十一日，陸委會主委王郁琦訪問大陸，張志軍本月二十五日回訪，從此，兩岸官方的常態溝通管道可算是正式形成，兩岸關係走進新頁。

雖然這次張志軍來訪，未安排與藍綠高層政治人物互動，也未觸及任何政治議題，但張志軍來訪，就是高度政治性事件。

經過「太陽花學運」，服貿協議在立法院受阻後，張志軍仍然訪台，就是大陸對兩岸和平發展的路線充分自信的展現。在七合一選舉不到半年前，張志軍願意與新北市、台中市、高雄市等尋求

探究前世的宿命，不如把握眼前的善緣；追查來世的因果，不如謹慎當下的行為。

連任的現任市長見面，表示大陸自認為已經不是台灣選舉的負面，而是正面因素。張志軍此行多聚焦與台灣基層交流，包括中小企業、中下階層民眾與中南部地區，並安排與台灣學生座談互動，顯示大陸對台工作已將重點全面下沉。

相對於大陸對台工作的自信，台灣在兩岸關係的思考中，仍缺少創新思維。國民黨仍舊拘泥於「維持現狀」、「只經不政」；民進黨則在是否要「凍結台獨黨綱」中徘徊，一些年輕人還沈浸於太陽花「反中」與「仇中」的反服貿成果。台灣各政黨不僅沒在兩岸政治定位思維創新，連兩岸的經貿關係腳步如何進展，都莫衷一是。

張志軍訪台，可以帶給台灣一些啟示。第一、兩岸和平發展已經形成一個有機體，本身已有了生命，它的路線已經不會受到任何一、二件事情阻礙。第二、台灣應該思考為這個有機體注入什麼樣的元素，才能更確保符合台灣利益的兩岸和平發展路線。

王郁琦與張志軍互訪已實現，下一步就是雙方互設辦事處。希望張志軍來台之際，就此事與台灣朝野充分交換看法，並尋求在北、中、南設置辦事處的可行性及需要性評估，讓兩岸爾後能從目前人員及相關首長的常態化交流，走向機構的制度化設置。

佛光山開山星雲大師期許張志軍能走出兩岸善緣，也希望台灣的朋友，用溫暖的歡喜來接待張主任，讓他們一行能夠感受台灣社會的和諧、民眾的善良純樸及包容與慈悲。

我們也希望張志軍此行能豐收圓滿，透過這次走訪，更了解台灣民眾的需要，幫助北京在推動對台政策時，能更全面的思考。

我們也寄望台灣無懼地大步前行，用創新態度處理最核心的兩岸政治定位問題，並積極推動兩岸互設辦事處，讓兩岸和平發展的道路更為平順與寬廣。

2014/6/26《人間福報》

「不忘初心」可以給我們力量；「不念舊惡」可以給我們平和；「不計利害」可以給我們超越；「不慕虛榮」可以給我們養望。

從善如流

大陸國台辦主任張志軍的訪台結束了。在佛光山，星雲大師致贈張志軍四個字：「從善如流」。「從善如流」四個字是人生的重要智慧。選擇「從善」是一個價值的抉擇，沒有慈悲與包容，不會有善。願意「如流」，表示願意像水從高處流下，一切是那麼的順暢與自然，沒有智慧，不易懂得一切要順其自然的道理。

在太陽花運動仍然餘波盪漾之際，張志軍走訪台灣地方，傾聽民意，這就是一種「從善如流」的意願展現。兩岸關係是攸關台灣與中華民族未來的大事，星雲大師藉由致贈張志軍這四個字，應該是想告訴兩岸人民不要有任何的權謀，也不要媚俗，更不要民粹，而應「從善如流」，要有從善的自然，也要不抗拒自然的從善。任何的私利的權謀、媚俗、民粹，都是企圖逆流而上。費盡心思，或有絲微進展，但最後仍將難以抵擋人心需善的需求，一潰而敗。

甚麼是兩岸關係的「善」？一言以蔽之，就是要「和」與「合」。和平、和好、和諧，就是慈悲。合心、合力、合作，就是包容。在兩岸關係大事上，如果選擇對抗，這既不智，也不善，等於我們拒絕了兩岸要和平、和好與和諧的可能；如果選擇逃避，這也不是智，也等於我們放棄了兩岸要合心、合力與合作的機會。

二〇〇八年海協會副會長張銘清來台時，綠營人士發動大規模的包圍、抗議行動，甚而襲擊、造成流血衝突的景象歷歷在目。六年後，民進黨不再杯葛了，這就是「從善如流」。兩岸ECFA要簽署時，民進黨也大規模抗議，蔡英文並表示堅決反對，最後也同意了，這也是「從善如流」。我們很高興看到台灣民眾在處理兩岸事務時，可以愈來愈從善如流，但是我們是否從善如流的時間太慢，是否缺少智慧，以至於慢到錯失了黃金時間。

一九九〇年代中期，我們用「戒急用忍」拒絕了台灣成為亞太營運中心的黃金機會。陳水扁八年的執政期間，在兩岸及外交上的暴走，又使台灣喪失了主導兩岸關係的八年。馬英九上任以來，「只經不政」的政策，讓兩岸政治互信沒有建立起來的機會。

由於太多情緒與恐懼，更由於缺少目標與理想，讓台灣已往在兩岸關係上錯失了太多的黃金時間。有些人從堅決主張正名、制憲、台獨，到目前思考要否凍結台獨；從反對中華民國到願意接受

有佛法的地方就有慈悲，有般若，有信仰，有辦法。

中華民國；從反對三通到享受三通的便捷；從反對 ECFA 到接受 ECFA；從杯葛大陸官員來台到期望與他們見面；從辱罵他人親中到積極走訪大陸；我們可以預期，未來一定也會從反服貿到接受服貿。這些改變是否是從善如流，還是政治鬥爭、選舉利益的考量？或許他們最後都選擇要從善如流，但是時機已經過了。當我們決定要接受服貿時，南韓可能已經遠遠走在台灣前面了；當我們決定要進行政治對話時，台灣的發言力量可能已經愈來愈小了；當我們決定要走正確道路時，台灣發現回頭的路已經是如此漫長。

「從善如流」不僅應該是方向的選擇，還包括時機的掌握。在追求覺悟的精神世界裡，頓悟永遠不會嫌晚，但是在人間的世俗世界中，「從善如流」來得太晚，就必須付出代價；愈早「從善如流」，才愈能避免無謂的虛耗，也唯有這樣的思維，才能促使兩岸關係穩定地和平發展。

2014/7/1《人間百年筆陣》

佛陀終於等到了因緣

星雲大師說：「佛陀出生在人間、修行在人間、成道在人間、弘法在人間。佛陀說法四十九年，講經三百餘會，他不是對神仙、鬼怪說的，也不是為地獄、傍生而說，佛陀主要是以『人』為說法的對象；佛陀對『人』所說的教法當然就是『人間佛教』，所以人間佛教就是一切佛法，一切佛法都是人間佛教」。

大師因而說，「人間佛教追本溯源，就是佛陀之教；佛陀是道道地地的人間佛陀，佛教是道道地地的人間佛教，人間佛教並非標新立異，人間佛教是復興佛教的根本」。大師因而再強調「佛光山提倡人間佛教，但是人間佛教並非佛光山自創，人間佛教的理念是來自於佛陀」。換言之，「人間佛教不是哪個地區、哪個個人的佛教，人間佛教是佛陀專為人而說的宗教，人間佛教並不是一個法門，應該把它歸為佛陀的」。

只要不種惡因，自然沒有惡果；想要幸福快樂，便要培養善緣。

佛陀的人間佛教理念一開始並沒有被充分的理解。佛教從東傳中國以來，經歷了秦漢時期的東傳譯經時期、隋楊李唐的八宗成立時期、五代趙宋的禪淨爭主時期、元明皇朝的宮廷密教時期、滿清民國的經懺香火時期，一直到了二十世紀，包括太虛大師在內的佛教高僧開始，呼籲回歸到佛教應有的本質，也就是回歸到人間。佛教的教旨應該為人間而存在，為良善幸福的人間社會而做出貢獻。

從上述佛教在中國關注重點的變化，可以看出，經歷了千年的佛教，終於走上它原本應走的道路，其中當然有其因緣所在。基督教的慈善思想、以人類為中心的科學思潮、儒家以人為本的倫理內涵，都對佛教產生了衝擊，讓一些高僧大德看到了佛教應該走的方向。

僅有上述的因緣還是不夠的，就像每一個歷史的偉大改變，都是有一個偉大的人扮演偉大的角色。沒有牛頓，人類的科學不會大步前進。沒有馬丁路德，西方的新教／基督教不會出現，同樣的，沒有星雲大師，佛教可能還只停留在舊習的依循、方向的摸索、無力的反省。

近代歷史學者唐德剛先生曾經這麼說，「每五百年必有王者興」：「二千五百年前是釋迦牟尼佛，兩千年前是耶穌，一千五百年前有穆罕默德，一千年前是玄奘、惠能，五百年前是馬丁路德，現在是星雲大師」。

玄奘的偉大在於他以堅強的毅力西行求法，再以鋼鐵的意志翻譯經文，為佛教東傳做出了歷史的貢獻。六祖惠能的偉大在於他提出直指人心、見性成佛之旨，一掃僧徒繁瑣章句之學，摧陷廓清，發聾振聵，為中國的禪宗枝葉開花。但是這千年以來，只有星雲大師落實佛陀原旨，讓佛法不再是山林遁世，也不僅是閉關頌經，更不只有香火求佛，而是以「佛說的、人要的、淨化的、善美的」做為落實佛陀理念的法門。在星雲大師的理念裡，思想並不只有義理的，更要有實踐。在星雲大師的引領下，佛教思想已從山林走入社會，從寺廟擴及家庭，把佛教思想落實在人間。

釋迦牟尼佛的偉大是因為創始了人間佛教，六祖惠能的偉大是因為是人間佛教的提倡者，而星雲大師的偉大在於他是佛陀以後兩千五百年來同時具覺悟者、傳播者與實踐者於一身的大師。星雲大師以一首偈來陳述自己的人生：「心懷度眾慈悲願，身似法海不繫舟；問我平生何功德，佛光普照五大洲」。

如果今日佛陀有機會與星雲大師對話，我相信，佛陀會說：等了二千五百年的因緣，終於等到了你，你終於將我的義理帶回人間，你用現代的話，說出了我的法語；你用現代的方法，傳播了我的法義；你用現代的思維，實踐了我的法理。你將佛教現代化、人間化、全球化，你幫我化身為千千萬萬，助我佛光普照三千界，法水長流五大洲！

2014/7/30《人間百年筆陣》

心物平等是美好的感受；自他平等是和平的基礎；性相平等是人間的真理；生佛平等是法界的圓滿。

都是一家人　從台灣到兩岸

《旺報》創辦人蔡衍明日前在兩岸和平創富論壇上針對兩岸關係發展前景，提出四點呼籲與建議：第一、台灣不要再分藍綠對立；第二、台灣人不應反中，而應合中親中；第三、深化兩岸一家親及兩岸互信，給予台商國民待遇；第四，大陸的一帶一路戰略是台灣再次發展的難得機會。

上述四點如果歸納為幾個字，就是兩岸要「和」與「合」，不要「鬥」與「離」，要是「一家親」而不是「逢中必反」。這幾個字聽來簡單，但卻點出台灣近年來無法走出的困境。

蔡衍明呼籲兩岸不要再分藍綠對立，意指台灣所有人民都是一家人，一家人可以有不同的政治立場，但是不可以用「分別心」來看彼此，不能只有情緒而沒有情感，不能只有口水，而沒有理性。應該用「情感」與「理性」來討論，而不是用「情緒」與「口水」來對罵。

就拿這次總統大選來說，洪秀柱、蔡英文、施明德、宋楚瑜四人都認為兩岸和平很重要，但是目前為止，只有洪秀柱及施明德明確提出如何能夠確保兩岸和平的主張。洪秀柱主張在兩岸「主權宣示重疊、憲政治權分立」的基礎下簽署「兩岸和平協定」；施明德則主張在「大一中架構」下發展兩岸的和平關係。而蔡英文的兩岸論述仍然空洞模糊，沒有進一步說出「如何維持現狀」；宋楚瑜主張的「建立兩岸永續和平發展的架構」，也沒有具體的內容。

「立場不必中立，態度必須客觀」，政黨及政治人物難免有立場，但是在討論台灣未來時，態度必須客觀，我們希望各候選人能夠在兩岸關係上用知識與理性、用討論與對話來確定兩岸關係應走的道路。這才是台灣之福。

蔡衍明主張「中國是大家共有的」，就是「主權共有共享」的概念。他將認同自己是中國人，當成是「應有的權利」，有此「權利」認知，才可更理直氣壯地對大陸說，「要大陸給予台商國民待遇」以及參與「一帶一路」的機會。因這樣對兩岸「合則兩利」的認識，才會呼籲把大陸的「一帶一路」視為台灣難得發展的機會。蔡衍明的觀點不正是台灣應有的態度嗎？

台灣正處在一個認同被撕裂的狀態。從去年三一八太陽花運動，到今年高中生反課綱微調，可看出，年輕人在認同上對大陸愈來愈疏遠，然而不可迴避的是，台灣對於大陸的經濟依賴卻愈來愈深。一些政客們不斷向人民灌輸兩岸分離的意識，但在現實的政治上台灣又無法做到與大陸真正的

分離。這種撕裂的現象讓台灣陷入發展的困境，更迷失應走的方向。

「和」與「合」才是兩岸發展的正道，「鬥」與「離」的心態只會讓台灣繼續空轉而倒退。台灣目前需要的是「轉念」，政客們如果不能轉念，人民應用總統大選的選票逼得他們轉念。如此台灣才有前途與未來。

2011/8/10《中國時報》

有佛法，兩岸關係就有辦法

人間佛教的目的就是希望眾生能夠離苦得樂，社會能夠成為人間淨土。台灣目前最苦的是甚麼？是甚麼所造成？相信任何人都不會否認，台灣今天最大的問題出在政治，如果政治不能夠做好，台灣很難完全離苦得樂，更難走向人間淨土。因此，人間佛教當然要聞聲救苦，要關心政治。

自一九九〇年代中期，台灣進入了「民主內戰」期，這一場內戰，不是以槍炮，而是以選票為武器；內戰的目標不僅是選舉的勝負，更是台灣民眾「國族身分認同」的選擇。這場內戰打的是，台灣人是否也是中國人？統獨哪一個才是台灣未來的選項？兩岸到底是甚麼樣的關係？

兩岸關係影響了台灣的整體發展，台灣的政治，經濟、社會、認同，幾乎所有層面都受到了影響。這場民主內戰，讓台灣的民主政治無法健康發展，一直到今日，這場民主內戰還是沒有結束，台灣也在持續的耗損。我常常想，如果不是台灣有像佛光山、慈濟、天主教、基督教等的宗教團體，

歷史有人，才成為歷史；人有歷史，才成而為人。

在社會的發展中扮演了一些正面的力量，台灣恐會更快的沈淪。因此，人間佛教要關心兩岸關係。

台灣如果想要離苦得樂，就必須先要處理兩岸問題，兩岸問題如果不解，台灣將永無寧日。要解決這個難題，靠的不是西方主張的權力政治，也不能僅靠經濟的利益，當然也不能僅依賴人民的交流，而是期待兩岸政府與人民能夠用尊重與包容的態度來處理兩岸政治關係。

兩岸最核心的政治爭議就是主權與治權的關係為何？主權就是所有權，治權即是管理權。尊重現狀是解決問題的基礎，目前兩岸法理現狀是，兩岸的憲法都主張其主權包括對方，治權均來自於各自的憲法，因此兩岸應該同意雙方的主權宣示均涵蓋對方，並接受對方現有的憲政治權。既然兩岸的主權宣示是重疊的，治權是分治的，因此，兩岸應共同做出「反對分離」與「接受分治」的宣示。這樣的宣示就是「相互尊重」。僅有相互尊重，「分別心」還是不容易消除，因此是不夠的，兩岸應尋求彼此包容，讓兩岸的「分別心」能夠有合的機會。為了讓兩岸能夠長久的和平，兩岸應該在相互尊重的基礎上「推動統合」，統合（integration，亦有譯為「整合」，大陸翻譯為「一體化」）就是一種「你中有我，我中有你」的機制安排。

目前全世界最成功的統合經驗就是歐洲共同體，在共同體內，每一個成員都有其主體性，並相互尊重，但是共同體本身又是另外一個透過「包容」所形成的新主體，這種「互為主體、共有主體」，正是兩岸關係應該學習的地方。

目前的共產黨、國民黨、民進黨在思考兩岸關係時都不太懂得尊重與包容，而仍是「我執」地固守自己的立場。北京認為主權的主體只有一個，民進黨認為兩岸是兩個主權的主體，並排斥「共有主體」，國民黨則是說不清楚，主張「各說各話」。三個黨的「我執」立場，使得兩岸政治定位無法做到尊重與包容，兩岸關係自然容易陷於惡性的「無常」當中。

星雲大師用「五和」來呈現這個人間淨土應有的面貌：「自心和悅、家庭和順　、人我和敬、社會和諧、世界和平」。用佛法來說，有了「我執」就會產生「分別心」，也就有了煩惱與衝突。星雲大師希望大眾能夠用「給」來化解「我執」的執著。「三好」是「給」的方法，「四給」是「給」的方向，「五和」是「給」的結果。對大陸來說，「尊重」台灣的主體性，是給台灣民眾歡喜與方便，對台灣來說，以兩岸「共有主體」的相互「包容」，才能給大陸在兩岸的未來上有希望與信心。

星雲大師常說，有佛法就有辦法。兩岸關係一定也是如此，希望兩岸都能以人間佛教的法義，用「給」的氣度來相互尊重與包容，兩岸關係一定可以歡喜圓滿。

2014/8/27《人間百年筆陣》

愛語如春風，好言如冬陽；真心如光明，慚愧如瓔珞。

1+1=3 兩岸和平發展的方程式

在星雲大師支持下，我進行《人間佛教與兩岸和平》系列全球巡迴演講。第一階段走訪美國與加拿大，在紐約、波士頓、華府、多倫多、芝加哥、休士頓、奧斯汀、洛杉磯、舊金山、溫哥華十個大城市演講，主題是「兩岸關係應如何走」，希望用人間佛教的理念，為兩岸關係尋找出路。

這一階段巡迴演講，在各地道場法師、師兄、師姐協助下，甚為圓滿。演講中提出以「尊重與包容」為基礎的思維，強調「1+1=3 是兩岸和平發展的方程式」。

從台灣民意調查，可看出兩岸對和平發展的目標與途徑，看法的確存在相當大分歧。一方面台灣內部絕大多數主張「維持現狀」，但是一方面，認為「我是台灣人」的比率遠遠大於「我是中國人」。綜合這兩種民調，可看出台灣民眾對台獨訴求支持並不高，但希望兩岸關係發展過程中，維持台灣主體性的比率卻很高。

北京迄今仍然沒有提出一套適合和平發展的兩岸定位與路徑主張，僅以「和平統一、一國兩制」

為最終訴求，台灣民眾擔心所謂「統一」，就是消滅台灣主體性「被統一」。而民進黨「一邊一國」的主張，又可能為台灣帶來不穩定的未來。在「統不願意、獨不可能」的情形下，自然「維持現狀」就是「沒有辦法的辦法」的選擇。

「維持現狀」的「逃避式」思考，隨著兩岸關係愈來愈密切，變得不切實際。兩岸的經貿關係正大幅變化，台灣經濟優勢早已逆轉，美國的亞太再平衡政策，日本在釣魚台的作為，越南、菲律賓在南海的擴張，都促使兩岸面臨新挑戰。一九九二年達成的「九二共識」已經不再符合兩岸關係發展的需要。兩岸要進入深水區，必須將「九二共識」從「各說各話」的「一中各表」，提升為「一中同表」的「九二共識」升級版。

兩岸分治六十多年，台灣早已形成主體性，但這個主體性並不涉及整個中國主權、中華文化有關的分離意識，而是台灣希望能當家作主、不被矮化或吞併的主體性。中華民國經過多次修憲，從沒修改對主權的立場，中華民國主權宣示仍然是「固有疆域」，不是「現有疆域」。

兩岸憲法主權宣示均包括對方，是重疊的，兩岸主權絕非是一方有主權，另一方沒有，而是兩岸共有。兩岸目前的確是「分治」。在兩岸主權為合的前提下，兩岸應該推動治權的合。兩岸可在

有心，即使十萬里路也不算遠；無心，即使近在隔鄰也走不到。

相互尊重彼此憲政治權的情形下，推動統合機制，也就是建立兩岸共同體，在這個共同體內，兩岸行使共同治理。如此一來，和平發展期的兩岸，就形成了第三個主體。

兩岸共同創造「第三主體」，是兩岸在不消滅對方，不貶低對方，相互尊重，但又可創造共同認同，學習相處，截長補短，達到雙贏的一條路徑。

北京主張「1+1=1」，統一後北京為中央、台北為地方的方程式不為台灣接受，民進黨主張「1+1=2」的分離思維不會被北京接受，國民黨在這兩個方程式間徘徊閃躲，以「不統、不獨」迴避表態。

兩岸和平發展，不該是雙方爭取誰才是那個「一」，也不會永遠固定為「二」。和平發展期應該是個「統合期」，彼此接受對方為「一」，就是尊重，願意成立「三」，就是包容。「三」是兩岸治權融合的機制，主權為合的展現，它其實就是「一」的另一個法相。

「1+1=3」是兩岸能夠相互尊重包容的雙贏方案，應是兩岸和平發展的方程式。

2014/9/25《人間百年筆陣》

兩岸定位應以兄弟關係為基本思考

「和平統一，一國兩制」雖然是中國大陸的兩岸關係發展綱領，但是近年來提的不多，這一次習近平總書記卻高聲強調，意在提醒北京對於「統一」立場的堅持，但是如此強硬強調「一國兩制」卻無法解決兩岸和平發展期的問題。

第一、在北京的政治設計中，「一國兩制」是統一後的政治安排，目前是兩岸和平發展期，兩岸政府應該思考一個符合兩岸和平發展期的政治定位。國民黨目前的主張是「不統、不獨」、「維持現狀」的消極論述，在太陽花運動以後已經陷入泥沼。民進黨在「凍獨」立場上的退卻，仍然是以兩岸分離做為其主要論述，北京已經表明不可能接受。而北京目前並沒有對和平發展期的政治定位提出說明，而只是強調「一中框架」，但是由於北京一直是以「一國兩制」做為統一後的政治安排，因此，北京的「一中框架」在台灣民眾看來就是「一國兩制」框架，因而難以接受。從這個角度來

佛法說「苦」，目的是要眾生「除苦得樂」；佛法說「空」，目的是要眾生「知空識有」。

看，習近平此次高聲強調「和平統一、一國兩制」將只是立場的再宣示，對於兩岸關係的和平發展助益不大。

第二、「一國兩制」的原形，兩制為主從關係。香港澳門實施「一國兩制」，其基本法是來自大陸憲法第三十一條，從法律的關係來說，北京與港澳的關係是「主從關係」或「父子關係」。即使北京反覆強調，台灣可以在「一國兩制」中享受高於港澳的更高自治，但是從法律關係來說，再高的自治，與北京的關係也是「從主」或「子父」關係，這是絕大多數台灣民眾不會接受的。習近平經常強調「兩岸一家親」，這個說法也得到台灣民眾的普遍好感，但是「兩岸一家親」是兩岸兄弟的一家親，還是兩岸父子的一家親，這是北京必須要說清楚的。兄弟之間或許有大小權力的差異，但是在法律地位上是平等的。

第三、「一國兩制」的說法可能會固化兩岸現有的認同分歧，不利於兩岸和平發展。「一國兩制」的盲點在於缺乏一個「兩制」間的融合機制，經貿與人員的交流有助於增加彼此的利益與了解，其結果可能更造成認同的分歧。香港今日的發展即為一明例。兩岸要能夠和平發展的關鍵是兩岸必須先把主權，也就是何謂「中國」說清楚。「中國」不應單由中華民國政府或中華人民共和國政府所單獨享有代表，「一中」應是兩岸共同組成的「整個中國」。目前的現況是，「整個中國」內部就已經是兩制，而且是兩個享有充分憲政治權的制度。不過，如果只承認這樣的「一國兩制」，兩岸仍有可能造成分離式的固化，因此，兩岸和平發展必須有一個統合兩岸治權的「統合機制」，沒有這種有助於認同的共同體機制，兩岸關係將只是建築在利益的基礎上，變數必多。

在還沒有修改中華民國憲法為「台獨」或「獨台」憲法以前，台灣方面應視保證不分裂是憲法的義務與責任。兩岸政府或許對未來統一後的政治安排都有自己的看法，但是目前是兩岸和平發展期，如果把自己認定的未來統一模式做為現階段的兩岸關係定位，那將會阻礙兩岸人民的重疊認同。為解決這個問題，台灣方面已提出「一中三憲、兩岸統合」、「一中大屋頂」的主張，大陸方面也有提出「共同締造」等論述，這些論述都是以兩岸為真正平等的兄弟關係為基礎來發展兩岸關係，應與北京的「一國兩制」內涵有不同。

2014/9/29《中國時報》

受戒才是自由，欲得自由，必須持戒；喜捨才是富貴，欲得富貴，必須能捨。

給習近平總書記的一封信

尊敬的習近平總書記

您好，在追求兩岸和平發展與中華民族偉大復興的道路上，雖然您居於廟堂之上，我居於鄉野之間；您掌握中國大陸的命運前途，我僅在台灣大學一角傳道授業，但在這條道路上，我們有志一同。

有幸聆聽您九月二十六日在人民大會堂的談話，您強調兩岸心靈契合的重要，並重申了「一國兩制」作為「和平統一」後的政治設計方案。對於您堅持以兩岸和平為念，以兩岸心靈契合為重的見解感到十分敬佩，但是對於「一國兩制」作為統一後唯一政治安排的主張，則有相當大的疑慮與憂心。

我的疑慮在於，無法判斷您主張的「一國兩制」的實質內涵為何，與在香港實踐的「一國兩制」在本質上有無不同？港澳基本法的法源是來自大陸憲法第三十一條，因此大陸與港澳的法律位階關係是「主從關係」或「父子關係」。港澳沒有主權，僅有治權，與北京的治權不是大小差距，而是主從之別。我不了解，您的「一國兩制」應用在兩岸時，主權是否只有大陸政府所唯一獨有？即使台灣政府享有比港澳更高的治權，但是在本質上是否仍然從屬於大陸？

我的憂慮在於，如果兩岸的「一國兩制」模式本質就只能如此理解，兩岸民眾的心靈大概將很難契合，和平統一的目標亦可能會愈來愈遠，經濟或武力的暴力將可能是解決分歧的唯一方法。果真如此，就將是和平統一路徑的失敗，也是中華民族的悲劇。再則，在兩岸仍處於和平發展期的階段，將「一國兩制」做為「和平統一」後的唯一安排，是否等於拒絕了所有其它有關統一模式的討論，是否阻礙了兩岸和平發展期兩岸政治定位的思考？「和平統一」與「一國兩制」到底哪一個才是我們應該的堅持？是否應先確定兩岸和平發展期的政治定位，透過互動，再讓兩岸人民來決定未來的統一安排？

從您曾多次在談話中提到「兄弟同心，其利斷金」，可以很確定您所說的「兩岸一家親」是兩岸兄弟一家親，而不是兩岸父子一家親。兩岸既然是兄弟，整個中國的主權便不應該由哪一方所獨有或獨享，而應是兩岸所共有與共享；兩岸既然是兄弟，彼此在法律位階上就是平等，即使在對外的權力上並不全然對稱，但應該相互尊重並接受彼此的憲政治權。

一念反躬，便是天理；一念為人，便是天堂。

中華民族的偉大復興並不一定要等到統一後才開始，在和平發展期兩岸就可以共同起步。「反對（主權的）分離」、「接受（治權的）分治」是兩岸和平發展期彼此應有的認識，「推動（治權的）統合」，在相關議題上建立兩岸共同體，則是兩岸攜手共進，相互融合的開始。以上這個和平發展的結構，我曾以「一中三憲、兩岸統合」表述。待水到渠成、時機成熟後，兩岸自然可以就統一的形式「共議統一」。

尊敬的習總書記，您掌握了中國大陸的權力，但我相信您一定會同意，兩岸如果要和平統一，絕對不是以力制人，而是以情關懷，以理服人。現在和平發展、未來和平統一的道路，一定不是誰吃掉誰，誰主誰從，而是透過相互平等的尊重與包容，彼此給對方歡喜與希望的共同締造。這樣的兩岸關係自然能為中華民族的偉大復興做出貢獻。

尊敬的習總書記，您有機會為兩岸開太平，為民族創復興。台灣與大陸分屬不同的政府已有一百餘年，兩岸分治也有六十五年，兩岸不容易直接從分到一，它需要一個兩岸如何心靈契合、價值融合、制度統合的路徑與機制。我們現在要做的，是用同理心，集思廣益地尋找兩岸人民均能接受的最好道路，讓兩岸人民永太平，民族再振興。願我們一起共同努力！

2015/10/9《中國時報》

看到知名頂新集團竟然如此大膽地將餿水油利用化工程序，以高品質產品再賣給國人，大賺黑心錢，讓人感慨。這已經不是第一次，如果人心不改，類似的食安問題也不會是最後一次。

台灣雖然被大陸人稱「最美麗的風景是人」，善良親切也廣為全球所讚譽，我們也以台灣的文明發展自傲，但是在這些善良的背後，仍舊藏著一群沒有心、沒有信仰、沒有因果觀念的人，他們讓台灣的食品有毒，他們使用含有瘦肉精及四環素的肉品、添加塑化劑、油品摻銅葉綠素、地溝油、飼料油、工業用油，他們在麵包、奶粉中添加可能致癌物。從網路上可以看到洋洋灑灑的各式食安劣跡。頂新事件所引發的一連串衝擊，讓台灣民眾感慨，台灣還有什麼東西可以吃。

「法網恢恢、疏而不漏」這句法諺，看來並不能夠得到台灣民眾的認同。台灣的食品安全標章形同虛設，重提輕放的法律條文讓違法者沒有恐懼，接二連三的以身試法，背後仰賴的是財力的自

小覺小悟，久而久之，自能大徹大悟；小因小緣，日積月累，自成大因大緣。

信及投機的風險，「就事論事」、「按證據說話」的世俗法邏輯讓其他的利益相關者可以輕易逃過法律的制裁。

相較於法律規章是人為制訂，再如何嚴密也有漏洞，再如何規範也有不足，人間佛教講因果，因果觀是因人而生，種甚麼因，就得甚麼果，一世不足，三世必有。因果觀沒有繁文縟節、鉅細靡遺，它卻是無縫可漏、無間可透。正如大乘《涅槃經》所說：「善惡之報，如影隨形；三世因果，循環不失」。

因果論雖緣自佛教，但早已融入中華文化，成為我們處世安身行為的一部分。民間流行的因果論，歷代的善書、治家格言或常見的地方諺語均反覆提醒因果的重要。

《太上感應篇》的「善惡之報，如影隨形」和「一日有三善，三年天必降之福；一日有三惡，三年天必降之禍」之說，就是對《涅槃經》說法的重申。《顏氏家訓》裡亦有「好殺之人，臨死報驗，子孫殃禍」之警。近世的《傳家寶全集》也有「天眼從來看得真，循環報應似車輪，現前榜樣層層見，遠在兒孫近在身」之說。其他類似的說法，見於大家所耳熟能詳的「善有善報，惡有惡報，若還不報，時辰未到」，或「善惡分明天有報，遠在兒孫近在身」，都是典型的例子。

有些人自認為聰明，在財富的誘惑面前，不相信因果，只相信自己奸巧。面對這些人，在我看來，我們只有透過法律來制裁，及提醒可能的因果來警示他們。因此，在法律上，我們未來修法量刑的標準，不應只考慮這些商人違反了哪些法律，而是他們可能產生的惡果有多大。受害的人愈多，影響面愈大，量刑就愈重，極至無期徒刑。

在正面推動商業因果觀方面，我認為佛光山應該在星雲大師的領導之下，推動「人間佛教企業」或「因果企業」來補充政府目前驗證合格標章的不足。只要願意接受人間佛教及中華文化的因果觀，願意自動接受較目前法律更嚴格檢驗標準者，均已符合最低標準，佛光山可以建立證章制度，定期舉辦心靈培訓，讓「人間佛教企業」的商家都能秉持人間佛教的理念經營企業，不欺騙、愛眾生，取其合理報酬，拒違良心買賣，為社會做有情布施。

人間佛教在星雲大師及佛光山僧眾的引導努力下，已經在台灣遍地開花。我們期待，人間佛教能走出個人，進入商家，將其化為企業理念，讓人間佛教成為社會各式組織結構的一部分，再造人民之福。

2014/10/28《人間百年筆陣》

平等是人間的和諧，互尊是人本的要義；環保是世界的規律，自然是生命的圓滿。

兩岸關係要「慈悲無我」

十一月中旬，我特別邀請廈門大學台灣研究院的劉國深院長及福建省對台研究的重要學者在大覺寺舉辦《大覺夜談》，就兩岸關係當前的情勢交換意見。與會者二十多人親自經歷過堂經驗，感受大覺寺的文化禪意，體驗人間佛教的生活實踐。

與會者有殊勝因緣，正巧遇到星雲大師也在大覺寺。大師特別向與會學者表達關懷並開示。大師在談及兩岸關係的現狀時，特別以「慈悲無我」四個字期許兩岸。

今年三月的太陽花運動為兩岸關係吹起了一陣涼意的秋風，然後是服貿協議卡關，「習馬會」破局，北京重提「一國兩制」，台北方面強調「民主憲政」，並發表讓香港人民先民主起來的言論，被大陸視為是「說三道四」後，兩岸關係長期存在的政治歧異，終於浮現出水面。從二〇〇八年起經歷了兩岸關係的春暖花開，冷颼颼的秋天已經來臨。這個秋天會多久，它會否再惡化到寒露霜降，甚而履霜堅冰？

兩岸之所以進入秋天，問題在於兩岸並沒有真正做到將心比心，換位思考。兩岸目前多講利益，少提慈悲；多思自我，少顧他人。經貿涉及到利益，因此走得較快；政治涉及立場，因此還是本位主義掛帥，走得蹣跚。

習近平主席了解到「心靈契合」的重要，並提出「兩岸一家親」的看法。這個重要的戰略指導原則落實在實際的政策上時卻有相當的不足，甚而阻礙了兩岸心靈交流。舉例來說，大陸重視台灣青年的認同，花了不少錢邀請他們去大陸訪問。但是有一天，當兩岸青年共同出現在國際場合時，他們會發現，彼此的距離是很遠的。台灣現在的年輕人，即使再優秀，也難以在聯合國尋求工作或實習。這些被拒絕的青年人，可能會在一夜之間扭轉了他以前好不容易建立的民族意識，而不再相信「兩岸一家親」的說法。這就是大陸對台灣的國際參與需要，缺少「慈悲心」與「同理心」。

再如同一些支持統一的退休將領，當他們在北京抗日紀念館參觀時，看到的是，共產黨的「我」才是抗戰的主力，他們心中會如何想？兩岸對於歷史的事實與史觀也沒有因為這些年兩岸經貿的密切交流而趨近，兩岸關係的精神層面的進展自然不足。

面對問題時，兩岸在責備對方之餘，先想想有哪些政策可以不需要與對方討論，自己就可以先

能寬者為廣，能廣者為大，能大者為容，能容者為有。

行讓步處理。也就是用「給」來取代「我」的堅持。舉例來說，在兩岸互動時，大陸政府完全可以主動給台灣民眾「國民待遇」，可以在聯合國協助擁有台胞證的台灣民眾在聯合國工作實習，主動還原現代史國民政府應有的功能。

大陸可以看看以前西德如何對待東德的例子，西德不僅給到西德來的東德人國民待遇，還立刻發身分證；西德自己制訂一個《德國內部貿易法》，主動給東德貿易免關稅，也沒有要求東德要坐下來談才給免稅。西德是用這樣的態度追求統一的。

大陸可能要了解，在台灣出現認同快速斷裂時，如果要和平解決兩岸關係，就必須用最大的善意與包容來處理兩岸關係，從經濟、文化、社會、政治等四大面向化解台灣認同所未來的困境。同樣的，台灣也要有善意與智慧來處理兩岸關係，不要不給對方歡喜與希望。如果天天喊台獨，大陸怎麼會有歡喜與希望？

星雲大師說：「一切法若無慈悲，皆為魔法」。同樣的，我們可以說，「一切政策若無慈悲，必有後患」。「慈悲無我」就是兩岸要以同理心、設身處地為對方的難處著想，感同身受，為對方的好處而心存感激。如果兩岸能有這種心胸格局，兩岸關係何愁不再春暖花開。

2014/11/28《人間百年筆陣》

人間佛教救台灣

星雲大師日前在佛光山舉行的世界神明朝山活動中，語帶幽默地說，「救台灣靠政黨，但政黨會吵架；靠經濟，黑心食品卻重創台灣」，因此大師提出「宗教救台灣」理念，藉神明團結一致的力量來救台灣。

媒體或許是第一次聽到星雲大師做這樣的表述，參加朝山活動的信徒聽到大師這樣的開示也多是會心微笑，而均沒有再思索「宗教救台灣」一語的深刻意涵。星雲大師一向關心台灣的前途與兩岸的未來，在我看來，他老人家的一生正是奉行觀世音菩薩的「聞聲救苦」大願。試問今日台灣什麼最苦？其核心不就是因為政治不安、經濟不振、人心不善而引發的諸多問題嗎？人心是一切的根本，人心不能守善，台灣自然向下沉淪。

筆者多次接受大師開示，大師毫不保留提出「人間佛教可以救台灣」、「人間佛教可以救中國大

便利的交通，尊重的和平，讓世界天涯若比鄰；良好的溝通，種族的和諧，讓人我關係如一家。

陸」的看法。或許非宗教人士會認為這種觀點太過於打高空，但是如果了解人間佛教，我們就不禁會說，台灣與中國大陸當前社會最缺的不就是這個嗎？

台灣目前的社會，自認為已經走上自由民主，但是打著民主自由的旗號，行民粹傷人之事的比比皆是。我們看到政客們隨便亂扣對方帽子，名嘴講話傷人胡謅從來不需負責與反省，黑心商人賺錢不理會羞恥業報，年輕朋友以憤怒反政府自豪。台灣現在愈來愈多的人不相信因果，他們遊走在灰色的法律邊緣。他是以台灣的民主自由自豪，但是他們似乎缺少民主自由應該有的「戒」。

星雲大師說：「受持五戒是自由的真諦」，「戒不是束縛，戒是一切善法的根本，也是世間一切道德行為的總歸。戒的根本精神，就是防非止惡、對人不侵犯。」

大師在〈六波羅蜜自他兩利之評析〉一文中說：「世間上的人，不持戒而能得到解脫自由的，無有是處。犯戒，就是侵犯別人的自由；殺生，是侵犯他人生命的自由；偷盜，是侵犯他人財產的自由；邪淫，是侵犯他人身體的自由；妄語，是侵犯他人名譽的自由；吸毒，是侵犯自己的智能健康，進而因為喪失理智而侵犯他人，所以佛教徒只有持戒，才能得到自由，才能遠離束縛。」在大師來看，只有大家都能守戒，彼此才能有自由。

對於不信佛的人，大師又說「你可以不信佛，但是不能不信因果」，「不信因果、不明因果、不知因果、不順因果而行，則後果不堪設想。因為『因果』是亙古今而不變，歷萬劫而常新的真理。大至國家興衰，小至個人得失，追根究柢，其中的一切過程，惟『因果』二字才能予以說明」。

從以上大師的談話，我們可以問，今天台灣真正「自由」了嗎？台灣的政經領袖、社會精英，有多少的行為言語在持戒，有多少相信因果？台灣今天最大的問題是，整個社會集體似乎不相信「因果」，認為只要打敗對方政黨，台灣就可以有救；自己可以不努力，但是政府應該給福利；台灣經濟可以不開放，但是希望與其他國家簽署自由貿易協定。多數人想的都是「拿」，而不思索如何「給」；多數人想的是如何「得」，而非如何「戒」。

歷史學者歸納出國家衰亡的最重要指標之一就是道德的淪喪。當一個社會不再有善的氛圍，人人自以為是而毫不在意因果時，這個社會就必定走上混亂與衰亡。每一個宗教都鼓勵要追求良善、避免行惡。「持戒」與「因果」是一個社會能夠良善的兩個重要認識，更是人間佛教的重要元素。星雲大師看到了台灣天空上已有烏雲，人心的本性已遭矇蔽，說出「宗教救台灣」這樣的感嘆與期許，「人間佛教救台灣」不應是人間佛教信仰者應有的認識與努力的路徑嗎？

2014/12/30《人間百年筆陣》

光護短，不公正，是人類最大的缺失；找理由，不認錯，是人類最糟的毛病。

人間佛教　在南半球創造被需要的價值

很慶幸有機會在一月間走訪了澳洲的布里斯本、雪梨、墨爾本，及紐西蘭的基督城與奧克蘭的所有佛光山道場，看到人間佛教在南半球弘法的艱辛及成果，見證佛光山僧眾一起努力的足跡，認識人間佛教為澳紐兩國倡導的多元文化做出顯著的貢獻，更感受到當地華人因佛光山在澳紐的成果而得到主流居民的肯定。

人間佛教在南半球不僅弘法，更弘揚東方及佛教的知識、文化與藝術，讓這兩個歷史短暫的國家，有了深刻的人文印象。

接引眾生的路徑千千萬，星雲大師一生弘法從文化、教育、慈善、修持等方向著手。澳紐道場用所有的方式弘法，每年由各道場主辦的佛誕浴佛節活動，分別有八萬到二十萬不等參與人潮，成為澳洲官方認可的活動，讓澳紐社會大眾體認佛教慈悲喜捨、關懷眾生的精神，喚起澳紐人士學佛熱潮，讀者可能難以想像，佛教已躍升為澳大利亞發展最迅速的宗教，成為第二大宗教。

利用走訪澳紐道場的機會，與師父及各地佛光人多次深入交談，對於他們的發心、付出及努力，我只有敬佩與讚嘆。平地起高樓不是容易的事，讓眾生轉念是何其艱辛。在多次座談會中，我提及佛教不同於西方宗教，佛教講的是眾生平等，西方有些宗教卻是為了凝聚內部聚合力而鼓吹，它們雖為宗教，但難跳脫「我執」與「分別心」，迄今為止，我們仍看到某些激進的宗教團體還是以宗教為名，用殘酷手段對待他人。

人間佛教不是哪一個人創的教派，而是佛陀的本義。人間佛教要佛教徒帶著教義走入人間，不希望佛教徒做個只會念經文、求自身利益的自了漢；人間佛教要讓世界變得更歡喜與善美。

在回答佛光人時，我說，有些團體是「功德會」，但佛光山在各地設置的是「道場」。「功德會」僅以做慈善為目的，佛光山道場不僅做慈善，更以文化、教育提升自己，促成社會走向良善；簡單地說，佛光山不僅要救人於急難，更要從佛理中找到智慧，既救人也救己。

佛光山道場不只做功德，而是個全方位學習與實踐的「學校」。相信人間佛教、參與人間佛教的佛光會，是何等殊勝因緣；在海外能有個「學校」可以終身學習，何其幸運，能把自己的家人、朋友帶來道場這個「學校」，是給他們最好的禮物。

聰明的人，善於利用時空；愚笨的人，為時空所利用。

星雲大師說，人間佛教在海外弘法要做到本土化。大師所說的本土化，真正意涵是要能為本土做出貢獻，與當地社會結合愈深，服務貢獻愈多，愈會被當地人接受，也就等於愈本土化。

佛光山在澳洲及紐西蘭弘法的核心目標是，在當地「創造被需要的價值」。能做到這點，是本土化的成功。

從我一路的觀察與了解，佛光山在澳紐做的事非常多，但我們應該從兩方面來講述佛光山為大眾做了什麼？

第一、讓澳洲、紐西蘭的主流社會了解，佛光山近二十年來的努力及成果不只豐富了澳洲、紐西蘭的多元文化，而是為多元文化的祥和、社會的安定做了貢獻。佛光人要讓澳紐兩國的政府從文化、教育、社會的結構，將人間佛教納為他們結構體系的一部分。

第二、要讓所有華人了解，有了佛光山在各地的弘法、文教、布施，提升了華人在澳紐地區主流社會的地位，讓華人更容易讓當地社會接受與肯定。

從澳紐歸來，回憶與當地法師及佛光人的互動，只有一個感覺：敬佩與讚嘆。

2015/1/29《人間百年筆陣》

言論自由與不妄語

今年一月七日法國《查理週刊》的編輯部遭到恐怖攻擊，當場造成十二人死亡，導火線是《查理週刊》所刊登的諷刺漫畫，用猥褻的方式描述伊斯蘭先知穆罕默德，為此也引發了許多人捍衛「言論自由」，甚至高舉「我是查理」的牌子，矢志捍衛言論自由。

《查理週刊》於今年二月二十五日正式復刊上市，繼續其辛辣嘲諷的風格，封面以紅色為底，在漫畫家筆下，教宗、聖戰士、法國右派前總統薩科奇、極右派領袖瑪琳．雷朋等，化身為一群憤怒的狗，追逐咬著《查理週刊》奔跑的狗。

《查理週刊》與伊斯蘭恐怖攻擊雙方各有立場。法國人認為，用反諷的方式評論時事是法國的政治傳統，政治漫畫就是法國標準的轉喻（second degree）幽默；伊斯蘭信徒認為，處於強勢的法國不僅禁止他們的信徒在學校著傳統服飾，又不停嘲諷他們的先知。一方堅決地捍衛言論自由，「不自由，毋

創意的產生，來自用心於身邊的瑣事；成功的秘訣，在乎盡心於工作的細節。

寧死」是法國自由主義的信條；一方認為自己的精神認同遭羞辱，「為阿拉而死」是無上的榮耀。

這場言論自由與認同價值的衝突，看來還是不會停止。我們在譴責伊斯蘭用暴力來回應的不當之時，也要提醒這個衝突正凸顯了西方自由論述的貧瘠。言論自由是否就可以沒有界限，是否可以傷人尊嚴而不顧，是否可以用幽默為理由進行嘲諷？

二千五百多年前，佛陀住世弘法四十九年後，在臨入涅槃時曾囑咐弟子要「以戒為師」，《華嚴經》說「戒是無上菩提本，長養一切諸善根」。星雲大師也說「戒是一切善法的根本，也是世間一切道德行為的總歸」。

「五戒」是佛教的根本大戒，一切戒律都是依據五戒為根本，星雲大師認為這五戒是「自他兩利」五戒包括身口意三個方面，「不妄語」是五戒之一，強調不可以造口業，星雲大師曾說「不妄語，則自己不損信用，他不毀譽」口業包括不兩舌挑撥、不惡言謾罵、不散亂雜話。就現代社會的規範來看，或許這些口業並不會造成法律上的刑責，但是它們已經嚴重地傷人名節、損人尊嚴、對人不尊重。

五戒當中的身口意三業是相連、相互影響。經常造口業，自然會影響自己的意業，也會刺激他人的身口意三業，一個惡因，必然引發諸個惡果，《查理週刊》認為自己只是言論自由，或許在法律上沒有責任，但是從佛教來看，這種輕蔑嘲諷的言論，其實是已經是在造口業，這個惡口業，會激起其它法國人的惡意業，也造成了伊斯蘭教徒的惡身業，用殺生的方式來還擊，很不幸的，《查理週刊》事件正是當代人間由於不能做到「不妄語」的悲劇因果。

言論自由是否等於可以妄語的爭議，也同樣出現在台灣。我們看到不少媒體名嘴、新聞報導，網路留言，以「言論自由」為名，進行人身攻擊，曲解新聞，丟鞋丟書，在古蹟或公有建築上塗漆，法院雖多以「言論自由」來維護他們的行徑，但是這種「言論無罪，攻訐有理」的因果業力正在快速而悄然地傳染，它讓台灣這個良善的社會被「身口意」三業所侵蝕。

五戒是「諸惡莫作」，十善則是「諸善奉行」，星雲大師將此「五戒十善」以「做好事、說好話、存好心」三句話簡單清楚呈現。法律可以保障言論自由，但是法律無法阻止社會因果業力生息，只有「三好」才是社會祥和的根本。

不知道《查理週刊》的主其事者，人世間鼓吹捍衛「言論自由」者，能否領會「五戒十善」的「三好」精神的重要。不止是法國的媒體，也包括台灣的社會，如果仍是以「言論自由」為名，不斷造口業、造意業，社會不會有安寧的。這個世界的確需要「三好」。

2015/3/5《人間百年筆陣》

雄辯不如柔言，雄辯只是一時的勝利；威勢不如德化，威勢只是暫時的折服。

佛光山是一座道場

近來慈濟功德會的一些負面新聞，引發了社會的關注。電視媒體及名嘴們也爭相對其它佛教團體進行批判檢驗，佛光山成為首當其衝。這兩個團體看似雷同，其實在本質、理念、價值、運作上卻是迥然不同。

慈濟是一個功德會，佛光山是一座道場。功德會的目標很清楚，就是做慈善功德事業。道場則除了慈善以外，還承載著淨化社會，引領眾生能夠開悟解脫的功能。功德會是以受苦受難者為對象，道場的對象除了那些受苦受難者以外，更包括希望能夠開悟解脫、提升心靈的每一個人。

在組織方面，慈濟功德會像是一個社團，佛光山則像是一座學校。社團是有志者在一起做某些事；學校則是一個學習的地方，這裡面有各種課程，強調德智體群、五戒十善，要每一科都及格，才能順利畢業。佛光山這個學校，有入門的義務教育，更有值得一生精進的終生學習課程。

慈濟功德會只是一個具有宗教性質的社團，在本質上它與國際紅十字會其實沒有多大的差別，與其它民間慈善團體性質完全一樣。慈濟功德會非真正意涵的佛教社團，而更像一個新興宗教。佛光山則是一個佛教的宗教團體，寺廟、道場是它的基地。佛光山目前在全球有兩百多個道場，星雲大師的立場是，如果沒有法師，就不在當地設道場。原因很簡單，學校怎麼可以沒有老師？

星雲大師這位創校校長，對所有老師的要求是嚴格的，他要他們以身作則，在服務中修行，在奉獻中開悟。他要求佛光山的千餘眾比丘、比丘尼，一生都要無私無我的奉獻，把大眾放第一，自己放最後，所有的出家眾，不拿薪水、沒有假日。

佛光山從不囤積土地，所有的土地都是為了建道場，設學校。眾人看到的是宏偉莊嚴、設備齊全舒適的佛光山，但那是為了接引眾生，讓眾生喜歡接觸佛法。在那炎熱的高雄，佛光山上所有的空調設備都是客人所用。外界有所不知，佛光山本山法師們住的寮房迄今仍然沒有冷氣。星雲大師一生沒有用過辦公桌，他那一張六米長的長形桌子，吃飯、會客、寫作，全都包了。

佛光山認為救人要救苦救難，更要救心，因此重視文化教育，在全球設道場，建學校。外人看佛光山有錢，但卻是日日難過日日過。那些建校與建寺的經費，都是來自於十方且用之於十方。五十多部的「雲水書車」、「雲水醫院」每天在偏僻鄉村關懷需要的大眾。「北故宮、南佛館」已是台

歷史，是種族的光輝；成就，是大眾的努力。

灣兩大景點，每年吸引遊客高達千萬人次的佛陀紀念館，卻不收任何門票。上千義工參與服務，豐富的文化藝術展示，已讓大陸朋友感受到台灣的文明力量。

星雲大師說了，佛光山所有的財產都是十方信眾的財產，只要國家社會有需要，能夠弘揚人間佛教理念，佛光山可以全部給出去。作為一位令人景仰的大師，他怎麼會不了解《金剛經》所言：「一切有為法，如夢幻泡影，如露亦如電」的道理？星雲大師所創建的佛光山，要的是佛光普照三千界、法水長流五大洲，期盼的是人人能夠向善得悟解脫，社會能夠和諧，又豈是希冀世俗的金銀財寶或虛名？

有人批評星雲大師遊走兩岸。殊不知他以近九十歲的高齡在兩岸間奔波，是因為他認為，中國大陸在富與強之外，更需要人心的善；他希望，慈悲的人間佛教可以在大陸開花結果；他相信，人間佛教可以救中國。

事實真相只有一個，每個人的心念不同，看到的是不同的景象與意境。希望社會能多認識星雲大師與佛光山，我相信了解後的人應該都會說，這是一位值得敬佩的大師，值得讓人感動的佛教團體，是所有台灣人的驕傲。

2015/3/23《中國時報》

在雲高思台灣未來

開學時，將中央研究院朱雲漢院士最新著作《高思在雲》一書列入同學必讀的參考書籍。這本近年難得一見的精彩大作，從大歷史的高度，對全球的政治、經濟、文化、社會的制高點進行了反思。在我看來，朱雲漢用深刻的觀察、千鈞的批判、開闊的思維，不僅為全球的格局做出了大膽的預言，更為台灣的未來提出了殷殷的告誡。

歷史也是一個有機體，不會恆常不變，西方的主宰地位也必然會進入「生住異滅」或「成住壞空」的軌跡。三百多年來，西方的精神思維及器物文明站住了全球的制高點。冷戰結束以後，以美國為核心的單極體系、西方所推動的「第三波民主」、資本主義的全球化的三個制高點開始變化，同時也導致西方為世界中心的第四個變化。這四個「異」與「壞」的現象，朱雲漢稱其為「四個歷史趨勢的反轉」。

用入世替代出世，用喜世超越厭世；用積極突破消極，用樂觀改變悲觀。

這四個歷史的反轉對於台灣而言，的確是值得深思的。如果台灣還未能認清過往的趨勢已經反轉，而仍沉迷於邯鄲學步，亦步亦趨，那麼台灣不僅將不會走路，甚而連爬行的機會都沒有，而在新的歷史浪潮中被快速淹沒。

由於歷史因素，美國對於台灣已經不只是「老大」而已，說它是台灣的「王」也不為過。冷戰時期，台灣必須依賴美國。一九九〇年代以後，台灣更樂於接受美國主導的單極體系。當美國不再是全球的唯一霸權時，台灣是否還要把身家性命全部押在已無法再扮演霸權穩定角色的美國？台灣必須思考「貴遠賤近」是否還能成為一種論述？台灣是否還要將全球政經放在地緣政經的前面？簡單地說，美國主導的「跨太平洋戰略經濟夥伴關係協議」（TPP）真的可以救台灣經濟？美國真的可以保台灣安全？

西方講民主與資本主義，冷戰結束以後，市場戰勝了政府，以選舉為依歸的「民治」優先於追求公平正義的「民享」。冷戰後，美國式的民主與資本主義兩股思潮結合在一起，美國稱其為「華盛頓共識」，成為了政經的制高點。由於美國自身民主體制出了問題，利益團體及議會成為貪婪者的工具，其牛仔式的資本主義運作方式也成為一個無法監督的怪獸機制。「華盛頓共識」為世界帶來災難，在一個認同分歧的社會進行選舉式民主，「民治」很容易就變質為「民粹」。有權力的政客結合了牛仔式資本主義，造成社會的懸殊貧富不均。美國金融泡沫的破裂，西方經濟成長的熄火，弱勢群體要求公平正義的吶喊，選舉無法解決認同分歧等問題一一浮現。台灣必須了解，「第三波民主」無法解決認同問題。一個無法解決國族認同，也就是無法解決兩岸認同問題的台灣，它的民主一定會出現問題。資本主義有其利弊兩面，而當民主出問題時，資本主義必然會呈現它惡魔的一面。

朱雲漢提出，西方世界中心的反轉也可以說是「非西方世界」的全面崛起。這已不是一種論述，而是事實的描述。世界權力的重心正向亞洲移動，中國大陸已在快速的崛起。「與西方文明接軌永遠是對的」這樣的認知已經發生了反轉。

這個反轉的過程將引領世界往何處走，我們並不清楚，但是已經可以看出，選舉式的民主與美國牛仔式的資本主義沒有給世界帶來和平。台灣如果還在期望用西方的選舉方式來解決台灣的國族認同，放任美國牛仔式資本主義在台的發展，不能以正面的態度面對大陸的崛起，而只是將命運寄託在美國，或還以為選舉式民主是台灣最自豪的制度，那麼台灣的前途將不止是堪慮，而是離盡頭不遠了。

2015/3/26《中國時報》

不應讓而讓，是不負責，應讓而不讓，則是戀棧；故在名利上要淡泊，但在責任上要認真。

轉念看加入亞投行事

是否要參加「亞洲基礎設施投資銀行」（亞投行，AIIB）引發了國人的討論。任何事情都可以從不同的面向來看，在我來看，是否加入亞投行這件事，正反映我們目前缺少一個清晰與正確的認知態度。

是否加入亞投行事的確疏於與民眾溝通，這是政府要檢討的地方，但是如果純然從是否應該要加入的角度來看，毫無疑問的，我們不僅應該加入，而且應該要積極地為亞投行做出貢獻。

政治無所不在，任何一個國際組織都有其政治權力的運作。中國大陸要成立亞投行，也是基於一些政治的考量：第一、美國在世界銀行、亞洲開發銀行（亞銀）等傳統多邊開發機構中都一直占據主導地位，且不願意把主導權讓給中國大陸這個後來者分享，中國大陸因而有了自己創立亞投行的構想。第二、中國大陸目前外匯存底已居全球第一，透過亞投行的運作，不僅可以經由貸款消化游資，亦可藉投資賺取利潤，並增加其政治影響力。第三、中國大陸正在推動連結歐亞大陸的「一帶一路」經濟紐帶，亞投行有助於此戰略構想的實現。

也正因為這些因素，台灣內部有些人不願政府參與亞投行。再加上擔心美國可能不高興、我國參與的名稱是否被矮化、亞投行未來是否會被中國大陸主導控制等因素，都讓不少國人對我政府加入亞投行事持保留或不贊同的立場。

我們應該如何來看待這件事情？任何事件的發生都是客觀存在的，例如世界銀行、亞銀、亞投行的成立都有大國的利益考量在裡面，但是如何面對、處理這些事件，則是取決於我們的態度與認知。

如果有可能，我們當然希望能夠加入世界銀行。而對於亞銀，即使現在我國參與名稱已被改為「中國台北」，我政府仍然沒退出，而是在會議中將「抗議」放在「中國台北」的桌牌上。為何如此？因為我們政府了解「不參與會被邊緣化，參與會被去國名化」是個兩難的選擇，在這個兩難中，我們選擇將避免被邊緣化放在優先。

亞投行成立的目的，是幫助亞洲國家推動其基礎建設，而這又是落後的亞洲地區所需要的。我們是否只是因為這是中國大陸主導的，我們就不加入？是否因為我們擔心會被矮化，而放棄參與的

價值不是看一時，而是看未來發展；價值不是看表面，而是看內在潛力。

機會？如果亞投行是由美國或日本主導，現在反對者的態度是否就會改變了呢？

今日我們國家在國際社會中不被大多數的國家所承認，這是歷史因素及兩岸政治關係還沒有解決所造成的。要解決這個問題，就必須進行兩岸政治對話，簽署和平協定，確定兩岸的政治定位，除此以外，似乎沒更好的方法。

亞投行的法定資本額是一千億美元，我們政府才準備出資一億美元，所占比率只有千分之一，說實在的，並不是很多，卻給了我們參與國際組織、與至少四十多個成員有官方互動，也為亞洲國家可以做出貢獻的機會。只要我們自己有本事，當然會得到參與亞洲基礎建設工程的商業機會。

人間的事情不如意的太多了，關鍵在於我們是否能用正面積極的心態來看這些事。任何事都有其因緣，我們國家今日國際處境艱難，有它的因緣所在；同樣的，如果我們能夠積極參與國際組織並做出貢獻，也會為我們創造其他的有利因緣。

我們是否應該換個角度來看這件事？轉而感謝亞投行給我們這麼一個能夠參與、貢獻及創造與其他國家友好因緣的機會呢？

2015/4/6《人間百年筆陣》

慎防台灣的納粹危險

心驚嗎？曾幾何時，台灣社會目前充斥了納粹氛圍，民進黨原本並不是這個氛圍的起火者，但是現在民進黨與台灣卻被這個納粹的黑煙所籠罩，無法自拔。

「納粹」這個字出於德國，它的原文是「Nationalsozialist」，「納」字指的是「國家主義」或「民族主義」，「粹」指的是「社會主義」。國家或民族主義，其實就是一種「我執」的「我群主義」，屬政治光譜的右側。社會主義較凸顯大我，屬政治光譜的左側。這個一左一右的意識形態混雜在一起。納粹黨用悲情喚起德意志民族在第一次世界大戰後的屈辱，將猶太人做為社會不公平正義的代罪羔羊，既得到了右翼的支持，也得到左翼的默許。「納粹」的訴求終於讓德國人找回了自信，但也造成了自大的心態；點亮了德國，也燒毀了德國。

民進黨出現在台灣政壇並不是以「我群主義」為出發點，正如同許信良所說，台獨不是民進黨

◆迎著風的風箏，才能升得最高；逆境中的勇者，才能獲得成功。

的創黨精神。成立之初的民進黨，關心的是老兵去大陸探親的問題，在意的是打破威權主義。但是它目前卻成為台灣黑煙納粹的助燃器。

台灣民主發展第一個重大的困境就是「納」以不健康的方式出現。李登輝自一九九四年起，以「生為台灣人的悲哀」為名，開始了台灣的「我群主義」。初期以「外省人」做為「本省人」異己的他者，後來以「中國人」做為「台灣人」社會的敵人。在一些學者的推波助瀾下，建立台灣國族主義的理論基礎。歷史教科書也在兩岸為異己關係的思維脈絡下撰寫。台灣這個「納」的「我群主義」思維，並沒有因為全球化，或兩岸關係愈來愈密切而改變，台灣因而變得愈來愈內縮我執。「愛台灣」與「台灣優先」成為不可動搖的意識形態。

台灣民主第二個重大的轉折就是「粹」的思維出現。隨著台灣經濟發展步伐的放慢，以及社會貧富差距的持續擴大，「公平正義」逐漸成為一種社會主流聲音，價值追求，更是一種思潮，甚而連推動者背後的動機也無人敢於質疑。目前在台灣，不僅大財團與富人，甚而連依法享有較完整福利待遇的軍公教階層也成為眾矢之的的特權階層。社會和諧氣氛消失殆盡，不同群體與階層之間的矛盾日益增大。

由於台灣社會充斥著「納粹」氛圍，只要批評國民黨是「傾中賣台」，就可以否定馬英九的所有成果，只要批評候選人是「權貴階級」就可以輕易獲得勝利。國民黨的大陸政策的確需要檢討，但是「我群主義」的極度放大，反而使得台灣變得自以為是，自信變質為夜郎自大。貧富不均的問題的確需要改善，社會公平正義也的確需要加強，但是如果不能把「為富」與「不仁」做出區隔，不能把台灣這個餅做大，搶食現有愈來愈小的餅的結果就是階級鬥爭、社會撕裂。

台灣現在的困局與危機，就是「納粹」思潮的蔓延。納粹的氛圍是用麻醉與迷幻來讓人民興奮，沉醉在自以為是的世界。德國的納粹歷史已經證明，它不僅帶給德國人痛苦，也給世界帶來災難。台灣能力有限，它的納粹意識形態不會給世界帶來災難，只會讓台灣不停地自殘。

現在是一個相互依存的全球化世界，我們沒有理由還固步自封，自我內縮。如果不能處理好兩岸關係，不能大膽地對外開放，台灣的「我群主義」不會有正面的意義，而是淪為孤芳自賞、顧影自憐。如果台灣不能夠把餅做大，再多公平正義的口號也是徒然，而是淪為發洩情緒、民粹鬥爭。

如果不願改變台灣已有的納粹氛圍，找回自信，只會讓台灣驕慢自大，那時將不是把台灣點亮，而是把台灣燒毀了。

2015/4/17《中國時報》

自信者，非光耀刺眼，吹噓自負；自信者，是溫潤如玉，謙沖自牧。

兩岸政治對話不要怕

國民黨的朱立倫主席順利地完成他擔任黨主席後的第一次出訪，與中共總書記習近平會面，雙方發表了一些重要的談話。

這次是朱習兩人第一次以黨領導人的正式身分會面，時間點正好是二〇〇五年「連胡會」的十周年，也是二〇一六總統大選的前一年。時間點與兩人身分的重要，讓外界對這次會面的結果高度關注。

對於北京來說，宣示堅持「九二共識、反對台獨」是首要原則，朱主席也以「兩岸同屬『一中』，但內涵定義有所不同」的「九二共識」做為回應。雙方延續了彼此的基本立場，即雙方均堅持「九二共識」，但是台北方面重點在於「一中各表」，而北京則是「反對台獨」。習近平希望雙方能夠「聚同化異」，朱主席則認為應該「求同尊異」。簡單來說，雙方再次重申反對分裂共識，但是對於兩岸彼此之間的政治關係是甚麼，也就是兩岸政治定位為何，卻仍然是「各說各話」。

兩岸間的「同異並存」，顯示兩岸已經有了基本的互信，但是仍缺足夠的互信，這樣的基本互信，或許有助於兩岸經貿事務協商互動，但是在面對政治性的爭議時，就顯示出其不足了。

朱主席在會面時，清楚表達了希望「未來台灣有更多的國際發展空間，在國際組織或活動上有更多機會」。習總書記在回應中表示在亞投行等事上「願意深入研究，正面看待，對台灣加入亞投行表達歡迎的態度。」習的這番禮貌性的回應，其實並沒有真正地回答問題。因為北京所主導的亞投行，當然歡迎所有的國家加入，也歡迎台灣能夠加入，問題是台灣可以用甚麼樣的身分與名稱，這才是重點。

即使從二〇〇八年起兩岸已經進入大交流的時代，但是雙方在軍事上仍無處於敵對的狀態，外交上的零合博弈或許已經停止，但是外交人員完全沒有互動，在國際組織的參與上，北京的立場從沒有根本性的鬆動，美國與日本也期盼台灣能夠配合他們的東亞戰略布局。去年的三一八太陽花事件以後，兩岸關係的互信基礎更是大幅下降。面對這樣的情形，台灣應該如何自處？

台灣可以有三個選擇：一是繼續維持現在的「只經不政」政策，不與北京開啟政治對話，只是強調兩岸的經貿交流，放任上述對台不利情勢的繼續發展。如果台灣採取了這個選擇，那也就必須

接受，台灣的國際空間必須建立在北京的「施捨」與戰略需要的「善意」之上，在名稱上也不可能跨越「中華台北」這個天花板。

第二個選擇就是堅持走「分裂」的道路，不惜以兩岸衝突為代價。現在看起來是不會走下去。但是政治人物可不會告訴人民這條路走不通，反而在宣傳上稱，現在所做的讓步只是戰略上的轉進，仍不放棄堅持。政治人物這樣的作為會讓人民陷入精神分裂，即明明在現實上無法落實分裂主義，但是又天天接受兩岸應該分裂的看法。這樣的台灣就是一個撕裂的台灣，怎麼會有競爭力？

第三個選擇就是面對問題、解決問題。在「九二共識」的基礎上，開啟兩岸政治對話，尋求確定兩岸應有的政治定位，簽署兩岸和平協定，以確保一個安定的外在環境。也只有如此，朱主席所期盼的參與國際活動空間，也才會有突破的可能。

台灣看到大陸發展愈來愈快，深怕與大陸政治對話就會被吃掉。其實，不要怕，我們是個民主的社會，沒有理由害怕政治對話。時間拖得愈久，對我們愈不利。星雲大師說：「放下心中的怕」。要對自己有信心，只要有為和平、為兩岸人民共利的正念，就不要怕。也不要怕難，星雲大師也說了，「只有通過苦難，才有另一番天地，才有新境界！」

2015/5/6《人間百年筆陣》

佛有話要說

這世界可以接受平凡，但也充斥著庸俗；這個時代強調法律的規範，卻少了對因果的認識；這個社會鼓勵個人主義的發展，卻也忘了「我為人人」的重要。我們的身邊或許有一些感人的小故事，但是已經很少聽到令人讚歎的傳奇，很難體會到什麼是偉大的故事。

《貧僧有話要說》，說的是一位高僧的傳奇，一個偉大故事。這個傳奇說的不是個人的經歷，而是這個世界如何因為他而改變；這個故事陳述的不是一個人的心境轉折，而是眾生的心如何因為他而得到安住。他雖然是位高僧，但是他從未捨棄俗世，他把佛法帶回人間，讓人人可以學佛、行佛、悟佛、樂佛。他的偉大故事裡有千千萬萬人的故事，眾人因為他而聚集在一起，他們共同完成了佛教史上從來沒有過的偉大成就，他們共同讓佛光普照三千界，讓法水長流五大洲。

《貧僧有話要說》留給世人的是一個典範。這位高僧告訴我們，什麼叫做貧富，如何看待與使

緣不聚，則一事難成；緣相聚，則萬事俱可。所以福德因緣極為重要！

用金錢；什麼叫做人生，如何看待成敗與住空。更簡單的說，他以他的一生告訴我們，如何做人，如何處世，如何面對自己，如何接納他入。他的典範不是從他的文字中傳達，而是從他的行為來展現。

佛陀在靈山會上，拈花示眾。眾皆默然，唯迦葉破顏微笑。《貧僧有話要說》既是那花，也是那微笑。聽懂「貧僧要說的話」，一定可以成為佛陀手上的那朵華麗的金色波羅花；了解「貧僧要說的話」，人生一定可以破顏微笑。《貧僧有話要說》此時已不僅是傳奇，不僅是故事，而是佛的言語。

《貧僧有話要說》說的不是佛法，但是如果細讀會發現，處處皆是佛法。「貧僧」用他的作為來告訴大家，甚麼是諸行無常、諸法無我、涅槃寂靜的「三法印」；提醒人們如何能夠走出人生是苦集滅道的「四聖諦」；告訴人們如果不走「八正道」，人生的道路其實是寸步難行；叮嚀人們要了解「十二因緣」的因果關係，才能照見五蘊皆空，在顛倒世界裡解脫得度。

如果只用兩個字來貫穿《貧僧有話要說》的精神，我會用「慈悲」。星雲大師對人慈悲，以行說法教人如何慈悲；如果只能用一個字來描述，那就是星雲大師的一生都在「給」，也告訴人們要如何「給」。

一個以生命來奉行慈悲的高僧算是「貧」嗎？一個終身把所有的給出去的大師算是「貧」嗎？真空能生妙有是因為因緣，「貧僧」能夠成為傳奇，那是因為他用佛法創造出具足的因緣。

《貧僧有話要說》不是「貧僧」在說，而是佛在說，是要說得讓人人都可以聽懂、學習而成佛。我們感謝星雲大師用他的生命現貧僧的身，說佛法的法，讓我們親自見證了這個傳奇，讓我們成為這個偉大故事中的一部分，也讓我們有機會成佛。

2015/5/30 《人間福報》回響貧僧有話要說

幽默是睿智的禪心，它是自我解嘲，而非取笑別人；詼諧是智慧的言談，它是自我調侃，而非諷刺別人。

眾生平等的實踐者

自四月一日起，星雲大師在《人間福報》刊登《貧僧有話要說》系列口述史，為大師個人弘法利生與佛光山推動人間佛教在台灣扎根的歷史，留下了殊勝寶貴的一手資料。

大師本意在不忍佛教受謗，以己身、以佛光山為事例，發聲回應近日部分媒體對佛教不分青紅的攻擊。從「貧僧」的「貧」字之辨開始，回答一些社會人士對佛教事業「富」的質疑。由此鋪灑開來，談他的財富觀；談佛光山如何在「以無為有」、「以不要而有」的信念下，從荒山野嶺變成殿堂巍峨、百萬信眾共同發心護持的道場；談他對媒體、政治、宗教的看法；談他一生的經歷，乃至個人的性格、感受、理想、志願。

《貧僧有話要說》不在講法開示，然而清新自然舒放的文字中，一位具有人間佛教性格的大和尚躍然眼前，讓人感到親切無比，而跟隨著文中人、事、境的曲折轉化，讀者自有感悟與提升。

從果溯因，援因證果。一般非佛教徒對星雲大師推動的人間佛教產生興趣，進而高度認同，是因為看到「服務」的佛光山、「歡喜」的佛光山、「活力」的佛光山、「開放」的佛光山、「世界」的佛光山，認為非有無上正覺和善念不能結此豐美之果。拜讀《貧僧有話要說》，傾聽大師娓娓道來一路走來的點點滴滴，讚歎其慈悲喜捨的性格，其善化佛法于當世社會、活潑圓融的智慧之餘，再次體認佛光山能有今日之規模，實是水到渠成、自然之事。

回到事因上，偏見者看到的佛光山是「富」，而事實上，佛光山的「富」是來自「不要」、其目的是「給」大眾。大師名言曰：佛光山是「給」出來的。「給」也作為核心概念寫進了佛光人四大工作信條裡。從大師的自述中，我們看到了「真空」如何生「妙有」，繼而「善用」于大眾這一善因、善力無窮的循環。「給」一字而已，但它具現了大師對佛法的提煉與體行。

佛光山能現「服務」、「歡喜」、「活力」、「開放」、「世界」之風貌，也是源於這個「給」字。「給」不只是樂善好施而已；許多宗教都教人為善，但佛教的「給」是建立在生命本質為空的透悟上，因而不貪取、不掠奪、不佔有、無我執；它的精神內涵是以「眾生平等」為基礎的慈悲，因而不「分別」，能「無緣大慈、同體大悲」，做到不同種族、文化之間以及人與自然之間的「同體共生」。

這樣的心量也決定了星雲大師的高度和佛光山的一些開創性的舉措。拿每年十二月二十五日在

一個人忍耐多大，力量就有多大；一個人承擔多少，成果就有多少。

佛陀紀念館舉辦的「神明朝山聯誼會」來說，在一神教的體系裡，這樣的活動是不可想象的。在一神信仰裡，也許舉揚的價值是善信，具有其普世性，但「神」與「人」的對立落實於世間法裡，產生無窮無盡的建立在「我執」、「分別」的對立概念和認知，因此有「唯一真神」與「偶像崇拜」、「上帝選民」與「異教徒」正邪高下之分，偏執至極的結果是引發宗教衝突和戰爭。當這樣的我執和分別心固執不去，世界和平將是不可達致的理想。佛光山「神明朝山聯誼會」，可說是體行了佛陀所示：「大地眾生皆有佛性」，為消弭宗教衝突，不同宗教間相互的尊重與包容，樹立了一個重要的典範。

這樣會通佛法、從自性展現的平等觀也讓星雲大師在佛光山的體制上有開創性的發展。性別研究學者指出宗教是鞏固父權、固化性別不平等階序的一個重要機制，星雲大師不需要現代女權主義的洗禮，即能打破舊有佛教男尊女卑的觀念，做到男眾、女眾平等。無怪乎歐盟代表團到佛光山參訪被問及參訪感想，團長回答是「平等」。而二〇一一年梵蒂岡在亞西西舉行的「世界和平正義反思、對話與祈禱日」，參與的三百多名世界宗教代表，佛光山代表滿謙和妙光法師竟是唯二的女性參與者。佛光山在性別平等的成就是超前於許多宗教的。佛陀紀念館菩提廣場兩邊供奉的三尊莊嚴的女性羅漢像，代表了星雲大師對佛性無分男女的宣示，提醒女性莫妄自菲薄，提醒男性佛陀悟道後第一句教誨。

星雲大師自言，《貧僧有話要說》是一篇「真誠的告白」，誠哉斯言。數十篇坦蕩真誠的自述裡，我們看到星雲大師從小就具足慈悲、喜捨、歡喜、堅定、服務、勇於承擔、心量如海的性格。我們也看到會因為著急被拐走的鴿子而衝動跳水的少年星雲，離開棲霞山會淒惶茫然的青少年星雲，因受欺壓會忍無可忍、拂袖而去的青年星雲，看到同為四大五蘊和合之體而受病痛考驗的星雲。我們何其有幸，這位大師不是存在於典籍之中，他與我們同時同處一個娑婆世界，感受同樣的時代脈動，他以自己的經歷、成長、慈悲智慧和大成就，鼓舞著我們：行佛存乎一心，自覺覺他，佛國淨土可成，證得菩提不是遙不可及之事。

2015/5/31

觀念改變，能度會隨之改變；態度改變，習慣會隨之改變；習慣改變，人格會隨之改變；人格改變，命運會隨之而變。

希望國民黨高層有些佛法的智慧

最近看到國民黨為洪秀柱是否有資格代表國民黨，參選明年總統大選的事搞得焦頭爛額，我不禁要說一聲，真是沒有佛法的智慧。

國民黨的理由是，洪秀柱明明就是B咖，原先出來為的是「拋磚引玉」，怎麼到後來「假戲真做」，因此，有高層勸她要「識相點」、「顧全大局」。另一方面，黨中央也以「只有一個人參選就不需辦政見會」為由，要啟動「防磚條款」，也就是不理會原來規定的選舉辦法中的「支持度民調」，而採取與蔡英文的「對比式民調」，來增加洪秀柱的出線難度。

「願意承擔」是所有事情能夠成就的基礎，「發願」是成就一件事必然的生因。沒有這個生因，不會有緣現，當然也不會有果從。就我的了解，洪秀柱副院長此次願意參選總統，已發了大願，即「願意以個人的粉身碎骨，來換取我們黨、我們國家走上一條正確道路的機會。參選元素裡，沒有名利、沒有性別、沒有年齡、沒有家族、沒有個人；所在乎的是，本黨及國家到底應該往哪條路走。」

她又表示，在參選時，所需經費全部自行小額募款，自己不拿國民黨一毛錢，並把國民黨的補助全部轉交給立委參選人。這就是完全以「捨」的精神參選。

我們也看到洪秀柱在她的「競選策略」裡明確提到，她看到佛光山開山星雲大師的《貧僧有話要說》後，深受感動，因此她決定將「4G」，即「四個給」，也就是「給人希望，給人信心，給人歡喜，給人方便」做為她這次參選的作法，也就是只想民眾需要什麼才能有希望、信心、歡喜、方便，而不是自己堅持什麼。她決定用「三法印」中的「諸法無我」來自我定位，她相信只有真空才能生妙有。

就是這一股願意捨與給的精神，讓洪秀柱的民調節節高升，但是國民黨的高層卻仍然沒有參透「諸行無常」的道理，還在相信只有某某人出線才有能力與蔡英文一搏。這些長久在政壇中打滾的人，他們把眼前的名相視為真相。他們其實錯了，「諸行無常」告訴世人，眼前以為的實相，其實是會隨著因緣而變的虛幻假相。星雲大師即說：「世間萬法是無常的，好的可能變壞，壞的也有可能變好，縱使遇到困難、挫折，只要我們堅忍不拔地朝正確的人生目標努力，一切的困難挫折終將成為過去，因為因緣所生的萬法，有賴於諸緣，一旦因緣散失，所生的諸法自然亦趨於散滅，所以『無常』可以為我們帶來新的希望。」

化繁為簡，才能創造，才有進步；化簡為繁，雖能守成，不易擴大。

星雲大師反覆地提醒我們，「因緣」不是一成不變，而是會轉動或生滅的。原本被外界認為有機會代表國民黨一搏的幾個天王，由於他們的忸怩作態、不願承擔，助力的因緣已在快速轉動而遠離他們，相對的，洪秀柱參選的因緣卻是逐漸靠近。如果洪秀柱能夠堅持其「無我」的「捨、給」精神，她的助力因緣會愈來愈多。

另外，我們又看到國民黨高層為了「防磚」能夠成功，公然揚棄專門為總統初選所規範的「支持度民調」，而又採行立法委員及縣市長初選所適用的「對比式民調」。國民黨高層如果堅持如此，就違反了「依法不依人」的最重要原則，這對於國民黨的長久發展，絕對有傷害。

星雲大師也提到，佛法的「四依止」：依法不依人、依義不依語、依智不依識、依了義不依不了義。其中尤以「依法不依人」最為究竟、偉大。不管是個人或團體，如果不依法，無規矩則不能成方圓；不依法，無制度則不能獲得大眾的尊重。

我希望國民黨的高層能夠有些佛法的智慧，我也期待洪秀柱能夠堅定地用佛法的理念繼續打這場總統選戰，以「諸法無我」為根基，學習星雲大師「給與捨」的精神及智慧，在選舉中即能夠為社會鼓吹良好的價值，未來能夠為眾生創造和樂的社會。

2015/6/4《人間百年筆陣》

「一中同表」才能為台灣爭取最大利益

洪秀柱提出在「一中同表」的共識下簽署兩岸和平協定，以確定兩岸現狀，並確保中華民國政府的憲政地位，立刻遭到民進黨立刻扣紅帽子及統帽子，也受到部分藍營立委的攻擊，認為會失掉選票，希望洪秀柱能夠調整方向，回到「一中各表」。民進黨的攻擊不奇怪，國民黨的反應恰好反映出仍不了解為何無法跳脫太陽花運動及九合一敗選的困境。

洪秀柱已經提過，對於「九二共識」要堅持、鞏固、深化，但是也要超越。「九二共識」是一九九二年兩岸兩會就事務性商談所達成的諒解，雙方同意「追求國家統一、堅持一個中國原則」，但是對於兩岸政治定位，彼此沒有共識，北京認為是兩岸事務性協商，所以對於一個中國的內涵不要表述，即「一中不表」，台北則認為應各自表述，即「一中各表」。簡言之，在原則與目標上，兩岸有共識，但是在兩岸關係的定位上，彼此沒有共識。北京將「九二共識」等同於「反對台獨」，

帶人要帶心，有佛法就有辦法；領眾要領情，有慈悲就無煩惱。

台北則將「九二共識」等同於「一中各表」，兩岸到底是甚麼樣的關係並沒有解決。

對於大陸來說，現階段兩岸關係是甚麼並不重要，只要不包括「台獨」即可，不過，在兩岸關係沒有說清楚以前，北京認為「一個中國就是中華人民共和國」，台北如果不同意，就要坐下來談。

台北認為的「一中各表」意涵為「一個中國是指中華民國」，但是問題來了，政治講究實力原則，北京政府與全世界一七二個國家有外交關係，並居聯合國常任理事席位，台北政府只有二十二個邦交國，而且幾乎沒有參與國際政府間組織，台北所主張的「各表」，其實並不能夠產生對外實質效果，甚而不少國人也認為「一個中國就是中華民國」的說法，雖然符合憲法，但是與政治事實有些距離。

民進黨當然會痛打國民黨這種「法理與事實不合」的表述方式，而認為國民黨主張「兩岸同屬一中」就等於向國際宣示，「兩岸同屬中華人民共和國」，因而談「一中」變色。但是民進黨堅持不接受「一中」的主張，也無法獲得美國的同意，再由於「台獨黨綱」的存在，更無法得到北京的信任。

兩岸分治已逾一甲子，卻仍然沒有一個內戰後的政治安排，因此，雖然經貿人員往來頻繁，但是政治軍事仍處於敵視狀態。大陸政經實力日益增加，坦率地說，只要大陸內部不亂，時間並不在台灣這邊，如果大陸亂了，強力處理兩岸問題也可能成為中共中央轉移焦點或凝聚內部的可能方案。因而，從戰略來說，儘早進行政治對話，確定兩岸政治定位，簽署和平協定，對台灣較為有利。

北京雖然堅持「九二共識」，但是對國民黨主張的「一中各表」則是持保留態度。合理的推論，北京不會同意以「一中各表」做為兩岸和平協定簽署的基礎。洪秀柱為了處理這個棘手的問題，提出以「一中同表」為解決的基礎，值得肯定。

洪秀柱在《對兩岸政治論述的說帖》中清楚地為「一中同表」做了定義：「兩岸均是『整個中國』內的一部分，其主權宣示重疊、憲政治權分立。用一般更通俗的話來說，兩岸是整個中國內部的兩個憲政政府」。

洪秀柱的主張完全符合兩岸目前的法理現狀，她希望透過和平協定將這個現狀固定下來，確保中華民國政府的憲政地位，這樣的「一中同表」完全是站在國家的立場及利益思考，為何國民黨不能跟進，反而為了要那些不見得可以得到的選票，而守殘抱著那個無法為國家謀大利的主張呢？

2015/6/9《中國時報》

綠色是大地的本來面目，清淨是河水的本來面目；公益道德是社會的本來面目，慈悲平和是人間的本來面目。

蔡英文兩岸論述的盲點

蔡英文怎麼過最後一哩路？蔡英文目前採用的是「拿來主義」，即為了選舉的需要，也開始跟著向國民黨呀呀學語，跟著說「維持現狀」及「遵循中華民國現行憲政體制」。她的邏輯是「頭過身就過」，所謂的「最後一哩路」並不是在兩岸論述上做根本性的修正，而是期望在表述上能夠模糊以蒙混過關。

有幾個結構性的天塹是蔡英文的論述無法跨越的。第一、她如何處理「台獨黨綱」？第二、她是否要放棄主張「台灣是一個主權獨立的國家」？第三、她認為的中華民國是一九一二年創建，還是一九九六年總統大選以後的中華民國？第四、她認為中華民國的主權範圍在哪裡，只有在台澎金馬？第五、兩岸的主權關係是甚麼，互不隸屬？第六，北京認為「九二共識」等同於「反對台獨」，她是否接受「九二共識」？第七、國民黨認為「九二共識」等同於「一中各表」，她是否也接受「一中」這個原則？第八、「九二共識」還包括共同追求國家的統一，她是否接受？第九、她以前認為馬英九的「維持現狀」是傾中賣台，為何現在要接受「維持現狀」？第十、她用甚麼樣的政策來「維持現狀」，繼續反對服貿？第十一、她所屬的民進黨在歷史課綱上堅持兩岸為「一邊一史」的「分離史觀」，她是如何看待歷史教科書的史觀問題？第十二、最後，她如何證明她的話可以被相信？

原本蔡英文極有可能蒙混過關，因為國民黨在「維持現狀」與「中華民國憲政體制」這兩個概念也說不清楚。國民黨認為「維持現狀」就是「不統不獨」，沒有打算展開兩岸政治對話，處理政治定位。國民黨在捍衛中華民國憲法為「一中憲法」的力道愈來愈弱，而更傾向於「中華民國等同於台灣」。

如果是朱立倫、王金平、吳敦義三個人之中任何一個人出來參選總統，在蔡英文逐漸往國民黨的論述滑動，而使得兩黨出現「話語相同、本質相似」的情形時，兩岸關係很難成為選戰的重要主軸，這對於民進黨來說，二〇一六年的大選幾乎是唾手可得。

事情的發展很湊巧，偏偏在這個時候，出現了洪秀柱，她提出了清晰的兩岸論述，她主張在「九二共識」的基礎上，要透過政治對話，確定兩岸的政治定位，簽署和平協定。在兩岸定位上，她明確主張兩岸為「主權宣示重疊、憲政治權分立」。她主張兩岸應該在「恪遵憲法、平等尊嚴、整體

凡事求助於人，發揮不出自己的力量；凡事自己承擔，才能展現自己的功能。

推動、確保和平、民意為本」等五原則下簽署兩岸和平協定。簡單地說，未來簽署和平協定必須幾個重要前提：不可違反中華民國的憲法，北京接受中華民國政府是個平等的憲政政府，處理我政府的國際參與，以及最後的和平協定版本必須得到台灣二千三百萬人的同意。

洪秀柱用「一中同表」超越「一中各表」，因為台灣民眾對於「一中各表」的「各說各話」的結果並不放心，因為大陸在國際上權力大，台灣小，「各說各話」對於台灣來說，在國際上是不利的。她主張的「一中同表」是站在中華民國憲法的基礎上進行表述，其中有兩個重要堅持：第一、這個「一中」絕對不等於中華人民共和國；第二、北京必須接受中華民國政府是一個平等的憲政治權。

當蔡英文企圖用模糊的方式向國民黨的論述靠攏時，她沒有想到，洪秀柱已經大步地提出了更正面的兩岸論述，相形之下，蔡英文的主張更顯得投機與蒼白，她的團隊如果沒有辦法在道理上挑戰，所剩下的也只能是傳統的「抹紅」戰術。

歷史就是這麼偶然，當蔡英文欣喜於已經在美國過關時，她回到台灣時，發現她的天敵洪秀柱正等在路前。

2015/6/12《中國時報》

台灣需要一場擺脫民主內戰的選舉

總統是國家的最高領導人，負責引領國家往哪個方向走，治國要用甚麼理念前行。路走對了，即使再慢也是前行，路走錯了，在這個高度競爭的全球化世紀，再回頭已是百年身，或者再也沒有機會了。

歷史的偶然，兩個女人共同參與總統大選，這是中華民國性別平等的成功與民主的驕傲，期待她們進行的是一場不同於以往的典範選戰。

政治學者談及台灣的民主化時，在讚揚之餘，也很遺憾地表示，台灣近二十年的民主化有著民主內戰的陰影。這場民主內戰用的不是槍炮，而是選票，打的不是「你死我活」，而是「身分認同」，「國家認同」，以及台灣「何去何從」。坦率地說，這場民主內戰迄今仍然沒有結束，由於用的不是槍炮而是選票，它讓台灣贏得了民主的美譽，但也因自殘而失去了競爭力。

永遠固守自己的思想，易被淘汰；隨時調整自己的觀念，才會進步。

這場民主內戰是從李登輝總統開始發動，經歷了幾次大選，「三一八太陽花學運」象徵著大學生已經參與了這場戰鬥。最近由《自由時報》鼓吹高中生反課綱微調運動，更是把戰場拉到十八歲以下的青年。我們看不出這場內戰還會延續多久，但是可以肯定地說，如果沒有一個理性的機制做調節、緩衝與決定，台灣還會繼續內耗，終至失去所有。

總統大選可以是民主內戰的決戰場域，但更可以是化解內戰的君子擂台。洪秀柱與蔡英文兩位女士在人格特質、出身背景、政治主張上恰恰有著相當不同的代表性，她們的互動交鋒正好可以幫助台灣釐清國家的道路以及治國的理念。

具體來說，洪蔡兩人已經就兩岸關係論述、閣揆同意權、憲政制度、能源的運用、死刑的存廢、歷史課綱、如何追求公平正義等重大問題表達不同的見解，而這些見解背後涉及到的是個人所信奉的價值。如果洪蔡兩人同意不要讓這場大選成為內戰的殺戮戰場，即不躲在背後，依靠文膽們來作文比賽，更不姑息支持者抹黑攻擊、放任民粹四處竄行，而是負責任的就彼此的價值、主張、政策進行公開的辯論。

歪理走不出大門，閃躲經不起陽光，真理是愈辯愈明。我們不希望看到這次的選舉與以往一樣，彼此還是在內部進行情緒動員，對外進行醜化嘲諷，在最後時刻再來一個儀式性的辯論，草草了事。

我們期待這一次選舉在兩黨候選人正式成為黨的代表人之後，開始進行價值、路線、執行的長期辯論，讓理性的辯論成為這次大選的特色。

選舉是一個重要的價值社會化過程，它可以讓社會愈來愈分歧，也可以愈來愈凝聚。衷心期盼洪蔡兩人能夠承擔這個優質社會化的責任，把彼此的不同點勇敢且清楚的呈現在國人面前。洪蔡兩人可以分別提出對於對方主張的十大疑點，要求對方具體回答。為了避免作文比賽，我們希望兩個人可以公開就彼此所在乎的疑點進行辯論。

民主化的台灣，政治性的話題不應該都是由名嘴所把持，負責任的政治人物必須勇於接受社會的質疑。電視的頻道也是公眾的資源，應該為社會的和諧與進步提供舞台。我們希望每一個重大議題都有公開的專屬辯論。

我們已經經歷了三位總統、五次的總統大選，我們對選舉已經熟悉，但是卻從來沒有深刻地反省過如何進行一場有助於社會融合的選舉，我們期待這是一場就價值、路線、方法做徹底釐清的典範選舉。

洪秀柱、蔡英文兩位女士的共同參選，已經寫入台灣的民主史，但是我們更期望她們真正載入

大事不糊塗，能掌握方針，而達到理想目標；小事不苛求，能贏得人心，而不致孤軍奮鬥。

史冊的是，她們願意用理性的辯論做為這次選舉的主要形式，擺脫民主內戰的陰影，為台灣的民主開創一個新的里程碑。

2015/6/24《中國時報》

如果說，國民黨像是一隻在溫水中的青蛙，那麼，民進黨就像是靠著結網覓食的蜘蛛，它所結織的網，固然給它提供了食物，但來源卻是不穩定的，它的網看來嚴密，但卻脆弱，禁不起外在的強風暴雨，更可悲的是，它也被網困住了，終身只能依靠網而生活，無法離開自己所結織的網。

民進黨的成立是帶著理念，以反對威權、追求民主自由，贊成民眾赴大陸探親的人道主義來號召人民，但是他們其中也有不少是帶著疏離，甚而仇恨來看待中華民國，以及中華民國所承接的歷史與文化。

早期憎厭中華民國的台獨人士，是以「台灣地位未定」做為政治訴求。這種企圖以國際法為依據的政治主張，不論在國際法、國際政治、現實上都站不住腳，因此對於台灣的社會影響有限。

從一九九四年李登輝總統發表「生為台灣人的悲哀」開始，台灣進入了一個新的階段，以「身

事大，須有宏遠的觀點；事小，須有謹慎的態度；事難，須有無畏的精神；事易，須有珍惜的心情。

分認同、國族認同」為核心的認同選擇，成為台灣近二十年來民主內戰的標的。

認同是社會化的結果。教育是常態的，選舉動員是動態的社會化行為。這場民主內戰從李登輝開始，他用「分別心」來為他的政治目標結一個網，他接受了杜正勝的同心圓歷史敘述法，創造了「台灣主體性」的政治主流用語；以「史觀的不同」把台灣從整個中國的歷史中抽離，用民主做為區別與大陸的「價值的不同」；在一九九九年卸任前，丟出「主權的不同」，主張兩岸為「特殊國與國的關係」。

陳水扁總統承接編織李登輝的網，一個在「史觀、價值、主權」上有分別心的網。二〇〇二年陳水扁公開主張「一邊一國」，在歷史教育上更是大幅推進，讓分離史觀成為高中、國中歷史教科書的結構。在這個結構中，中華民國被切成兩半，一九四九年以前的中華民國放在中國史，一九四九年以後的中華民國放在台灣史，台灣與大陸已成為「一邊一史」。除此以外，一些用語也被迫改變，如不可使用日據，而是日治；不可說廈門，要說中國廈門；把一九一一年以前的我國，都要改稱為中國，在這樣的史觀下，李白已經不是我國的詩人，而是中國的詩人。

李登輝與陳水扁雖然透過選舉動員來強化自己所編結的網，但是他們的網卻禁不起外面的風吹雨打。美國認為陳水扁是個麻煩製造者，兩岸關係也降到冰點。台灣走不出去，只能在自己的網上爬行、覓食，台灣開始衰弱了。

二〇〇八年馬英九總統執政以後，在經濟上開啟了兩岸的大交流，在外交上也維持了既有的現狀，不再惡化，但是李扁兩人十餘年執政所結織的，在「史觀、價值、主權」上均有分別心的網，也把馬英九困住了。馬英九在歷史課綱上只做微調，而不敢碰觸分離史觀的結構，依然把民主當成是防禦而非進取的工具，以「不統、不獨」來維持兩岸政治上的「異己關係」。

即使馬英九及國民黨已經受困在民進黨所結織的網上，民進黨卻沒有放過馬英九及國民黨，無論是陳雲林來台時的「暴力小英」，堅決反對 ECFA 的蔡英文，接受她培植的那一群三一八太陽花運動的領頭學生，即將走上街頭的反課綱微調的高中生的背後策動者，都想盡快吞食已經黏著在網上的馬英九與國民黨。

二〇一六年即使吞食了國民黨，蔡英文應該有智慧看到了自己所結的網其實是禁不起大風大雨的，但是她卻不願捨棄，也離不開自己的網。她轉而希望狂風不要來，所以她說要「維持現狀」，她擔心無法抵抗暴雨，因此也說出「遵循中華民國現行憲政體制」，但是她又不斷地告訴她的信仰者、追隨者，民進黨現在的賴以為生的網是多麼堅硬，因應未來毫無問題。

改心，是自我進步之道；換性，是自我成長之道；回頭，是自我反省之道；轉身，是自我調適之道。

蔡英文邁向二〇一六年大選的最後一哩路，不會是捨棄民進黨的基本論述，而是改變說法。蔡英文已經離不開她自己也參與結識的那個網，現在的問題是，民眾是否相信這個網能夠抵擋未來的風雨。

民進黨是台灣重要政黨，也曾經執政，但是很可惜的，當他繼承李登輝，用「分別心」在台灣的內部與兩岸關係上結網時，他所結的網就已經困住了自己與台灣的未來。

2015/7/5《中國時報》

遠離顛倒才能創造和平

《心經》上說：「依般若波羅蜜多故。心無罣礙。無罣礙故。遠離顛倒夢想。究竟涅盤」。

人都有定見，但是如果這個定見缺少般若的智慧，就容易進入顛倒的世界。特別是已經有先入為主或私利時，容易把白的看成黑的，好的看成壞的，有利眾生的看成是傷害自己的。

洪秀柱參選之初，對於兩岸關係的主張提出了長達一萬二千字的說帖，完整地將其兩岸論述做了陳述，這是一個負責任的態度。洪秀柱認為，兩岸關係只有鬥、拖、和三種選擇。如果選擇「鬥」，坦率的說，台灣沒有條件與大陸鬥，鬥來鬥去對誰都沒有好處；如果選擇「拖」，或者「不得不拖」，都不是正面積極的態度，或許我們可以拖過這幾年，但是下一個十年，下一代呢？洪秀柱認為，或許從個人的利益或單次選舉考量，選擇「鬥」或「拖」這兩條路比較容易，也不容易被扣帽子，但是為了台灣的前途及後代子孫的福祉，因此，她堅定地選擇較難走的「和」的道路。

以配角的身分，主角的心情入戲，必能全力以赴；以主角的身分，配角的心情上台，將會敷衍了事。

洪秀柱認為，要想使兩岸關係能夠穩定的和平發展，就必須簽署和平協定，以創造一個和平的架構。和平協定本身就是一個法。兩岸關係要依法還是依人或依黨？只有依法才能和，才能持久。兩岸從一九四九年分治迄今，雙方鬥了幾十年，最近七年情況好轉，但是兩岸到底是個什麼關係，雙方都還是各說各話（即「一中各表」）。各說各話是不能簽署和平協定的。洪秀柱因此認為，首要之務就是要把兩岸是什麼關係說清楚，講明白，並達成共識，然後再透過「和平協定」把共識確定下來。

洪秀柱所主張的「一中同表」，就是兩岸共同把彼此的關係說清楚，講明白，不含混，不模糊。她主張兩岸應該共同表述「分治不分裂」，也就是兩岸應該相互接受對方為平等的憲政政府，但是彼此也保證不分裂「整個中國」。簡單的說，就像兩個兄弟，大家保證不會分家，但是彼此要平等地尊重對方。

洪秀柱的兩岸主張，最重要的一個核心概念，就是依照中華民國憲法，保證不分裂整個中國，另外就是要北京接受中華民國政府存在的事實。如果和平協定能夠簽署，等於確保了兩岸的和平，也確保了我們的憲政制度及自由民主生活方式。請問，這樣的協定對台灣絕對有利，難道不應該贊成嗎？

可是，我們看到的卻是完全不一樣的顛倒世界。民進黨急著批評洪秀柱的主張是「急統」。我很好奇，「和平協定」不是「統一協定」，為的是創造兩岸和平發展的架構，與「統一」一點關係也沒有，難道不要和平，而是要戰爭，或繼續「鬥」下去嗎？國民黨有些人也很奇怪，一定要洪秀柱退回到「一中各表」，也就是回到「拖」的局面，兩岸的權力差距正在快速拉大，拖下去對台灣好嗎？

兩岸已經鬥了幾十年，二〇〇八年以來，馬英九政府的「九二共識、一中各表」的確做出了巨大的貢獻，緩和了兩岸關係，但是問題並沒有解決。由於兩岸關係仍處於各自表述，彼此無法建立互信，台灣民眾對於大陸的疑慮並沒有減少，大陸也不會容許國際組織對台灣大幅開放。這七年多來，兩岸之間有的事鬥，有的事和，也有的事拖，總體來說，兩岸處於「形和實拖」或「形鬥實拖」的狀態。

千萬不要以為兩岸目前現狀是穩定的。如果兩岸不能建立和平穩定的結構，目前的現狀其實是非常脆弱的。我們期待台灣認清「創造和平」的重要，兩黨候選人都可以提出為兩岸「創造和平」的方案，並公開辯論，而不是不分青紅皂白，先給對方扣帽子，如此才能遠離顛倒，才是台灣之福。

2015/7/6《人間百年筆陣》

能幹的人，只在做事上認真，不在情緒上計較；無能的人，光在情緒上計較，不在做事上認真。

理性辯論　擺脫負面選舉陰影

「台灣選舉系列評論」提及「選舉要靠罵人當選嗎？」拜讀後甚有同感，撰文呼應如下：

總統是國家最高領導人，負責引領國家往哪個方向走，治國用什麼理念前行。路走對了，即使再慢也是前行，走錯了，再回頭已是百年身，甚至再也沒有機會了。

歷史的偶然，洪秀柱與蔡英文兩位女性共同參與總統大選，這是我國性別平等的成功與民主的驕傲，期待她們進行的是一場不同於以往的典範選戰。

毫無疑問的，兩位候選人各有立場，特別是在兩岸關係論述、閣揆同意權、憲政制度、能源的運用、死刑的存廢、歷史課綱、如何追求公平正義等重大議題，均表達不同見解，這些見解背後涉及到個人信奉的價值。

如果洪蔡兩人同意，不要讓這場大選，成為讓台灣內部持續分裂的殺戮戰場，就不要躲在背後，依靠文膽作文比賽，更不姑息支持者抹黑攻擊、放任民粹四處竄行，而是負責任就彼此的價值、主張、政策公開辯論。

歪理走不出大門，閃躲禁不起陽光，真理愈辯愈明。我們不希望看到這次選舉與以往一樣，彼此在內部情緒動員，對外醜化嘲諷，最後時刻，行禮如儀式辯論，草草了事。

我們期待這一次選舉，在兩黨候選人正式成為黨的代表人之後，進行價值、路線、執行的長期辯論，讓理性辯論成為大選特色。

選舉是重要的價值社會化過程，它可以讓社會愈來愈分歧，也可以愈來愈凝聚。衷心期盼洪蔡兩人，承擔優質社會化的責任，把彼此不同點，勇敢且清楚的呈現在國人面前。洪蔡兩人可以提出對方主張的十大疑點，要求對方具體回答。為了避免作文比賽，希望兩人公開就彼此所在乎的疑點辯論。

政治性的話題，不應該都由名嘴把持，負責任的政治人物，必須勇於接受社會的質疑。電視頻道是公眾資源，應該為社會的和諧進步提供舞台，希望每一個重大議題都有公開的辯論。

我們已經歷五次總統大選，對選舉已經熟悉，卻從來沒有深刻反省，如何進行一場有助於社會融合的選舉，我們期待這是一場就價值、路線、方法做徹底釐清的典範選舉。

◆ 勇於革新，才能開創光明的人生；因循苟且，只會累積錯誤的態度。

洪秀柱、蔡英文兩位女士參選，已經寫入台灣的民主史，我們更期望她們真正載入史冊的是，用理性的辯論，做為選舉的主要形式，擺脫負面選舉的陰影，為台灣的民主開創一個新的里程碑。

2015/7/23《人間福報》

認清高中歷史課綱微調的爭議

課綱微調引發社會重大爭議。還原事實應該有助於解決爭議。以下就個人的了解，提供讀者參考。

第一、民眾質疑黑箱作業部分。依照今年二月十二日台北高等行政法院一審判決，教育部因未依《政府資訊公開法》公布相關資訊而敗訴，教育部應提供課程審議會之會議紀錄供外界閱覽，並抄錄簽到表及記名投票單等。反對人士認為由於教育部敗訴，顯然此次課綱修訂有違反程序正義的問題，依照毒樹果實理論，因程序違法，所以課綱微調的實質內容也就不應使用。但本人認為由於教育部所敗訴的，乃是未依政府資訊公開法公布相關資訊，與課綱修訂本身的程序並不相關，行政法院的判決與課綱微調本身無涉，反對人士顯有張冠李戴的嫌疑。

第二、有反對者質疑為何在微調課綱中刪除了二二八與白色恐怖，經查證微調課綱並沒有刪除

水要流動，才會清澈；風要吹動，才會新鮮；輪要轉動，才能前進；人要活動，才能生存。

相關主題，而且還把它們從「說明欄」的舉例，提升到了「重點欄」，也就是還更強化了它的重要性。

第三、反對者質疑微調課綱有「排除台灣主體性、去台灣化」的情形。經查證，微調課綱增加了部分內容，反而有助於提升台灣在近代史中的地位，比如原有的課綱完全不提台灣民眾勇敢抵抗外敵的英勇事蹟，以及台灣的現代化成果，微調後的課綱增加「在中法戰爭期間，台灣在劉銘傳的領導以及民間如林朝棟等的支持下擊退法軍」。以及「說明清廷在台灣的現代化建設如電報、教育和鐵路，使台灣成為當時全中國最先進的省分」，完全沒有去台灣化的情形。

第四、微調課綱比原課綱又更進一步強化了台灣人民的歷史尊嚴。比如特別把日本統治時期改為「日本殖民統治時期」，「說明日本殖民政府為方便統治並擴大其殖民利益，而致力於『工業日本，農業台灣』的基礎建設與經濟發展……並討論殖民政府對台灣人民經濟與土地的侵害，以及多數貿易由日本商社所壟斷」，均為還原真實歷史，又比如強調台灣知識精英對殖民統治的反抗，以及慰安婦係屬「被迫」的事實，但也保留了日本在台灣所從事的現代化建設。這都是根據史實所做的平衡陳述，不僅沒有排除台灣主體性，反而有助於呈現台灣主體性。

第五、有反對人士質疑微調課綱在台灣史部分調整字數高達原課綱的百分之六十，已經不能稱為微調。經查證，發現表面上調整字數確實很多，但其實是敘述順序的調動，實際上和原課綱並沒有甚麼差別。例如，原課綱對民國三十八年以後在台灣的發展，採取政治、經濟、社會文化議題式的分開單獨敘述的方式，微調後課綱則改採時間的序列來敘述，將同一時期的政治、經濟、社會文化的發展綜合起來撰寫。調整後的敘述方式，較容易讓學生對同一時期的發展有整體的了解。

第六、引起反對人士高度質疑的還有一點，就是認為微調課綱表現了大中國的意識。反對者所舉的例子，諸如微調課綱強調了中華文化，強調了漢人來台，陳述了「一個中國」的立場，也強調要以「一國兩區」的概念處理兩岸定位，以「中共」或「中國大陸」，而不以「中國」來稱呼對岸等等，這樣的做法都是基於「憲法」的規範。課綱是由政府正式公布的文書，當然必須以憲法為依歸。反而是原來的課綱，如果在這些相關地方不能採取這樣的立場，就會有違憲之虞。從這角度來說，課綱微調做了一件正確的事。難道中華民國政府的教育部有不遵守憲法的空間嗎？如果將來重新制憲，新國家的教育部也可以依新憲法制訂一個「獨立史觀」的歷史新課綱。

2015/8/7《人間百年筆陣》

聞聲救苦　傳達選舉良善價值

《人間福報》正在連載趙無任先生一系列〈台灣選舉系列評論〉的文章。大作字字珠璣，句句真言，對台灣當前現實政治不僅有理性分析與感性關懷，更有反省與建言。讀者在讚歎之餘，或許也有了疑問：佛教不是不應該介入政治嗎？佛光山創辦的報紙公開評論政治時事適合嗎？

觀世音菩薩「聞聲救苦」，千百年來，受人愛戴、敬仰、膜拜、歌頌。不只是都市、村莊，只要是有人的地方，就有人供奉觀世音。人人期望千手千眼的觀世音能夠帶著大家「離苦得樂」。

如果問大家，台灣現在是什麼東西讓人民感覺到苦？天災人禍都有可能，自己時運不濟、身體不好或許也是原因，但是客觀來說，造成當前台灣最苦的來源，不就是「政治」嗎？其實不僅台灣，任何一個社會，政治搞不好，政治惡鬥，遭殃倒霉的就是老百姓。

台灣已經是一個民主的社會，但是民眾對於民主的認識卻仍然極為有限。我們受到西方影響，認為程序正義才是真正的正義，因此，我們特別在乎民主制度所依賴的選舉，認為選舉比甚麼都重要。西方民主先進國家在評斷一個社會是否民主時，也以它有無定期制度的選舉做為衡量的最重要，甚而是絕對的指標。

在中華文化思惟中，選舉應該是「選賢與能」，但是在西方民主的選舉中，是要選「自己人」，或「代表自己利益的人」。既然選舉的結果是少數服從多數，因此，用什麼方式打敗對手則是選舉的最高策略。

「分別心」於是成為選舉操弄的工具。如何把社會分割、如何讓自己拿到最大一塊，是所謂的「最佳選舉策略」。選舉因此不僅要強調自己多好，也要凸顯對方有多壞，中傷、詆毀、抹黑等負面手段因而成為有效手段，而其結果是更深化了社會的「分別心」。

另外，在選舉過程中，為了爭取大多數人的利益，每一個政黨都不敢走偏峰，但也因此在政策上變得愈來愈沒有原則，甚而討好選民，整個社會因而也變得愈來愈沒有競爭力。近日的希臘就是一個活生生的例子。

在另一些民主起步較晚，或是社會中原來就存在有地域、族群、宗教認同「分別心」的國家，選舉往往變成認同的選擇。

成就不是靠金錢堆砌，而是以智慧來莊嚴；權勢不是靠武力獲取，而是以仁德做號召。

由於認同問題很難透過「少數服從多數」來解決，因此每經過一次選舉，社會就再撕裂一次。如果這些社會法治基礎再不足，民粹更容易滋生，理性在選舉中輕易被淹沒，道德甚而也在「認同高於一切」的情形下被忽視。我們看到太多的國家並沒有因為民主選舉而走向穩定或繁榮，反而是繼續撕裂與沉淪。近十多年的台灣，在國族認同、身分認同、國家定位、兩岸關係何去何從上不就是陷入這種「民主內戰」嗎？這種用選舉，而非槍炮的內戰，或許並沒有死人，但是國家競爭力在滑落，社會凝聚力在散解。

選舉固然是民主應有的程序，但是社會並不會因為有了選舉就一定會更好。如果缺乏道德、戒律，如果人與人之間缺乏同理心與慈悲心，如果政黨與政黨間沒有尊重、包容，選舉只會將台灣繼續帶向沉淪。

趙無任先生一系列〈台灣選舉系列評論〉的文章已經寫到二十多篇了，或許從政治的權謀、選舉的算計來看，這些文章不會讓政客們覺得受用，但是從社會應有的發展，民主應有的態度來看，這些文章在諄諄告誡從事政治選舉者應有的「政治哲學」，在傳達民主選舉時應有的良善價值與信仰。

政治無所不在，與人人有關，即使我們不想碰它，它也不會消失對我們的影響，因此，我們更應該認識它並讓它變得更好。只有政治清明，人民才能真正的「離苦得樂」。因此，我們可以不介入政治，但是不能不關心政治，更不應選擇冷漠。

「念觀音，拜觀音，更要自己做個觀世音」。觀世音菩薩三十二應：應以什麼身得度，就現什麼身。趙無任先生及《人間福報》聞台灣之苦，期台灣得度，因而直指苦難核心，針砭台灣選舉，不畏譏毀，以慈悲心、勇猛力發黃鐘之聲，做獅子之吼，值得敬佩與學習！

2015/8/16《人間福報》回響　台灣選舉系列評論

一束鮮花，不如一臉微笑；一杯清水，不如一念清明；一曲音樂，不如一句好話；一首詩歌，不如一聲讚歎。

如何看待連戰出席大陸閱兵事

連戰先生受邀出席大陸為紀念抗戰勝利七十周年的閱兵，引發國內爭議。同為國民黨員的總統馬英九指出此舉「偏離國家立場，有負國人期待，感到非常痛心與遺憾」。

呂秀蓮前副總統向法院控告連戰觸犯《刑法》外患罪，並表示：「亂臣賊子，人人得而『告』之」，並要求立即限制連戰出境。名嘴媒體亦將連戰此行與李登輝前總統近日的「日本祖國論」連結在一起討論。

我們應該如何理性看待這個問題，在此提出下面幾點看法：

一、兩岸目前雖仍有政治分歧，但已非敵對關係，否則這麼多旅遊投資訪問不都涉及「違法通敵」嗎？有媒體及民進黨刻意將連戰觀看閱兵與李登輝媚日的言論做類比，實屬不當。李登輝的言論已屬數典忘祖、踐踏國格，污辱國人，與連戰訪陸引發的是兩岸對於抗日史觀不同的爭議，兩者是本質完全不同的事。外界在評論連戰一事上不宜無限上綱為「敵我」衝突，更不應將其與李登輝損害民族情感國格之言論相提並論。

二、連戰此行最受爭議的一點，在於與習近平會晤時呼應大陸的「國民黨軍隊在正面戰場，共產黨軍隊在敵後戰場」做出貢獻的史觀說法。後來連戰辦公室發表書面聲明稱，連戰口頭表述時有提到「蔣委員長領導抗戰」。連戰忽略了重要的一點，正確的抗日史觀應是：在蔣委員長領導下，由中華民國政府領導全中華民族對日本進行的浴血抗戰，國民政府軍隊不僅在正面戰場，在敵後戰場亦做出極大犧牲。共產黨的軍隊，不論是八路軍還是新四軍，都是國府的從屬部隊，兩者雖然同為抗戰做出貢獻，但實際犧牲差別懸殊。北京將共產黨與國民黨軍隊相提並論，以凸顯共產黨的貢獻，並完全不提國民政府，目前也不承認中華民國政府存在的事實。國人因而認為，連戰不宜出席閱兵，如果要出席，應在「連習會」時堅定重申國民政府領導抗戰的史實及巨大貢獻。

三、民進黨在「見獵心喜」地批評連戰同時，亦應對中華民國政府領導抗戰一事表示其立場，並明確表態是否仍主張以「終戰」或其他詞彙來取代「光復」。民進黨及蔡英文主席如果仍然堅持不接受此一史實，是完全曲解正確的抗戰史觀，也自喪中華民國的立場，應受到全民譴責。呂秀蓮在控告連戰時，自己也必須回答兩個問題，即呂秀蓮如何看待中華民國？她如果支持台獨，那自己

也應該受到譴責。她對於李登輝言論的看法如何？如果她默不作聲，那麼也顯示她是帶有立場在批判連戰。

四、兩岸對於抗日史觀的不同，以及兩岸迄今未能找到合情合理的政治定位，致使兩岸目前彼此的互信不足。兩岸有必要就史觀問題、兩岸政治定位問題進行對話與研究，並尋求共識。

這些問題不解決，兩岸的互信難以深化，兩岸關係難以平和發展。

馬英九在責備連戰的同時，也必須回答兩個問題：第一、馬不是主張「一中各表」嗎？既然容許「各表」，北京又為何不能有自己的史觀表述？第二、馬如果認為兩岸應有一個共同的正確史觀，為何不在其七年任內，要求海基會與對岸進行協商，處理此事？

我們深信，唯有事實才能帶來信任與和平或和解。連戰此行的紛擾，顯示出，兩岸已有必要，共同面對及確定正確的抗日史觀，也同時要處理兩岸的現有政治定位。只有如此，兩岸人民心靈才能有契合的基礎。

2015/9/7《人間百年筆陣》

國民黨要反省

國民黨最近的表現，讓人感受到它的危機。洪秀柱副院長通過了初選連署，高標準的民調，經過全代會的認可，取得了代表國民黨的參選資格。這個合法的程序，目前卻遭到「換柱」的傳言與操作。「依法不依人」應是所有組織共有的核心準繩，依照合法所完成的程序，不應是任何一個人可以否決，更不是任何一群人應該再有異議。否則，國民黨的誠信何在？國民黨百年來的基業將毀於一旦。

有人說，洪秀柱的民調太低，但是想想看，國民黨正式提名洪之後，這幾個月幫過她什麼嗎？直白地說，幾乎沒有！沒錢沒人，幾位高層放任手下到處放「換柱」的謠言，虛與委蛇的態度眾人皆知。在國民黨高層都觀望不助的情形下，洪要拉高民調談何容易？

有人希望洪副院長以身體健康為由，自動退選。如此建議，等於是要求洪以謊言示人，更將坐

職位愈高，愈需要直言不諱的屬下；處境愈險，愈需要肝膽相照的朋友。

實外界謠傳洪會在利益交換下退選，如此結果等於是謀殺洪的政治人格，讓其受人訕笑。

在無法要求洪自動退選的情形下，國民黨有準備召開臨時代表大會，撤銷洪提名的考量。但是依照《國民黨黨員參加公職人員選舉提名辦法》第二十七條規定，國民黨只有在已提名人有賄選、暴力或其他不法行為，或者涉及刑事案件並遭停止黨權以上處分者才能撤銷提名。

但是洪目前為止，既無違法或敗德行為，有何法律依據將洪拉下馬來？

再說，「諸行無常」，誰知道未來幾個月會發生甚麼事，今天民調低，並不表示未來的民調一定低。如果能夠努力，逆轉勝並不是沒有可能。洪秀柱目前已經取得候選人資格，就好像一個學生已經拿到證書，學校可以說，因為學生可能以後沒有競爭力，就取消其證書？如果國民黨執意要撤銷洪的提名，不僅會讓國民黨成為全球的民主大笑話，更會讓國民黨從此受人不恥與唾棄。

國民黨何以會有今日的困局？坦率來說，九合一的敗選，國民黨並沒有真正的反省與檢討。洪秀柱在中常會一番談話，點出了國民黨執政七年以來所有問題的核心，那就是國民黨在不該模糊、妥協、姑息、放棄的地方模糊、妥協、姑息、放棄了。但是迄今為止，國民黨仍然沒有清楚地告訴他的支持者，是哪些地方？又為何會如此？

我們看到洪心繫台灣的安危、國家的前途，認為應該積極面對兩岸關係的難題。她一方面肯定馬總統七年來在兩岸關係上的貢獻，但是也認為必須要「深化九二共識」，兩岸應在「分治不分裂」的共識下推動兩岸政治對話，簽署和平協定，為台灣創造和平穩定的環境。這個論述的最主要精神就是要求北京接受中華民國政府的憲政治權，這有甚麼不對？不好？

九合一的敗選讓國民黨的總統選局原就處於極度劣勢，洪原本是有機會重新凝聚這批核心支持者的，可是洪所採取希望回到國民黨傳統價值，找回國民黨黨德與黨魂的做法，卻打破了國民黨現有的權力結構及知識論述，幾乎得罪了所有國民黨的權力人物，而形成今日的情境。

國民黨必須立刻開始做三件事：

第一、盡快放下「換柱」的錯誤思維，展現團結，以洪的主張為主，共同努力選舉。

第二、由黨邀請社會上有清望的人，只要是認同國民黨者均可以受邀，組成委員會，幫助國民黨做一次徹底的反省，讓外界充分了解，國民黨願意革新。

第三、展開一場黨內有關兩岸論述的大辯論，以確立國民黨未來的兩岸政策路線。

國民黨必須從正面思考，正面行動，才可以找回人民願意支持的力量，也才是台灣之福。

2015/10/7《人間百年筆陣》

無能的人，光講理由；能幹的人，會想辦法。

別讓臨全會變成籌安會

一九一五年八月十四日，楊度聯通孫毓筠、李燮和、胡瑛、劉師培及嚴復，聯名發起成立「籌安會」，隨後發表聲明，大聲疾呼：「我等身為中國人民，國家之存亡，即為身家之生死，豈忍苟安漠視、坐待其亡？特糾集同志，組成此會，以籌一國之安。」然後開始做一些假民調。

這個歷史有名的「籌安會」，目的其實只有一個，就是要推翻孫中山先生所創建的民主共和，恢復帝制，讓袁世凱登基。

整整一百年後二〇一五年十月初，朱立倫等國民黨高層大聲疾呼：我等身為中國國民黨黨員，本黨之生死，即國家之存亡，豈能苟安漠視、坐待其亡？特邀集同志，召開臨全會，以籌立委少輸、本黨延續、國家之安。

這個當代的「籌安會」，目的也只有一個，就是「換柱推倫」。民國初年的籌安會，讓袁世凱坐了八十三天的皇帝，朱立倫發動的「當代籌安會」，可以讓朱立倫風光多久？現在看來，不到一百天。朱立倫當然在功業上不能與袁世凱相比，但其破壞制度所為，將與臨全會的所有諸公，一起載入民主史冊，列入民主教育教材。

朱立倫召開臨全會的舉措，已經讓所有政治學者瞠目結舌。經過初選產生的候選人，可以在投票前百日被主席拉下馬來，換自己上場，在全世界的民主國家也屬首例。

陳長文大律師公開撰文，透過臨全會換柱有法律上的爭議。這是客氣的說法，文章背後的潛台詞是，如果洪秀柱訴諸法律，國民黨沒有贏的可能。法律只是一道防線，對於一個政黨來說，如果沒有程序正義與誠信的防線，這個政黨還剩下甚麼？當台灣兩大黨都如此時，台灣的民主還有甚麼？

洪秀柱經過初選連署，這些連署的人並非是黨高層，也非黨代表，而是一般合格的黨員。洪秀柱通過的高標準民調，支持者非是黨員，而是全民。一個經過黨員及百分之四十六全台灣民意支持的候選人，臨全會有資格把她拉下來，換上一個沒有經過一般黨員認可的參選人？臨全會的一千多位代表的意見，可以超過「防磚條款」通過的全民調民意？

國民黨中央如果認為可以，那麼不就坐實了國民黨的民主初選制度不是法制，而是可隨時改變

該承擔時，應有當仁不讓，捨我其誰的勇氣；該放下時，應有培育後學，功成不居的涵養。

的人制；也無疑是告訴國人，這是國民黨的家務事，黨有權決定。那麼，人民也會告訴國民黨，貴黨當然可以決定家務事，但是人民也可以決定要否要支持貴黨。

整整一百年前的「籌安會」，理由冠冕堂皇，又是救黨，又是救國，但是目的只有一個，就是要袁世凱當皇帝。百年後的臨全會，理由仍然冠冕堂皇，但格局小了許多，只是為了立委少輸幾席。百年前的籌安會，說的是民主共和體制不符合中國的國情，百年後的臨全會，召開的理由是洪秀柱的兩岸主張不符合黨意及主流民意。

國民黨目前的作法，中央不僅要違反初選制度，又要洪秀柱做「國民黨的岳飛」，以「兩岸主張違反黨意及主流民意」為名，讓她受「莫須有」之冤，最後還要她為黨團結忍辱，做「台灣的阿信」。

朱立倫的「臨全會」週末即將上演，各位黨代表是要選擇共同演出這齣歷史大戲，而鼓掌通過，不在乎洪秀柱「含冤莫白」，也不在乎「錯殺無辜」；還是能夠以國民黨百年基業為念，要求就事論事，不讓「當代籌安會」再現，要求洪秀柱與朱立倫公開陳述各自的兩岸主張，然後投下您們神聖一票。如果始作俑者堅決不辯論，您們也應該就洪的兩岸主張是否違反黨意或主流民意表示您們的立場，而絕不做違反黨的初選制度及傷害誠信的行為。

2015/10/15《中國時報》

馬習會的遺憾　待處理治權分治

馬習會順利地落幕了，這是兩岸領導人從一九四九年以來第一次的會面，為兩岸關係立下了一個重要的里程碑，有其歷史意義，但是也有些遺憾，就是兩岸僅分別承諾彼此主權的「不分裂」，而沒有處理治權的「分治」的議題。

兩岸政治定位牽涉到兩個重要層面，即主權與治權的關係。主權可以視為財產權或所有權，即中國是屬於誰的，是屬於中華民國還是中華人民共和國？治權可以視為管理權，即中共政府在大陸與台灣的治權是否合法與正當？在主權方面，兩岸目前存在著三種論述。北京認為主權只有一個，屬於中華人民共和國。馬英九政府認為主權只有一個，屬於中華民國。以上兩種均主張「一個中國」，也就是都不容許主權走向「分裂」。民進黨認為主權有兩個，彼此互不隸屬，也就是「台獨」或「一中一台」。北京迄今不接受民進黨的主權主張。

所謂勇者，是挑戰自己醜陋習性的人；所謂弱者，是沉湎自己泡沫光環的人。

一九九二年，海基會與海協會在香港舉行工作性會談，達成各自以口頭方式表述「海峽兩岸均堅持一個中國的原則」、「謀求國家統一」的看法，當時「九二共識」的一個重要意涵其實就是兩岸分別表示不分裂中國，但是誰代表中國，台北認為應該「各表」，北京則認為要進行事務性協商，所以「不表」內涵。北京認為，等到要進行政治對話時，兩岸再來討論「一中」主權與治權應有的內涵，在沒有討論以前，北京並不承認中華民國有主權，也不接受中華民國政府的治權為合法、正當。

從二〇〇八年馬政府執政起，兩岸共同以「九二共識」做為互動的基礎，但是馬英九政府只願意經貿交流，而沒有開啟兩岸政治對話，尋求解決兩岸政治定位的難題。在政治立場上，馬英九主張「一中各表」，即「主權互不承認、治權互不否認」。

嚴格來說，馬英九的主張只是「戰略守勢」，而非「戰略進取」。北京其實並不在乎台北主張「主權互不承認」，因為北京在全球的政治關係及影響力遠遠超過台北，根本不需要台北承認其主權，且北京也無意承認台北的主權；北京也樂於台北主張「治權互不否認」，如此一來，北京也沒有「接受兩岸分治」的需要。基於治權來自主權原則，北京也可以迴避處理兩岸的主權爭議。

這次的馬習會，在馬英九看來，他已表達到了他原本堅持的立場，在會後的發言，馬英九仍然強調有「主權互不承認、治權互不否認」意涵的「一中各表」，但是在習近平看來，馬英九的主張根本沒有戰略壓力，而且馬英九在「馬習會」時表達的仍是「不分裂一中」為內涵的「九二共識」。

在這個六十六年來的第一次兩岸領導人的歷史會面，為了台灣的利益，馬英九其實應該要表達的，不是「九二共識、一中各表」而已，而是要求北京與台北共同表述「整個中國」的內涵，以解決兩岸的政治定位難題。馬英九應該表達的，不是重申中華民國憲法不容許台獨、「一中一台」，而是應爭取北京接受在「整個中國」內「兩岸憲政分治」的事實。

「分治不分裂」應該才是兩岸的合情合理現狀，也兼顧了台灣在「治權」上需要當家做主的「主體性」，也不違反兩岸在「主權」上應共享「主體性」、不應分裂的兩岸憲法承諾。在這次「馬習會」中，兩岸領導人僅再次確定了「不分裂」的原則，但是卻沒有對「分治」的現狀進行討論或達成共識。「分治」不確定，兩岸無法簽署兩岸和平協定，台灣參與政府間國際組織、兩岸建立軍事機制等問題均無法處理，民進黨的「主體性」主張就永遠具有號召力，兩岸關係的真正互信就無法建立。

僅確定「不分裂」，而沒有確定「分治」，是這次「馬習會」的最大遺憾，也將會成為馬英九歷史定位的一個缺陷。

2015/11/9《人間福報》

悟是從矛盾中統一，悟是從複雜中單純，悟是從障礙中通達，悟是從枷鎖中解脫。

人間佛教　中國夢的必經之路

今年十月十八日在宜興大覺寺召開了國際佛光會理事會，來自全世界八十多國逾千名佛光人齊聚一堂，這是國際佛光會第一次在大陸舉行，也是大陸國家宗教局第一次同意非大陸宗教團體在大陸舉行大會，是一次有歷史意義的盛會。

中國共產黨信仰共產主義，主張無神論。共產主義思想的始祖馬克思在一八四二年《黑格爾法哲學批判綱要》一文中，以「宗教是人民的鴉片」形容宗教，他說：「宗教是被壓迫生靈的歎息，是無情世界裡的同情心，是沒有靈魂的處境裡的靈魂。它是人民的鴉片。」

在馬克思那個年代的德國，鴉片是某些醫療過程中必需的用藥，否則無法順利醫治病患。鴉片衍生物在十九世紀末之前的使用還是相當地自由，常被拿來當作止痛劑或者鎮定劑。由此可以看出，馬克思的「宗教是人民的鴉片」說，並不是把鴉片當成毒品，而是視宗教如同鴉片的功能，可能給人們帶來止痛或鎮定的效果。

到了二十世紀初，在美國主導下，鴉片委員會於一九〇九年在上海成立，三年後在海牙轉型成國際鴉片委員會，簽署《國際鴉片公約》，是第一份國際禁毒條約。鴉片藥物的國際聯合管制自此開始。

蘇聯共產黨在談論宗教議題時，將其與「階級鬥爭論」結合，列寧由「宗教是鴉片」導出「宗教鬥爭論」，而史達林的宗教政策則是鎮壓宗教、消滅宗教。

不同的歷史文化、民族心理，對同樣一個名詞會有不同的認識。不同於德國，「鴉片」在近代中國本身就不是醫療用藥，而是毒品，是民族的屈辱，是帝國主義迫害的代名詞，是萬惡之物。中共早期師承列寧的宗教觀和史達林宗教政策，在建政之後，在處理宗教的議題上對宗教採取了相當敵視的態度，特別是一九五七年以後強調「以階級鬥爭為綱」，在政治運動中搞擴大化，打擊了一批愛國的宗教界人士。文化大革命中更是全面衝擊宗教，宗教被視為「四舊」和「牛鬼蛇神」，宗教經書、建築、神像、文物遭到大規模毀壞，製造了許多冤假錯案。

中國大陸正在邁向中國夢。中國夢，不僅是指人民要富、國家要強，社會也要善，在這一方面，宗教可以發揮其功能。中國大陸可以重新檢視馬克思所說「宗教是人民的鴉片」的原意，不宜再將宗教視為毒品，而是治療或安定人心的藥品，可以有為社會提供療治不安與焦慮的功能。

敢，就不會劃地自限；敢，就勇於破繭而出。

馬克思或許對宗教有一些了解，但從其著作中可看出，他對於佛教的認識是不足的，對於當代的「人間佛教」當然更是無緣接觸。相對於做為止痛劑或者鎮定劑的鴉片，人間佛教不再是馬克思所說，「宗教是被壓迫生靈的歎息，是無情世界裡的同情心」，而是可以讓一個心靈已經垂死的人重新樂觀面對人生的還魂丹，可以讓一般人從消極接受宿命到積極創造人生的營養品；它所強調的「三好」、「四給」、「五和」，全都是人與人、人與社會互動時所需要的良性黏著劑。

星雲大師在談到「人間佛教」的四個宗要時，開宗明義的第一項就是「家國為尊」，這也正是人間佛教面對國家時的基本立場。

人間佛教關心政治，但是都是站在國家整體的利益與全民的福祉來看待世間的事情，這與其它宗教把自己放在比國家或家庭更為重要的地位，完全不同。人間佛教不會去干涉其它國家的內政，法師們也不會跟著船堅炮利去宣揚佛法，更不會裝神弄鬼來迷惑人民。

今年十月在宜興大覺寺舉行的國際佛光會已經為人間佛教在大陸的發展開啟了新頁，我們在為大陸的開放喝采之餘，也期待大陸政府能夠持續理解人間佛教的社會功能，它早已超越了為社會止痛或鎮定的功能，而可以發揮穩定人心的作用，又可激勵社會的良善價值，是實現中國夢的必經之路。

2015/11/9《人間百年筆陣》

太陽花世代　和平發展的挑戰

馬習會的解讀偏向兩極，有的認為是兩岸歷史的新頁，是馬習兩人合寫的無字和平協議；但是也有人認為是習近平送給蔡英文的無形緊箍咒，是一份無字的最後通碟。

時代的巨輪從來不等人。領導人有時可以順利地帶領群眾向前或轉向，但是在民眾已經習慣於原有的路徑時，轉向也極有可能變得困難。明年可能執政的民進黨，將會面臨到領導菁英是否願意調整其原有兩岸路徑，或部分群眾為堅持信仰，而不願妥協，致使台灣腳步零亂，再次趕不上東亞發展的時代巨輪。

國民黨原有其傳統的路徑，但是李登輝在一九九〇年代中期，用所謂的「寧靜革命」，將兩岸關係帶上了「異己關係」的路徑，透過「戒急用忍」、「加入聯合國」等政經政策，以及「修改史觀論述」、「去中國化」的教文政策，讓台灣對大陸的身分認同產生結構性的轉變。兩岸為「異己關係」

認識無常，生命有希望；明了無我，生命沒煩惱。

從此成為台灣的「政治正確」。

民進黨與國民黨基本上繼續這條「兩岸為異己關係」的認同路徑，差別在於民進黨認為兩岸的「異己關係」為「國與國」、「主權與主權」的「分離關係」，國民黨則是用「各表」的模糊方式處理，但其結果也是「各自認同」。即使馬英九在二〇〇八年執政以後，僅開啟了兩岸經貿、人員等物質性的交流，而在涉及兩岸政治定位及文化認同的事務上全無進展，也沒有對現有的「分離史觀」進行有效的撥亂反正，致使兩岸為「異己關係」的認同持續分歧。

蔡英文說，台獨意識已經變成太陽花青年世代的天然成分。這一群目前三十五歲以下的青年，接受分離史觀的認同教育，視兩岸為「異己關係」已是他們的「政治正確」。

馬克思主義的信徒相信經濟是下層建築，可以帶來上層政治的改變。北京期望繼續用經貿交流來改變民進黨與太陽花世代的認同，強化或深化「三中一青」政策就成為北京在處理兩岸認同分歧時的法寶，但是卻也沒有辦法改變台灣內部透過「去中國化」教育，認同分歧持續強化的趨勢。

民進黨極有可能在二〇一六年執政，做為一個負責任的政黨，蔡英文當然會考慮調整其原有的路徑，但是與民進黨長期合作的太陽花世代是否願意也跟著調整兩岸步法，則存在著極大的變數。政治原本應該是妥協的藝術，但是這一群太陽花世代，理想性格遠高於其妥協性，特別是在涉及認同議題時，妥協更像是屈辱，難以接受。

認同是兩岸能否和平久安的關鍵因素。明年大選以後，兩個情況可能發生，一是民進黨表面上仍然「維持現狀」，但是透過文化教育政策在「兩岸為異己關係」的認同上持續強化，其結果是太陽花世代愈來愈多，使得民進黨愈來愈難調整路徑；一是太陽花世代的政治力量緊咬住民進黨，不容許在兩岸關係上有絲毫讓步妥協。

以上兩種情形均促使台灣在心態認同上向美日靠攏，兩岸認同分歧持續擴大，太陽花世代更加認為自己是政治正確，而使得兩岸關係走上歧路。從這個角度來看，馬英九這七年來的兩岸政策是為德不卒，馬習會也可能只是兩岸關係一個階段的最後握手道別，太陽花世代已是未來兩岸和平發展必須面對的最大課題。

2015/11/2 3《中國時報》

真摯的背後，必存寬厚的堅定相隨；沉默的背後，則有平靜的勇氣相伴。

問政不干治

現任教宗方濟各（POPE FRANCIS）就任以來，積極走訪全球各國，包括中南美、非洲、美國、韓國，還受邀在美國國會及聯合國發表演講。在政治立場上，教宗毫不保留地表達其政治主張，例如，他認為福克蘭群島應該歸屬阿根廷，而非英國；公開祝願香港人能夠爭取普選成功；呼籲南北韓和解；公開批評現代經濟體系是對金錢的「拜金牛犢」（偶像崇拜），金融危機是資本主義的「暴政」展現；浪費食物就是對已經飢餓的人進行偷竊；將使用童工現象描述為瘟疫，因為它剝奪了兒童正常的健康童年；以「近乎自殺」形容當前氣候暖化危機；譴責組織犯罪並公開宣佈，所有黑手黨成員，都將自動被逐出教會。

教宗的以上談話，充滿了政治性，但是全世界沒有人認為他是「政治神父」，反而虛心受教。原因很簡單：第一、任何人都有權利對政治提出他的看法；第二、教宗本人或其組織從來不鼓吹用不合民主法治，或用傷人或自殘的暴力方式來弘揚其理念；第三、世界上需要來自於教會的道德聲音。

基督教與西方社會的彼此互動，形成了當代西方的宗教政治觀，即神職人員當然可以「問政」，教徒也可以「從政」，但是不宜傳播邪惡的思想，更不可以不法或暴力行為來干涉政治的運作。這應該是西方當代宗教人士「問政不干治」的內涵。

歐洲目前的政黨，很多均與基督教有關，例如德國的現任總理梅克爾所屬的政黨就是「基督教民主聯盟」，在巴伐利亞邦執政的也是「基督教社會聯盟」，這代表他們所屬政黨信仰基督教的價值。

星雲大師為了弘法渡眾，關心世人，一生受到許久委屈，他關心台灣的民主政治、兩岸的和平發展，總在關鍵時刻提出醒語，也毫無罣礙地表達信念，卻遭到一些人以「政治和尚」來嘲諷。但是大師一肩扛下無知與刻意的羞辱，持續繼續關心時事、宣揚良善價值，毫不憂讒畏譏。

星雲大師在《貧僧有話要說》一書「我主張『問政不干治』」一文中，細述了他一生與政治的因緣。一九八六年在國民黨「三中全會」時，大師當著蔣經國總統的面，呼籲政府要開放老兵返鄉以符合人道，要開放政黨以符合民主，要開放教育容許佛教辦大學以符合宗教平等。次年，政府開放探親，也隨之政黨解禁、政治解嚴。在那個戒嚴的時代，大師不以出家人身分而迴避表態，反而能夠率天下之先，引領社會輿論，不以出家人身分而自外於政治，這不正是人間佛教入世的最佳典

範嗎？正如大師自己所說：「對於社會的關懷、人民的富樂，我們佛教徒不能置之於度外」。

在台灣，我們也看到基督教長老會積極地參與政治，甚而有部分牧師鼓吹「台獨」，但是從來沒有看到有媒體批評他們為「政治牧師」，但是為何獨獨對大師有批評，這涉及到早期宗教在台灣的不平等發展，政治的事，基督教可，但是佛教不可，出家人被制式地認定不應該關心政治。另外，大師的國民黨籍、外省人背景、主張兩岸不應該分裂的立場，都成為部分有心人士攻擊大師的背後真正原因。

大師不以為懼，堅持由佛法而來的價值理念，為「問政不干治」立下了典範，在政治立場上，大師認為「和平、尊重、包容、平等、福民」是為政之道，並以此規勸政治人物；大師認為「王道」比「霸道」重要，並以此呼籲兩岸應同行和平的王道。在身分認同上，大師以和尚身分為樂，絕不擔任世俗的民意代表或為官；在作法上，大師從不干治，也不製造社會矛盾，反而是協助政府造福社會。

「問政不干治」是對出家人而言，在家眾更應該積極關心、參與政治。為了社會的祥和，我們不僅應該關心政治，還應鼓勵更多有佛光理念的佛光人投入政治，支持政治人物在政策上實踐人間佛教的理念，如此才是社會之福。

2015/12/7《人間百年筆陣》

民進黨須克服兩岸「冷內戰」困局

二〇一六年的大選即將進入倒數計時，國民黨在自己製造的三個重大新聞事件：撤換洪秀柱、王金平列不分區第一名、王如玄軍宅買賣案後，幾乎注定陷入敗局。如果台灣的困境能因民進黨再度執政而解決，國家重新恢復活力，當然不是壞事，只是，台灣從一九九四年開始陷入的「身分認同」、「國族認同」、「兩岸關係何去何從」的「民主內戰」，能因國民黨潰敗而畫下句點嗎？未來兩岸關係在空洞的「維持現狀」原則下，能避免陷於動盪嗎？

民進黨打民主內戰戰法，是對國民黨全面批判與否定，摧毀國民黨政策的道德性與正當性。戰場是多方面的，史觀、教育、文化、憲法、經濟戰略，甚而核能議題都被捲入。太陽花世代的加入，網路族群的湧入，使得理性逐漸退讓，民粹高漲。這場內戰與其說是摧毀國民黨，不如說是要摧毀中國國民黨的「中國」兩字，這才是這場「民主內戰」的最終目的。

一個「忍」，一個「好」休卻多少麻煩，給予多少歡喜，泯滅多少代溝，消除多少怨尤。

由於這場內戰是由國民黨的李登輝所啟動，國民黨一開始就陷入了核心價值與信仰被挑戰、政策左支右絀的困境。二〇〇八年馬英九雖然勝選，但是並沒有在認同問題上挑戰李登輝路線，也沒有提出進取性的兩岸大方向，更沒有回歸中國國民黨應有的價值與信仰。其結果是，國民黨雖然執政近八年，但是既無心也無力挑戰民進黨的「民主內戰」論述，在台灣主體論述上反而是邯鄲學步，「分治」論述漸漸向「分離」論述靠攏，在執政期間沒有就政治定位開啟對話。

洪秀柱的兩岸和平協定及兩岸大方向論述，被國民黨內部視為「急統」而遭批判並撤換，顯示國民黨的高層已經完全沒有積極進取的思維，也無心在認同問題上力挽狂瀾。朱立倫將王金平名列不分區第一名，等於是正式宣告國民黨不再是一個理念型的政黨。由於國民黨在認同上的自我繳械，二〇一六年的大選有可能成為台灣這二十多年來「民主內戰」的最後一役，李登輝大獲全勝，蔡英文也因緣際會成為將真正完全執行李登輝政策的第一人。「民主內戰」或許可以結束，但蔡英文能否走完結束兩岸內戰的最後一哩路，卻存在著巨大的挑戰。

台北雖然在一九九一年廢除了「動員戡亂臨時條款」，單方面結束了內戰，但是北京認為，沒有兩岸和平協議或結束敵對的共同宣示，兩岸仍處於內戰狀態。二〇〇八年馬英九執政，開啟了兩岸大交流，有了和解的跡象，但是由於沒有就兩岸政治定位進行協商，內戰狀態並未解決。

民進黨與蔡英文在二〇一六年大選的獲勝，其意義將不僅是一場例行性大選的勝利，而是有關「身分、國族、兩岸關係何去何從」認同的勝利。得票愈高，獲得立委的席次愈多，象徵民進黨與蔡英文的勝利果實愈豐滿，但是挑戰也在於，他們愈沒有理由在已經獲勝的認同問題上讓步。另外，這二十多年來，特別是「同心圓史觀」教育下成長的太陽花世代或網路族群，他們曾經是民進黨核心價值的「聖戰士」，他們現在有的進入民進黨，有的成立「時代力量」或其他小黨，或獨立參選，他們也不會容許民進黨或蔡英文在大獲全勝後再放棄內戰勝利成果，並與北京尋求妥協或讓步，其結果都將使得兩岸有可能走向「冷和」，甚而再走回「冷內戰」狀態。

北京應該已經預期到民進黨可能贏得選舉，藉由十一月初的馬習會，為民進黨劃下了紅線，等於是介入了台灣的民主內戰，不讓民進黨在這場內戰中全面勝出。蔡英文原本可以順利接受民主內戰的勝利果實而實踐兩岸的分離理念，因為她面對的是一個缺少核心價值與信仰、由朱王結盟主導的國民黨。但是二〇一六年後，如果她不轉彎，橫在她執政之路前面的，是已經把話說直說白了的習近平；如果她想轉彎，又會有教父李登輝們，以及自己所教養出來的太陽花徒眾們擋在路前。

一念頓悟，可以放下身心，解脫自在，不受熱惱；一念生迷，只會作繭自縛，掀風起浪，不得安寧。

「否定中國」開啟了民主內戰，讓台灣付出了沉重的代價，二〇一六年「民主內戰」即將告一段落，「兩岸內戰」卻可能更難結束。大選後，台灣最大的考驗將在於民進黨是否有意願反省這二十年來的民主內戰，勝利者是否有意願讓台灣與中國大陸恢復某種連結，以及建立處理兩岸內戰議題的能力。如果做不到，後果將由台灣民眾集體承擔。

2015/12/15《中國時報》

看破美國南海戰略

美國南海戰略的最高目標，一言以蔽之，就是將現在的南海現狀全部固定化，讓歷史全部歸為歷史，各聲索國目前據有的島嶼就地合法，再依據《海洋法公約》來確定各國在南海的行為規範，以消滅大陸在南海的權力，成就美國的亞太再平衡策略。

美國要貫徹這個目標，必須仰賴其實力。在「硬實力」方面，華府並不會願意直接與北京對峙；在「軟實力」方面，美國並不是南海的當事國，南海也尚未形成共識的制度，因此在沒有任何制度性的軟實力可運用的情況下，採行「巧實力」是最佳選擇。所謂「巧實力」，通俗地說，就是一種挑撥離間，製造紛爭的能力，讓對方陷入四面楚歌的困境，而處於戰略劣勢。

美國的策略之一是採行「狼群戰術」，即讓越南、菲律賓扮演第一線的攻擊手，日本是輔攻的野狼，而美國則是為狼群壯膽。今年十月二十七日美國拉森號軍艦闖入渚碧礁領海，為的就是讓這

待人，要從良心出發；處事，要向歷史負責。

些狼群國家感覺背後有人撐腰，而有恃無恐。

美國的第二個策略就是「去正當性」，從法律上否定兩岸法理主張的正當性，其做法是鼓勵並支持菲律賓在二〇一三年一月就南海問題向聯合國常設仲裁法院提出「控告」。北京雖然主張不接受仲裁，但卻在二〇一四年十二月提出「立場文件」，因而被仲裁法院認定為間接同意接受仲裁。

菲律賓的訴求重點：第一、菲國主張南沙群島的海中地物均不屬於海洋法公約的「島」，而僅是「礁」，這當然也包括目前屬於我政府所有的太平島。第二、南海傳統U型線因為不符合海洋法公約，因此沒有合法性。這兩個主張如果被仲裁法院接受，將可說是兩岸的重大潰敗，爾後的南海論述正當性將變得脆弱。其它要點還包括，菲律賓認為大陸在黃岩島、美濟礁、仁愛礁侵犯其海域權利。

眾所週知，大陸在南海的權益，在國際法上是來自對中華民國政府的繼承。如果台灣方面在南海問題上更改立場，北京的立場則會變得更為薄弱。因此，美國的第三個策略即從台灣下手，以求「釜底抽薪」。

美國的作法是採取切香腸的方式。首先，讓馬政府先行讓步。一九九九年我政府公布的「中華民國第一批領海基線、領海及鄰接區外部界線」，將南海U形線稱之為傳統U形線及固有疆域界限，亦即將南海U形線定性為「歷史性水域外部界限」。但是最近內政部網站將「第一批公告」中的「固有疆域界線」名稱移除，改為「我國傳統U形線」。雖然行政院長在答詢時，表示我國南海主權主張並未改變，但是這似乎顯示我政府對於南海海域主張已經出現模糊性。

其次，馬總統在二〇一四年九月一日南疆史料特展開幕演講時所稱，「南海諸島位置圖公布時，中華民國除了領海外，沒有其他海域主張」的談話，也已經被菲律賓律師在仲裁法庭第二階段聽審會上引用做為有利菲國的佐證。

美國的南海戰略極有可能是設定由民進黨做最終實踐。今年十月二十八日，蔡英文對南海問題提出的三原則：第一點就是各方都要依據海洋法和聯合國海洋法公約相關規定提出主張和立場；第二點是維持南海地區航行和飛行的自由權利；第三點是和平處理南海的爭議。這三個原則其實完全符合美國的主張，蔡英文並沒有對南海是我國固有疆域做出立場宣示。

民進黨何時會明白地放棄中華民國原有的南海立場，從而瓦解北京的立論？在我看來，仲裁案大陸的敗訴將是最可能的時間點，民進黨可能會用「尊重國際法判決」的理由順勢退讓。

從這個角度來看，馬英九應在其總統任內立刻以白紙黑字再重申U型線為「固有疆域界限」的主張，並且在仲裁判決前儘速登上太平島，重申南海主權。如果馬英九做不到這兩點，那麼他也將淪為美國南海戰略中的一顆棋子。

2015/12/21《中國時報》

別讓「太平島便當」成歷史冷笑話

南海爭奪已進入白熱化的階段，以國際法專家自居的馬英九總統，沒有選擇登上太平島，而是以食用有太平島蔬菜的「太平島便當」來彰顯他的主張，他習慣講冷笑話，千萬別讓「太平島便當」變成歷史冷笑話。

越南是所有南海聲索國國家中最積極者，這不僅是因為南海石油工業已成為越南第一大經濟支柱，更可以在國防上保護其狹長的領土。因此，不僅積極占領島礁，更填海造鎮，上面除了居民，還有學校，甚而寺廟，以證明其所占島嶼完全具備經濟生活條件。另外，越南在南海問題上的學習態度是積極的，越南專家穿梭於兩岸，與學者智庫對談，了解兩岸現有的南海資料、策略，以為因應之用。

菲律賓也是認真地面對南海議題，不僅出巨資尋求美國智庫、西方學者為其出謀畫策打仲裁訴

強勢之人，刀鋒銳利，損人又不利己；和眾之人，刀鋒圓鈍，護己且不傷人。

訟案，今年起菲律賓大法官卡皮奧更是進行全球巡迴演講譯述菲國立場，日前還揶揄馬總統最近的一些不當發言，並引用為對菲律賓有利的證據。

南海主權的維護不能僅是坐而言，也需要起而行。美國為落實其南海戰略，希望台灣軟，馬英九別鬧事，順著美國的策略走就好。馬英九這次不登太平島，對我政府南海主權宣示的傷害其實已經造成，明年五二〇卸任以前，馬總統必須完成以下幾點工作，「太平島便當」才不會變成歷史冷笑話。

第一、身先士卒。韓國與日本都是美國的盟友，韓國總統卻敢於不理會美國與日本而登上獨島。總統是國家主權的象徵，這不是內政部長可以取代的，也不可以用天候因素來搪塞，希望馬總統可以堅持主權立場，不要理會美國的壓力，勇敢地登上太平島。不僅如此，馬總統在登島時應該邀請國內外媒體同行，如果能夠也邀請一些友邦國家代表，由外交部長陪同更佳。簡單地說，愈高調愈好。

第二、擴大宣傳並凸顯中華民國政府是南海的當事方。為宣示南海主權，內政部已經在去年九月起推出南疆史料展，並出版史料選集。但只在台灣內部展覽是不足的，建議可以尋求在國外重要地區，特別是荷蘭海牙舉辦展覽。另外，也可由民間學術團體出面，在海牙舉辦國際性的「南海問題研討會」。我學者的發言，將等於是政府的「立場文件」，這是我政府在不得出席仲裁案情形下的必要作為。

第三、加強「證據」的整理並公布。現有公布的南疆史料選集，其實都是歷任政府已經公布的資料，並沒有新的「證據」；如果要說服國際社會，現有的資料是不足的。據了解，若干相關的資料仍然分散在不同的政府部門，並列入「機密」管制，僅能前往閱覽，而不能影印攜出。建議馬總統盡速在總統府下設一任務編組，並下「軍令狀」，務必在卸任前將現存於各部門的資料整理、歸納、公布。如果等到明年海牙的仲裁法院做出了不利於我南海主權的判決後，再提出資料，將為時已晚。

第四、邀請專家上太平島。由台灣民間學術團體，例如國際法學會，出面邀請負責此次接受菲律賓提仲裁案的法官及海洋法學者專家登上太平島，讓他們實際感受確認一下，太平島是具有經濟生活條件的島，而非菲國所說的礁。

第五、要謹言慎行。馬總統要想到，他目前任何場合有關南海的談話，越南與菲律賓都拿著放大鏡在檢驗，現在有關南海的任何談話及行為都有可能成為國際仲裁法院的依據。目前我政府在陳

述U形線時的立場已有不一致的情形，馬總統應一方面盡速將U形線的歷史證據整理，以證據說話，在此之前，馬總統、外交部、內政部的發言立場均應一致。

美國不願看到馬總統登上太平島，原因很簡單，美國南海戰略的目標是現狀固定化。美國戰略如果成真，代表我們將失去所有的南海島嶼，最多只剩下太平島。美國希望馬總統先讓第一步，如此蔡英文才就可順勢讓第二步。馬總統只剩不到半年時間可以捍衛憲法所規定的南海主權立場，如果選擇向美國屈服，而沒有積極作為，他將留下自己不願看到的歷史地位。

元旦就要到了，馬總統最後一次的元旦文告，應好好重申我政府南海主權立場。

2015/12/29《中國時報》

分治不分裂是兩岸最理性的選項

廣義的統獨之爭困擾了台灣已二十餘年。這場以統獨為名相的爭議，涉及兩岸內戰如何結束，以及在台灣內部的身分認同、國族認同應為何的民主內戰。

內戰不可能帶來長久的和平與繁榮。不幸的是，近二十多年來，台灣同時處在這兩種內戰的困擾中，「愛恨情仇」四個字交織在經濟、政治、文化、社會等各個層面。這兩場內戰必須同時解決，沒有大陸的同意，僅有「台灣共識」並無法結束「兩岸內戰」。

由於台灣並不是個無主地，中華民國也不是於一九四九年在無主地上成立的新國家，因此，台灣無法引用國際法上的「民族（住民）自決」來決定其政治地位。如果要獨立，無論是台灣或是中華民國，都必須與其「利益相關者」取得共識，然後可以進行公投，就像魁北克與加拿大，蘇格蘭與英國，無論結果如何，相互尊重。如果「利益相關者」不同意，那就會面臨人民遭殃的內戰。這

學會處眾，處處有通路；學會結緣，處處有助緣。

類的歷史故事太多了，當代南斯拉夫的分裂，伊斯蘭建國，各種分離運動帶來的腥風血雨都是例子。

不論我們是否喜歡，北京的立場已經很清楚了。如果要選擇「分裂」，即使天時再好，也必須面臨鐵與血的鬥爭。從政治現實來看，所謂「和平分裂」、「台灣／中華民國已是個主權獨立的國家」，「中華民國就是台灣」、「柔性／穩健／隱性台獨」都只是騙騙老百姓的不負責任說辭與作法而已，即使它們成為「台灣共識」，也只會讓「兩岸內戰」再度從冷變熱。

不僅是基於尊重中華民國憲法，也顧及到國際政治、地緣政經的現實，「反分裂」是台灣唯一的基本選擇，政治人物要徹底放棄「尋獨」、「爭獨」或「已獨」的幻想，而是轉念地思考如何為台灣能夠爭取更大的利益，讓「利益相關者」能夠釋放出更大的善意。

「台灣要有主體性」的「當家作主」應該是台灣民眾的共識，也是北京必須認清的兩岸問題核心所在。但是兩岸均必須了解到，「有主體性」是指兩岸是兄弟間（一家人的內部關係）的相互主體性，而不是外人（外國關係）或父子間（內政關係）的相互主體性。

要處理兩岸關係的核心問題，關鍵在於兩岸都必須做出莊嚴的承諾，台灣方面承諾「保證不分裂整個中國（即大屋頂）」，大陸方面應接受「兩岸分治」（互為樑柱），以確保兩岸為位階平等的兄弟關係。如此兩岸在治權方面是「互為主體」，但是在主權方面則為「共有主體」。

「分治不分裂」是在法理上結束兩岸內戰的唯一選擇，也只有在此顧及雙方核心利益的基礎上，兩岸才能歡喜地簽署和平協定，同時結束「台灣的民主內戰」與「兩岸的政治定位內戰」。結束兩岸內戰後，兩岸可以在「分治」的基礎上，尋求「共治」的可能，這一方面歐洲統合提供了相當多的思維與經驗，兩岸可以在一些議題上成立共同體，例如文化共同體、海洋共同體等等。共同體的統合過程是在相互尊重與包容的精神下成立與運作，有人稱其「融一」、「統合」或「一體化」，可為中華民族振興與全體利益創造有利條件的路徑。

「不分裂」是台灣唯一的基本選擇，也是大陸不可能讓步的底線。「分治」是兩岸目前的現狀，也是大陸必須接受的事實。「統合」機制則是在兩岸互動中能夠顧及台灣的主體性，也是有助於兩岸和平發展的最佳理性選擇。

2016/1/5《中國時報》

靈巧，是能為人留一點餘地；靈巧，是能為人多一份設想。

兩岸恐陷入「冷內戰」

蔡英文贏得了大選，民進黨獲得了完全執政，其所培養的羽翼「時代力量」也在立法院獲得席位，泛綠未來四年可以完全主導台灣的大陸政策。民進黨將向人民證明，它是否會誠實地堅持它的兩岸「分離主義」路線。如果蔡英文與民進黨忠於自己的信仰，那麼我們必須說，一場兩岸關係的「完美風暴」即將形成，這一點也不為過。

「完美風暴」會造成甚麼樣的傷害，我們不知道，但是可以確定的一點，由於泛綠力量在立法院的過半，得到新民意的支持，蔡英文在兩岸論述上能夠讓步的空間更為有限，現在兩岸關係的發球權已經落在北京，看習近平如何反應了。

台灣從一九九四年李登輝發出「身為台灣人的悲哀」開始，台灣開啟以「身分認同」、「國族認同」為主軸的「民主內戰」。這二十多年以來，大多數時間是國民黨執政，可是「愛台灣」的論述權一直掌握在李登輝及民進黨的手上，在他們看來，只有堅持自己「是台灣人，不是中國人」，才是「愛台灣」，否則就是「傾中」，而有可能「賣台」。透過歷史教科書的「去中國化」教育及二十餘年政治上的操作，民意調查顯示，已有六成以上的台灣民眾認為自己「是台灣人，而非中國人」。國民黨雖然曾經贏得選舉，但是卻沒有堅持，也沒有理念，更沒有勇氣去爭取應有的論述，而只是追隨民進黨的步法，終於失去了理想，也失去了政權。

在「國族認同」方面，民進黨與李登輝互為側翼。民進黨從其原本第一階段主張要「尋求主權獨立」的「正名制憲」，到了一九九九年「台灣前途決議文」的第二階段，視「台灣已經是主權獨立的國家，目前名字暫時叫中華民國」。可以預期，執政後的民進黨，以「台灣共識」為名，極有可能走上第三階段，即再調整論述為「中華民國已經是個主權獨立的國家」，也就是「中華民國是台灣，台灣是中華民國」。同樣一面中華民國的國旗，它的意義與以往已經不同了。

從原來不承認中華民國（顯性台獨），到第二階段「借殼上市」的借中華民國這個殼（隱性台獨），再到第三階段的「登堂入室」，即堂而皇之地正式穿上中華民國這個外衣，舉起「中華民國等於台灣」的國旗（顯性獨台），不論民進黨如何調整它的說法，但是它的核心本質並沒有變。無論民進黨用甚麼樣的說法，國家的名稱是什麼，它的核心立場是兩岸「各有主權、互不隸屬」，「台灣

話不能說絕，事不要做絕，路不要走絕，人不要處絕。

是台灣、中國是中國」，兩岸是一個完全的「異己關係」。

蔡英文的獲勝，等於是結束了這個長達二十年，歷經五次大選的民主內戰，「台灣人不是中國人、中華民國是台灣」的身分及國族認同成為台灣的主流，但是弔詭的是，這樣的結果卻會讓還沒有結束的「兩岸內戰」再生波濤，更難結束。蔡英文的勝利讓北京必須重新面對這個嚴肅的「兩岸內戰」課題。

蔡英文執政面對的第一道關卡，就是是否願意接受「九二共識」。在台灣真正了解「九二共識」內涵的人並不多。國民黨將其等同於「一中各表」，其實當時的「九二共識」有兩個重要內涵，分別是：「一個中國原則」與「謀求國家統一」。用最簡單地話來說，就是兩岸在主權方面不可以分裂，這才是「九二共識」真正的共識部分，沒有這個核心共識，「各表」是沒有意義的。

「主權不可分裂」恰恰與民進黨的「兩岸各有主權」的核心理念發生衝突。現在問題來了，如果蔡英文不願意修改其原有的「兩岸主權已經分裂，台灣／中華民國已是主權獨立國家」的立場，也就是不接受「九二共識」，甚而推動「修憲」，她會面臨習近平「基礎不牢、地動山搖」的政經壓力；她如果想調整，她又會面臨在政治立場上堅持「台灣主權獨立」的「時代力量」這群年輕立委，以及民進黨內分離主義信仰者的壓力。簡單地說，蔡英文不調整，前面有習近平擋在路前，如果想調整，後面又有「太陽花」的新世代在後面牽制，不讓她有任何調整的可能。如果蔡英文為了台灣的長遠利益，而要堅持修正原有的「分離主義」核心立場，那麼民進黨就已經不是原有理念的民進黨了，民進黨必然會面臨分裂。

這個結構的僵局，是民進黨玩弄「統獨」、操弄「分離認同」下的台灣集體共業，也是馬英九執政八年以來不願意正面積極面對兩岸政治難題，不能在認同問題上撥亂反正，以及北京與國民黨共同「只經不政」的必然後果。

北京仍然在期望，是否可以透過各種力量讓蔡英文在五月二十日就職的談話，回到「九二共識」。但是坦率的說，對於剛剛拿到政權的蔡英文而言，如果她接受「九二共識」，也就等於接受了「兩岸主權不可分裂」的約束，這是蔡英文難以短時間接受的，特別是她認為她已經擁有新民意，因此，蔡英文最多只能在論述的「包裝」上下功夫。選舉期間，蔡英文已經開始主張要「維持現狀」、「遵循中華民國現行憲政體制」、「民進黨沒有否認一九九二年兩岸會談的歷史事實」的說法，希望能夠讓北京接受民進黨的「調整」。

因而，現在的發球權已經在習近平。是否要接受民進黨「表面調整、核心不變」的兩岸論述？

以民進黨是否接受「九二共識」，還是要以民進黨在歷史教科書的史觀及南海主權兩大問題上的立場做為判斷的標準？從今天開始，這是習近平必須面對的選擇。

蔡英文以勝利之師結束了台灣的「民主內戰」，但是也卻讓「兩岸內戰」更難結束。馬英九執政八年以來，缺少政治和解的經貿大交流只維持著兩岸「脆弱的穩定」，而沒有帶來真正和平。如果習近平是以「九二共識」的本質，而非「模糊的文字」做為判斷的標準，那麼兩岸即將在外交、國際參與、經貿事務上再回到「冷內戰」的局面。

國民黨同時輸掉總統大位及立法院的多數席位，地方首長又多是民進黨人，這個「完美風暴」是兩岸關係發展的不幸，也是多年來國民黨媚俗而不能堅持自己理念的必然結果。現在民進黨以完全執政的身分取得在台灣的兩岸政策主導權，國民黨的角色已經相對有限了，蔡英文及民進黨如何以台灣的長遠利益為念，將是兩岸「冷內戰」能否化解的關鍵。

2016/1/17《中國評論社》

伊斯蘭教派應放下派執

二〇一六年才剛開始，一月二日，遜尼派的領導國家沙烏地阿拉伯以「引外患顛覆政府」罪名處死什葉派重量級教士尼姆（Nimr al-Nimr），引發伊朗等什葉派國家不滿。三日，在沙國駐伊朗首都德黑蘭大使館被盛怒民眾縱火洩憤後，沙國政府宣布與伊朗斷交，讓原本就已風雨飄搖、腥風血雨的中東局勢更加緊張。

國際衝突不外六種因素：前三種為「實質性的利益衝突」，包括領土（主權）爭端、政權控制與經濟衝突；後三種為「理念性的衝突」，包括種族衝突、宗教衝突與意識形態衝突。國際衝突往往並不只以單一的因素出現，經常是包括多種衝突因素。

這六項因素目前同時出現在中東地區。這個地區有美俄歐等國際勢力尋求政權控制及影響力的國際因素，有政府軍與反政府軍的鬥爭，有龐大石油利益的經濟因素，有「伊斯蘭國」企圖用恐佈

見人一善，須忘其百非；見人十惡，要記其一善。忘百非，則眾人皆友；記一善，則人皆聖賢。

主義建國的主權領土因素，有庫德族與土耳其、敘利亞的種族衝突，還有伊斯蘭教應世俗化還是堅持基本教義的意識形態衝突，而其中最大的原因，就是伊斯蘭教內的遜尼派與什葉派在這裡已經有長達一千四百年的教派鬥爭。這些混雜在一起的諸多因素，讓中東地區已經不僅是火藥庫，而是殺戮的戰場，造成數百萬人無家可歸。同屬伊斯蘭教，有必要為教派不同就政治對抗、經濟衝突，甚而軍事對抗嗎？

千年的歷史中，歐洲與中東的宗教衝突幾乎從來沒有停止過。早期的基督教十字軍東征，互相爭奪聖城耶路撒冷，後來歐洲土地上又有基督教兄弟們在宗教戰爭中的彼此殘殺，現在又看到伊斯蘭的弟兄們鐵血相向，我們不禁要問，為何基督教與伊斯蘭教會讓子民們陷入衝突與戰爭的陰影，而佛教徒間卻相對沒有這麼多戰爭，佛教是否可以給世界一些啟示？

基督教與伊斯蘭教系出同源，他們都相信有一個真神的存在，而人是上帝所創造。相對於無所不能、至善至美的上帝，人是具有原罪的。基督教與伊斯蘭教因而有兩個重要基本概念：第一、上帝與人是不可置換的，即人永遠不可能成為上帝，只有「信」才能得永生；第二、善與惡成為兩個相對的概念，判斷一個人的善惡，宗教的信仰與虔誠是個重要指標。信仰上帝或阿拉，遵行祂的旨義，榮耀祂的德行，傳播祂的教義，不僅是虔誠教徒應有的道德，更是應有的作為。

基督教與伊斯蘭教義的原旨都是主張要愛人如己，要堅持良善的價值，但是涉及到經濟、政治、種族等利益時，宗教信仰就成為政治人物動員的工具，殺害或消滅對方被賦予了宗教上的道德性與使命性。「實質性利益的衝突」容易妥協，涉及宗教信仰的「理念性衝突」則難讓步，這就是中東衝突難以化解的最重要原因。

在基本概念上，佛教的教義恰恰與基督教及伊斯蘭教不同。首先，佛與人是可以置換的，世間每一個人均有佛性，均可成佛。其次，善惡並非對立，亦非依附在信仰而存在，而在自己的一念之間，因而沒有「為佛武力衝突，為榮耀佛而征伐他人」的道理。

星雲大師在《貧僧有話要說》一書中回答「哪一個宗教最偉大時」說：「你歡喜的、你信仰的，他就是最大。宗教只要『同中存異』，不必『異中求同』」。大師特別選定每年的十二月二十五日，也是基督教的耶誕節，在佛陀紀念館舉辦「宗教聯誼」活動，希望所有的宗教、神明、信徒都能和諧相處。

星雲大師說，宗教有三寶：教主、教義、教徒。每個宗教都可以保留自己的教主與教義，但是教徒可以經常往來，相互尊重包容，如此才是一個美好的世界。

因無明而看不清自己，所以知錯需有大智慧；因我執而放不下自己，所以認錯需有大勇氣。

希望中東的衝突能夠早日結束，遜尼派與什葉派能否放下「派執」，而能「同中有異」將是關鍵，我們為他們合十祈禱祝福。

2016/1/8《人間百年筆陣》

用智慧與慈悲讓時間創造兩岸雙贏

幾乎每個人都希望時間站在他這一邊，兩岸的政府亦然。

中國大陸認為時間當然站在自己這一邊。兩岸的土地與人口面積比率懸殊；大陸政經實力的往上攀升，其相對面是台灣政經實力的下降；兩岸最近距離只有六十八浬，在軍事上台灣沒有足夠的戰略空間作為反應；基於文化、語言、地緣經濟等因素，只要大陸不關上大門，台灣對大陸的經濟依賴只會愈高而不會減低。

北京因而認為，只要兩岸不停地交流，時間愈久，台灣就愈難擺脫對大陸的依賴。對信仰「唯物論」的共產黨而言，經濟是下層建築，只要台灣在經濟上無法離開大陸，未來政治上就難以擺脫。在這樣的思維下，二〇〇八年年起即使北京不認同「一中各表」，但是仍然願意配合馬政府的需要，開啟經濟大交流；即使簽署文化協議的主張被馬政府拒絕，北京仍然不改其友善、讓利的態度。

欲望愈少，心靈愈清明；成見愈少，生命愈寬廣。

北京認為，未來的統一是取決於大陸是否足夠強大，美、日是否不敢干預，因此要爭取的是「戰略時間」。只要時間夠久，台灣就愈難離開大陸，最終不需要兵臨城下，就可「和平消化」台灣。

民進黨認為時間對於台灣與大陸的永久分離是有利的。從始作俑者李登輝一九九四年吹起了分離主義的號角起，台灣開始陷入長達二十餘年，以「身分認同、國族認同」為主要內涵的民主內戰。這場「兩岸關係唯心論」的內戰，透過「台灣主體性」、「一邊一國」、「去中國化的歷史教育」的論述及政策，台灣民眾的認同已經完全不同於二十餘年前。「我是台灣人，不是中國人」的身分認同已經超過六成。在國族認同上，「中華民國就是台灣」的「獨台」主張也已經是台灣的主流民意。有約六成的台灣民眾希望「維持現狀」。大多數年輕人認為，中華民國／台灣與大陸已經是「異己關係」。

一月十六日的大選，是民進黨在這場民主內戰的勝利日。獲勝的民進黨不會笨到宣布「法理分離」，但卻會更加認定，透過「唯心論」政策的操作，時間愈久，兩岸認同的分離就愈大。兩岸認同差距愈大，大陸愈難和平統一台灣；如果大陸草率武力威嚇，更將加深認同分離。民進黨並認為，一黨專政的共產黨，最終一定難以抵擋民主的浪潮，而告瓦解。大陸內部的社會不安、經濟上的可能停滯，美、日對大陸的軍事壓制，最終會造成大陸的崩裂。此時即是台灣正式走上「法理分離」

的最好機會。民進黨因而認為，只要有耐心，時間最後會站在分離的這一邊，「和平分裂」最後可以成真。

兩岸政府都認為自己是理性的，也認為時間對自己有利。但事實卻是，世間的事是無常的，時間是中性的，它不會刻意站在任何方的一邊。在我看來，當大陸的「唯物論」與民進黨的「唯心論」產生碰撞，當北京的「和平消化」政策碰上民進黨的「和平分裂」思維時，時間不論對哪一方有利，都是兩岸人民的悲哀。

時間固然是個變數，但兩岸終局是悲或喜，最重要的還是取決為政者的格局、視野、慈悲、心量、智慧等要素。兩岸必須找到一個時間對兩岸都有利的方案。我認為，兩岸以「和平協定」承諾「(在治權上)接受分治、(在主權上)反對分離、(在互動上)推動統合」，才能讓時間為兩岸同時創造有利的局面。

2016/1/19《中國時報》

「豎窮三際」的時間觀，可以拓展我們過現未來的知見；「橫遍十方」的空間觀，可以擴大我們東西南北的視野。

民進黨在國族認同問題要謹言慎行

從一九九四年，李登輝以台灣人的身分喊出「生為台灣人的悲哀」開始，台灣民眾的身分認同議題正式浮出水面；一九九九年，李登輝以國家元首身分提出兩岸是「特殊國與國」的「兩國論」時，中華民國國民的國族認同開始異化。李登輝打開了政治上最敏感的潘朵拉盒子，自此台灣陷入了一場長達二十年有關認同的民主內戰。

經歷了五次總統大選與立委、地方選舉，國民黨即使贏得了多次選舉，但是身分認同與國族認同的「政治正確」詮釋權卻一直掌握在民進黨的手上，這使得國民黨逐漸喪失了「愛台灣」的論述權。馬英九即使在二〇〇八年執政，卻沒有能力提出一個兼顧感性與理性，包含現實與理想的國家方向大論述，致使節節敗退，終至被迫交出政權，台灣國族主義獲得了最終勝利。

民進黨終於獲得了完全的執政，表示它打贏了這場長達二十年有關認同的民主內戰。民進黨等於已經明確地告訴北京，經濟讓利不足以壓抑台灣國族主義的滋長。蔡英文也等於清楚地告訴習近平，你們不是說要寄望於台灣人民嗎？現在台灣人民已經告訴你答案了，即台灣有六成的民眾認為，「我是台灣人而不是中國人」，「中華民國就是台灣」已經是大多數人民的共識。

在擊敗國民黨後，民進黨現在必須正面與北京交手了。對承載著百年民族屈辱的中國大陸人民而言，對一個絕對不可放棄統一的中共政權來說，民進黨的完全執政等於把兩岸正式推向了對決的處境。如果蔡英文就職以前，沒有在「國族認同」這個核心問題上有所調整，五月二十日就職後，民共兩黨就像兩輛紅綠列車相互迎面相向。

習近平這個強人不可能退讓，十三億人民強大的民族主義也不可能讓習近平退讓。蔡英文能夠退讓嗎？如果蔡英文選擇退讓，就表示民進黨這二十年來有關國族建構的論述其實全都是虛假，只是政治鬥爭的工具而已。蔡英文如果想退讓，自許為捍衛台灣本土國族認同價值的「時代力量」以及一些執著的基本教義派，也不會容許民進黨輕易退讓。

大家別忘了，在法理上，兩岸仍然還沒有結束長達七十年的內戰，這個內戰原本只有主權與領土的較勁、政治意識形態與政經制度的競逐，但是現在卻新增加了最敏感與最難解決的「國族認同」問題。當「國族認同」坐上駕駛座，紅綠列車的對撞幾乎更難避免。

因果，是最高的法律；真理，是無盡的寶藏；佛性，是不死的生命；煩惱，是生滅的假我。

蔡英文的民進黨已經獲得了完全執政，但是正如同她在勝選感言中所說，所有民進黨員要「謙卑、謙卑、再謙卑」。這次選舉仍有百萬以上的藍軍沒有出來投票，民進黨只是在得票率上過半，並不是真正的過半。認同問題也不必然是贏的人說了算，也不是只有台灣民眾說了算。如果蔡英文的民進黨或時代力量，還要乘勝追擊，加速台灣國族主義的認同鞏固，那麼兩岸的碰撞必會更早到來。

任何衝突都要用智慧處理。兩岸有關認同的衝突，也絕非台灣民眾「團結」就可以解決。在「九二共識」基礎上展開兩岸政治對話，確定兩岸政治定位，結束兩岸內戰，簽署和平協定是解除兩岸最終衝突引信的唯一方法。在此之間，蔡英文及民進黨在國族立場上必須謹言慎行，並避免在五個方面再激化台灣內部及兩岸關係。

第一、尊重《中華民國憲法》與制度的規範，包括不可刻意曲解我《憲法》在主權宣示上的立場。做為總統的蔡英文應該了解，《中華民國憲法》是不容許分裂的，中華民國也絕對不等於台灣，而是目前的治權行使範圍僅及於台灣。

第二、避免拆除或更改具有中華民國象徵意義、已存在的政治性圖騰或紀念物，以圖刻意切斷中國近現代史與一九四九年後中華民國的關係及民眾的情感記憶。

第三、在歷史教科書上停止分離主義或「去中國化」的政治教育。

第四、在南海問題上延續馬政府的立場，不可有放棄南海權益的任何主張。

第五、避免再用「傾中」、「賣台」等情緒性的惡質言語來指責對方。

民進黨的勝利是全民自由意志下的結果，但是否能夠給台灣安全與安定則需要蔡英文與民進黨的智慧。甚麼樣的因就會得什麼樣的果，「台灣國族認同」看似已為多數，但其結果卻極有可能是兩岸的對撞，這應不是台灣民眾所樂見。民進黨在國族問題上要適可而止，盡快療傷止痛，並防患於未然，是蔡英文與民進黨必要的功課。

2016/1/21《旺報》

真理從清醒而來，善良從體諒而來；氣質從智慧而來，美麗從慈悲而來。

國民黨應採兩階段革新

大敗之後可以是山窮水盡，也可能是柳暗花明，取決於如何反省，如何再起。

新黨主席郁慕明願意承擔重任，為國民黨的再生而奉獻努力，值得肯定。任何人願意為黨承擔，國民黨均應展開雙臂，讓黨再現百家爭鳴之相，再集眾志成城之勢。但是國民黨祕書長也表示，由於郁主席非國民黨黨員，依照現行黨主席的選舉辦法，沒有資格參選。由於登記已展開，修改辦法已晚，郁主席此次的弘願，恐留遺憾。

對於一個剛遭雪崩挫敗的國民黨而言，應思考如何先站穩腳步，再全面革新。在我看來，最好的方案應該「兩階段革新論」。第一階段的革新為過渡性階段，新任的黨主席為過渡性主席。在其任內最重要的工作集中在「人、論述、組織」三個方面，即拔擢優秀的社會菁英參與黨的工作，完成重建黨的論述與路線，重組黨的機制及組織。

第一階段過渡性的黨主席可以有自己的看法，但其最重要的人格特質就是「大公無私」。擔任黨主席後，邀請社會賢達、菁英立刻組成其成員不一定限定於黨員的「革新委員會」，為黨的路線、組織、人才共同把脈開藥。在黨內，應是以「集體決策」的方式決定黨的重大政策。

在野後的國民黨，應將黨的機制從現在的「選舉」功能再轉回為原有的「理念宣傳、深耕基層」的功能。現有的中常會必須縮小，並與黨主席、副主席共享「集體決策權」。在人才甄選方面，過渡性黨主席應有能力與魅力號召所有泛藍支持者歸隊。

第一階段過渡性黨主席的工作是艱巨，但也更應是無私的，其工作到目前一年半的任期結束，願意自動放棄參選第二階段的黨主席，將二〇一八年地方選舉的工作及以後的革新，全部由第二階段的新任黨主席負責。

基於國民黨應該是全民的政黨，黨主席的選舉也不該是「鳥籠式」的選舉，在下一次黨主席選舉前，國民黨應修改規則，用最寬鬆的標準讓所有泛藍者歸隊，以及讓所有黨員均可享有主席的被選舉權。黨主席選舉採兩階段絕對多數制，以凝聚黨的共識及團結。郁慕明主席如果有意願，大可在第二階段時參選黨主席。

新黨與親民黨在這次的選舉中均超過政黨補助款規定的標準，得到大量經費的補助，因此，兩

一言之失，初不為過；終日迴護，過加大矣。

個政黨不會在這四年內消失，但是泛藍的選民卻是流動的，新黨與親民黨本身又是採行柔性政黨制，因此只要國民黨願意用寬鬆的標準讓這兩黨及其他支持者歸隊，讓所有的黨員均享有被選舉權，國民黨自然可以得到社會廣大群眾的支持。

政治不可能離開群體，也難免會有不同的立場與派系，但是現階段國民黨主席最需要的是一個可以做到「無我」、「無私」、「無派」的領導，也唯有這樣的領導，才能順利地完成第一階段的革新，再讓下一階段的黨主席領導國民黨參選二〇一八年與二〇二〇年的大選。

「有容乃大」是所有組織發展的必要格局，「理念論述」更是政黨能夠持續的核心關鍵。我希望「兩階段革新論」能夠成為國民黨的共識，也是此次黨主席候選人的共同政見。

2016/1/26《中國時報》

兩岸關係　唯慈悲與和合

中國時報主編按：在九合一選舉前，大陸對台工作重點在反獨、促統，但很少出現武統的言論；這次總統大選前後，大陸頻繁出現武統言論，主因是民進黨將執政引發大陸鷹派聲勢抬頭。儘管台灣社會很少人認為大陸會對台動武，但是大陸鷹派卻已經有一套完整的武統論述。為了讓讀者了解大陸鷹派的想法，我們選刊了一篇大陸學者的投書，同時刊登一篇台灣學者張亞中的對應觀點，以利研析。

種甚麼因必得甚麼樣的果。兩岸如果起了「武念」與「離心」，其結果必然難以為善。

蔡英文獲選以後，民進黨取得一黨獨大的地位。由於民進黨在兩岸關係上的核心理念是「一邊一國」、「兩岸主權相互獨立」，因此難以接受以「反對兩岸主權分離」為核心內涵的「九二共識」，

心若閒，事多人忙心不忙；心不閒，事少心忙人不忙。

北京因而再出現「必要以武力解決台灣問題」的聲浪。

「以武力解決爭端」是北京迄今不願放棄的對台工具，這其實也是所有「成王敗寇」的「內戰」思維。中南財經政法大學喬新生教授的大作〈武力是不可放棄的最終選擇〉反應出這種觀點，他認為只要台灣宣佈獨立或造成分裂事實，必然會遭致大陸以「非和平」方式解決。該文還認為，北京會區隔對待「分裂份子」與一般人民，武力行為只是為了打擊「分裂份子」，不會影響到台灣民眾原有的生活，因此大陸不會為了擔心背上沉重的歷史包袱，而放棄「非和平」的方式解決台灣問題。

甚麼樣的心念，就會產生甚麼樣的行為。如同鏡子一樣，一方的心念與行為也必然會趨使對方有著相似的反應。在大陸以武力為必要手段的思維下，台灣自然會不斷地向美國購買先進武器用以防衛，或尋求美日的國際力量支持。大陸又相對會擔心國際勢力介入，分裂主義滋長，因而絕不放棄武力對台。大陸不放棄武力對台，又促使台灣希望透過更多武器或與大陸保持適當距離來維持自己的主體性，而台灣的反應，又使得大陸更不願放棄武力選項。

武力的確是解決衝突的最後手段，但是隨著文明的發展，人類慢慢學會，不以武力解決衝突已是最高的目標。兩岸同文同種，原本只有政治立場的歧異，而非人民間的血海深仇，更應該放下傳統的思維，排除「武」，而以「慈悲」為唯一思維；拒絕「離」，而以「和與合」為唯一選項。

「小事大以智，大事小以仁」是一句老掉牙的話，但卻是至理名言。大小相對峙時，大者沒有生存壓力，考慮的是「發展」與「威望」是否受到影響。小者面對大者時，首先的考慮是如何「生存」與「發展」。因此，小者要了解到，沒有「智」，生存會受到影響，只有先「智」，大者才會有「仁」的可能。但是大者也必須要了解到，小者對大者讓步往往是一種屈辱，而大者對小者的讓步則一定是美德。「設身處地」為小者著想，是大者的慈悲；「將心比心」為大者著想，是小者的智慧。

在法理上，兩岸關係仍然處於內戰的狀態，即使有密切的經貿人員往來，但是兩岸政治軍事仍然處於對峙。如何結束內戰的傳統思維就是「一方的臣服或歸順」，兩岸的內戰已經持續近七十年了，過了兩個世代，兩岸應以仁心的慈悲、體諒的智慧來處理兩岸的核心爭議。

台北方面應有智慧去了解，北京的核心堅持就是整個中國的主權不可以分裂，這是北京不可能讓步的。如果讓了步，共產黨會立刻失去其執政的正當性，十三億人民也不會輕易的接受。北京也必須理解，整個中國內部目前存在的是兩個互不隸屬的憲政政府，即使北京不承認，中華民國政府從一九四九年來到台北後，迄今已經六十六年，有二千三百萬人接受這個政府的治理，也有百千萬的海外華僑認同這個政府。兩岸政府為何不能在整個中國的主權下共同存在？兩岸政府為何不思考

心平氣和，乃健康之道；結緣喜捨，是快樂之源。

從分治走向共治？

慈悲應是兩岸唯一的思維，和合應是唯一的選擇。台北方面的「智」在於承諾保證不分裂整個中國的主權，北京的「仁」則在於接受兩岸分治事實。雙方並承諾不再以武力相向，並依此原則簽署和平協定，再用「融一」或「共同體」的「合」的機制，在相關事務上從「分治」邁向「共治」。

大陸武力後的「併而不吞」、「收而不拿」、「區別待遇」的政策，是難以讓台灣人民有好的感受；民進黨長期「去中國化」的政策，即使成為台灣共識，也得到美日的默許，終究還是無法成為「兩岸共識」。大陸的「武念」與台灣的「離心」一日不除，兩岸難有和合之局。

「放下屠刀」，佛心即可再起，圓滿之路更近。期待北京放下對台可能動武的屠刀，台北放下切割整個中國主權的屠刀。結束內戰其實不難，和平協定也很容易，全在兩岸一念之間。

2016/2/1《中國時報》

聽蔡言　觀習行

所謂的「九二共識」，也就是一九九二年兩岸兩會透過書信往來，就兩岸核心立場所達成的基本互信。兩岸政府透過海基、海協兩會對「堅持一個中國的原則」、「謀求國家統一為目標」有共同認識。這兩個「同」，如果用精確的法律用語說，就是兩岸共同對「不分裂整個中國的主權與領土」有了共識。有了這個的「同」，才有台北主張「一中各表」與北京主張「一中不表」的「異」，同異間的關係是「先同後異」或「同為主、異為從」。

馬英九從二〇〇八年執政以來，將「九二共識」窄化為「一中各表」，凸顯「異」的部分，並在擔心民進黨杯葛及美國壓力下迴避兩岸政治定位的對話。兩岸未談如何解除敵對狀態，更未簽署和平協定，致使兩岸仍處於「內戰」狀態，大陸對台軍事威脅未除，台北方面國際空間改善極有限。而「只經不政」的結果，又讓民眾擔心對大陸過於依賴，其結果是台灣對大陸的善意未因經貿人員

安住身心，是工作進步的關鍵；淡泊寡欲，是人生自在的條件。

交流而增加，反而遞減，認同更漸疏離。

民進黨以反威權爭民主起家，但是快速地就發現切割族群，切斷與中國連結的關係是獲得權力的捷徑。無論從早期一九八八年的「四一七決議文」，一九九〇年的「一〇〇七決議文」，一九九九年的「台灣前途決議文」，二〇〇四年的「族群多元國家一體決議文」，到二〇〇七年的「正常國家決議文」，都有一個不變的立場，就是主張台灣是一個「主權獨立」的國家。即使民進黨目前已經準備正式接受中華民國這頂帽子，但也要強調「中華民國就是台灣，台灣就是中華民國」，表示民進黨所認知的「中華民國」，其主權也只有在台澎金馬，與中國大陸毫無關係。

蔡英文即將在五月二十日登上大位，並帶著「一黨獨大」的民進黨完全執政。現在外界都在看，民進黨要如何突破紅綫在主權立場上的僵局。目前蔡英文試著用「維持現狀」、「遵循中華民國現行憲政體制」、「以九二會談事實推動兩岸關係」來期待北京能夠接受民進黨的說法。但是，不論蔡英文用甚麼樣的話語包裝，即使最後被迫說出「九二共識、一中各表」，蔡英文與民進黨都還是要正面地回答「九二共識」的核心，即「是否同意不分裂整個中國的主權與領土」？

如果以「九二共識」真正的核心內涵做為標準，那麼民共兩黨幾乎已經到了正式要攤牌的時刻。民進黨從一九八八年的第一次決議文公佈迄今已經長達二十八年，其間一直堅持分離主義的立場，如今是否因為執政，擔心北京的反應就必須修正？如果民進黨修正其核心立場，那麼也等於民進黨明白地告訴所有台灣人民，這二十八年的分離主義主張全是謊言，「台獨」只是奪取政權的說詞而已。

在民進黨這十餘年的「去中國化」的政治運動下，認同自己是「台灣人」的已經遠遠超過「中國人」。蔡英文及民進黨也因而處於窘迫的情境，以後還要不要接受「Chinese Taipei」這個可以翻譯成「中華台北」，也可以翻譯成「中國（人）的台北」的這個名稱？如果要改，那麼幾乎無法再加入如奧會等國際組織；如果還是接受，還有甚麼理由「去中國化」呢？如果連棒球代表隊的「Chinese Taipei」名稱都改不了，天天給人民灌輸「去中國化」的歷史政治教育意義在哪裡呢？

歷史會檢驗每一個人的！蔡英文的大勝，讓民進黨堅持的「分離主義」被迫站在第一線；民進黨的「一黨獨大」，也讓他們不可能在推動「去中國化」的歷史及認同政策上有所停滯。此次政黨輪替，全民將檢驗民進黨是否真心推動分離主義。五月二十日就職以前的主旋律是「聽其言」，也就是看蔡英文「怎麼說」，如果蔡英文能夠用各種名相蒙得過北京，兩岸自然風平浪靜；如果習近平緊握「九二共識」的核心共識不鬆手，那麼五月二十日後的「觀其行」就是觀習近平如何反應了。

2016/2/3《中國時報》

融和，是一種容人的雅量，平等的對待，尊重的言行，智慧的表現。

以有容乃大解決台灣認同困境

「認同」來自於建構而非天生，已為學界大多數所公認。「認同」的相反詞是「分別心」。有道德的政治家採正面的思維及行動，讓社會變得富裕幸福平安來建構人民的「認同」，不負責任的政客們則是選擇用強化自我群體的被壓迫感，塑造一個對自己有敵意的「他者」，用以凝聚「我群」的認同，讓「分別心」成為「我者」認同的工具。

台灣從一九九〇年代中期以前，是用「共體時艱、團結努力」的方式，追求國家的經濟發展，並用以凝聚人民對於國家的「我群」認同。但是在一九九四年李登輝發出「生為台灣人的悲哀」以後，台灣就開始以「悲情」、「族群的分別心」、「台灣與中國的分別心」做為凝聚台灣我群認同的工具。「外省人」、「中國人」、「中國國民黨」、「中國大陸」，在民進黨的相關論述中都成為打壓台灣人的「他者」。

經歷了二十多年，有的「他者」如「中國人」在台灣已經失去了話語權，有的「他者」如國民黨已經遭到雪崩式的敗選。但是這二十多年來，在政治上以「分別心」為工具，以「認同」為名的民主內戰，卻讓台灣在整體競爭力上逐漸下滑。試想，假如這二十多年來，台灣內部沒有認同的內戰，而是團結在一起，早一點「大膽西進」，不將大陸視為威脅，而是台灣經濟的腹地，將台灣建設成亞太營運中心，台灣今天的發展會是何等的榮景。

每一個國家民族都有自己地緣政治與經濟、文化歷史的宿命，可視其為威脅，也可視為機會。大國可以玩富國強兵、權力平衡、縱橫捭闔、拉幫結派、搞分別心等遊戲以擴大其政經影響力，小者的生存之道其實選擇不多，更需要智慧與格局。在我來看，不外乎地利勿失、謹小慎為，更重要的是，要懂得「有容乃大」的道理，少點分別心，多點包容心。小國不可能自己天天玩認同的內戰，更不可以與周邊的強者嗆聲，而是要站在巨人的肩膀上才能看得更遠，但是前提是巨人願意讓你站在他的肩上。

我們拿歐洲的小國做為例子來看。芬蘭雖然處在冷戰的前沿位置，但因懂得「謹小慎為」，不僅保住了安全，也繁榮了經濟。愛爾蘭懂得「地利勿失」，利用加入歐洲共同體的機會及英語為母語的優勢，快速壯大了自己。荷蘭之所以能夠成為十七世紀的強權，是因為懂得甚麼是「有容乃大」，

樸素淡泊，用來要求自我是道德；樸素淡泊，用來要求別人是苛刻。

也因為如此，在宗教戰爭中受迫害的猶太人才會選擇阿姆斯特丹做為他們的立腳之處，為荷蘭的金融、經濟帝國做出貢獻。荷蘭在政治上的自由是當時所有歐洲國家所不及，一直到今天，荷蘭還是所有歐盟國家中最不介意一定要使用荷語的國家。瑞士內部從來不玩分別心的認同遊戲，也從不向周邊的強權嗆聲，讓它成為全球最安全與富裕的國家之一。而所有冷戰後加入歐盟的中東歐國家，都是選擇站在歐盟這個巨人的肩膀，以幫助它們的發展。

歐洲這些小國的智慧是值得學習的。選舉勝利並不代表可以治國，外在的政治經濟環境不是選票可以改變。「我是台灣人不是中國人」，「兩岸是一邊一國的異己關係」是民進黨這二十多年來的勝利成果，但是坦率來說，這也是台灣災難的一個開始。當台灣二千三百萬人以「分別心」來面對大陸時，也會激起大陸以十三億人的「分別心」來對抗台灣。當台灣不再謹小慎為，而是暴虎馮河時，所有的地利就會在剎那間盡失。這些不是大道理，而是基本常識。

用「分別心」為工具打贏了認同的民主內戰的民進黨，應該要懸崖勒馬了，千萬不要在歷史教育、政治話語上再深化台灣內部與兩岸的分別心。不僅如此，民進黨更應該要亡羊補牢，在身分上，重修台灣內部的認同分歧，不要再將台灣人與中國人視為對立，而是同文同種的一家人；在政治上，要重回「九二共識」，放下「一邊一國」的我執。

我們也寄語國民黨重拾其應有的信念。國民黨之所以在這場認同的民主內戰中節節敗退，就是因為放棄了原有的信念與堅持。期待浴火後的國民黨要堅持「我是台灣人，也是中國人」的身分認同，「中華民國憲法主權的宣示是及於大陸」的國族認同。兩岸是「分治不分裂」的政治關係，「中國」兩個字是「中國國民黨」的資產而不是負債。也只有如此，國民黨才能為台灣留下生機，也才能讓十三億人民不再對兩岸關係絕望。

「有容乃大」是解決台灣認同困境的唯一良方，並可以讓台灣變得強大。如果持續以「分別心」區分「我群」與「他者」，台灣會更快速地向深淵墜落。經歷了二十多年的認同內戰，也同時忍受了二十多年經濟停滯的台灣，能夠不深切地反省嗎？

2016/2/10《中國時報》

暴力，只能挫人之口，不能服人之心；柔和，才能令人心悅，由衷愛敬誠服。

李登輝一生都在背叛自己

最新出版的《餘生》一書，可以讓台灣人民為李登輝做最後一次的檢驗。做為一生都在背叛自己的人，到了晚年，總是需要一個內心的歸宿，尋求歷史對他的寬恕與肯定。李登輝選擇的不是台灣，而是在日本的歷史中留下定位。

李登輝在書中稱，蔣經國看上他，是因為他有日本人的特質，對工作有責任感、誠實做事、不說謊。真的如此嗎？李登輝一生都不誠實，沒有責任感。李登輝曾驕傲說，他是用血書宣示加入日本皇軍。他效忠過日本天皇，加入過共產黨，後來又背叛他的同志，加入國民黨，因緣際會擔任中華民國總統，但他卻讚揚皇民史觀，附和軍國主義，完全無視於軍國主義曾為中華民國帶來災難。他主張釣魚台列嶼是日本的，並嘲笑朝野對此事的無知。

李登輝在晚年時，一方面用「我不是我的我」來逃避面對真正的自我，一方面不斷以媚日言論來向日本輸誠。李登輝尋求的是自己在日本史上的歷史地位，因此，他選擇為日本的殖民侵略塗脂擦粉，決定要在釣魚台主權領土上捍衛天皇的利益。

李登輝其實完全沒有武士道精神，也缺少日本文化中應有的忠誠，他一生都在背叛、欺騙，試圖做過日本臣民、共產黨員、國民黨員、台灣人的李登輝。在日據時期，那個絕大多數台灣人民抗日或無奈做順民的被殖民年代，李登輝卻以皇民自豪。在那個中國處於內戰的年代，他已經了解到，加入共產黨是個可以選擇的戰略賭注。但是當兩岸分治已成常態，他認為國民黨才是他權力與利益的歸宿。

他可以為了鞏固在國民黨內的權力而高喊統一，也可以為了政治影響力而與黑金結合。當他站穩國民黨籍總統的職位時，卻對摧毀國民黨向來不手軟。卸任以後為了自保，轉以台獨教父自許。他經常將「台灣人的悲哀」、「台灣主體性」掛在嘴邊，也曾經幻想做台獨教父，然而他卻同時高調地對日本殖民所為諂媚，譏諷婦安婦是自願的。

李登輝可以完全隨環境變化而改變其信仰與忠誠。當他慢慢了解，台獨愈來愈不可能成氣候，他的言論開始再往日本靠攏。在其餘生，他為了向日本證明他比日本人更日本人，不惜踐踏台灣人民的尊嚴，更為了向日本輸誠表忠，也不再主張釣魚台列嶼屬於台灣。李登輝已經決定放棄做為台

懂得感恩惜福，半碗鹹菜就是萬兩黃金；不懂感恩惜福，全部宇宙如同一堆廢土。

獨之父，而轉為將台灣做為他向日本歷史輸誠祭祀的獻禮。他自己清楚地知道，他一生的「德行」與作為，不僅難容於中國史，也難容於台灣史，但是他在意的是，可否在日本的歷史中留下一些肯定的文字。

李登輝可以選擇對其歷史定位進行投機式的操作，但他以前總統之尊，每次背信忘義、不知羞恥、背叛國人的言行仍能得到泛綠人士的支持，甚而為他緩頰，問政請安者依然絡繹不絕，並引以為傲。台灣的宮廟特別多，忠孝節義更是民間價值的支柱，試問，如果我們的社會可以容許李登輝如此德行，那麼台灣的善良價值還剩下什麼呢？

2016/2/19《中國時報》

國民黨的活路只有一條

一月十六日的大選後，民進黨成為一黨獨大的政黨。固然兩岸關係不是這場大選的主軸，國民黨敗選也不代表兩岸和平發展路線失敗，但是當一個以「分離」為兩岸核心論述的政黨完全執政時，怎能低估兩岸關係的可能變化？

北京以「九二共識」為民進黨設下了關卡，但是大勝後的民進黨，像一輛添足馬力的火車，快速往前行駛。擁有完全執政的權力，讓它沒有理由剎車，「更獨」的時代力量又如同黃雀在後的監軍，讓民進黨在「離」的立場上難以放棄。

民進黨將如何面對以「反分離」為核心內涵的「九二共識」，可以做為一面鏡子，檢視民進黨以往「離」的言論是否為真。迄今為止，從一九八八年的「四一七決議文」、一九九〇年的「一〇〇七決議文」、一九九一年全代會通過的「台獨黨綱」、一九九九年的「台灣前途決議文」、二〇〇

◆

唯有寬容，才能去除嫉妒；唯有尊重，才能成就一切。

四年的「族群多元國家一體決議文」，到二〇〇七年的「正常國家決議文」，民進黨一貫不變的立場就是主張台灣是一個「主權獨立」的國家。若民進黨接受了「九二共識」，放棄了「離」的論述，民進黨的道德誠信將全部瓦解。

當蔡英文為了避免紅綠產生對撞，開始思考如何用北京可以默認的說法來迴避「九二共識」真正的核心內涵時，綠營的立委們卻磨刀霍霍，準備繼續切割兩岸的認同，深化兩岸的「分離」。民進黨立委鄭麗君、時代力量立委黃國昌及林昶佐表示，在新的會期將提案要求行政院、教育部撤銷去年公布的國文、社會領域課綱微調，並全面暫緩十二年國教領綱、課綱研修、審議程序。

史觀上的包容是台灣社會融合團結，維繫兩岸和平發展的必要條件。但是從目前跡象看來，一黨獨大的民進黨及初試啼聲的時代力量，在歷史教科書的「去中國化」及「切斷台灣與一九四九年前中華民國法理關係」的分離史觀立場是不會剎車的。「文化台獨」是一些綠營人士不可能放棄的堅持。

還有一個檢驗標準，就是民進黨在南海議題的立場。美國南海政策的最終目標是希望否定兩岸共同主張的U形線，以及讓現在各聲索國所占有的島嶼就地固定合法化，然後用一九八二年的《海洋法公約》規範各國行為。在這樣的戰略構想下，台灣應可保有太平島，但也只有太平島而已。

蔡英文的南海主張很明顯是配合美國的戰略構想。蔡英文固然強調「民進黨不會放棄太平島的主權」，但也表示，民進黨主張有二：第一，對南海各方主權主張，要依據國際法，尤其是聯合國《海洋法公約》的規定，以和平手段來處理。第二，民進黨也主張與堅持在公海上的自由航行權，不能接受任何挑釁。迄今為止，蔡英文從來沒有對U形線的法律地位做明確的宣示。

基於北京主張的九段U形線的法理基礎是台北主張的十一段U•形線，因此，如果未來蔡英文在美國的主導下不再堅持U形線及其他島嶼的主權，對於大陸的南海政策將會造成法理及國際輿論上的傷害。如果蔡英文果真做如此主張，等於是在領土問題上與北京徹底切割，這當然也是一種「離」的實踐。

或許理智上，我們希望民進黨能夠放棄「離」的論述，但是我們也知道，甫完全執政的民進黨，很難有這樣理性的轉變。果真如此，紅綠的碰撞幾乎無法避免，但是碰撞的嚴重大小，則取決於台灣社會是否還有一股主張兩岸應該「和合」的力量。國民黨應該扮演這個角色。「合」並不表示要接受香港式的「一國兩制」，而是希望兩岸在互相尊重彼此核心堅持的情形下和平發展。

台灣內部已有不少有識之士提出「合」的論述，例如「融一」、「一中大屋頂」、「一中三憲、兩

尊重，是與人為善，給人利益；溝通，是從善如流，體解人意。

岸統合」等，曾為國民黨總統參選人的洪秀柱也提出分治不分裂的「一中同表」論述。這些主張都是以「反分離」為出發點，以「和合」為互動的路徑。

民進黨應早日想清楚，「和平分裂」是不切實際的幻想，國民黨也應認清「和合」才是國民黨重新拿回兩岸論述權的唯一主張，也只有主張「和合」的力量在台灣壯大，兩岸關係才可能度過未來四年可能的寒冬。如果敗選後的國民黨繼續拿香跟著民進黨拜，甚而企求透過轉型為台灣國民黨來與民進黨爭取話語權，不僅會更失去台灣民眾的尊重，也會讓北京對台灣徹底絕望。果真如此，大陸領導人將被迫向主張武力解決的鷹派妥協。

國民黨黨主席選舉將展開，希望參與選舉的各候選人及投票黨員都能夠理解在台灣內部建立主張「和合」政治力量的重要，並勇於讓國民黨扮演這個領頭羊的角色。國民黨不能與民進黨搶「分離」，必須走「和合」之路。

2016/2/20《中國時報》

台灣政治不可再有「分別心」

國民黨黨主席的選舉已經正式登記，社會各界都在期待國民黨可以從此振衰起蔽，再造中興。

國民黨從前年的九合一敗選以後，就掉入了六神無主，慌亂不知所措的境地。去年整整一年，國民黨內訌的主因是：誰是本土，誰是非本土？誰是急統，誰的論述不符合黨綱或民意主流？結果是，換了黨主席候選人，可是仍然輸了三百萬的總統選票；將所謂完全本土的王金平放在不分區第一名，但是雲林以南沒有一席國民黨立委當選。

不客氣的說，大選挫敗後的國民黨，仍舊像「蓋頭鰻」一樣不知死活，幾乎按著去年的戲碼照著演一遍，仍分甚麼本土非本土，指責某某人的主張是「急統」，如果選上就會造成黨的分裂等等不一而足。這樣的國民黨真是讓人搖頭嘆息。

這二十多來年，從李登輝到民進黨，其一貫的策略就是製造台灣內部與兩岸關係的「分別心」，

手中一把尺，測己不測人；心海一艘船，渡己更渡人。

在台灣內部分「本土／非本土」，在兩岸關係分「拒中愛台／傾中賣台」的二元論述。國民黨在面對這樣的「分別心」論述時，不僅不能以完整清晰的論述全面導正視聽，反而是拿著香跟著拜。更難以理解的是，在敗選後竟以民進黨的論述來攻擊自己的黨內同志。國民黨這樣的愚昧行為，已經不是親痛仇快所能形容。

最近一代的外省人於一九四九年來到台灣，至今已經整整六十七年了。這一代的外省人，其實已經是其家族在台灣的本土第一代，依照三十年為一代的算法，他們已經有了第二代、第三代。這六十七年期間，他們也早已與閩南人、客家人、原住民結婚生子，台灣這塊土地上的人民早已融為一體。在日常生活中，我們已經分不出誰是所謂的本土，誰不是本土了。

經常被標籤化為「非本土」的黃復興黨部，他們之中有人為台灣出生入死，為台灣捍衛天空、海洋、前線，保衛所有的本土，他們不能算是本土？如果硬要說他們是外省人的次級團體，那我們也必須指出一個事實：除了原住民以外，台灣所有人都是外省人，哪個人不是外二代、三代，乃至七代、八代。同舟一命的台灣，還要分先來或後到嗎？

民進黨批評國民黨是個外來政權。請問世界上有哪一個外來政權會順利把政權交給所謂的「本土」政黨？日本殖民時期，台灣的本土人士想組個議會都不可行，今日的民進黨卻可以一黨獨大，完全執政。我們要問，國民黨哪一點不本土？

民進黨內也不乏優秀的外省第二、三代。難道只有加入民進黨，跟著反國民黨才可以算是本土，而與民進黨看法不同的外省第二、三代卻是非本土？民進黨所謂的「本土／非本土」的「分別心」論述是禁不起推敲檢驗的。

台灣已經是個民主社會，軍隊早已國家化。我們很難想像，在台灣有哪個人、哪個黨有能力賣台？民進黨這十幾年來，不斷地用「傾中賣台」來攻擊國民黨，他們可以不在乎議會的民主原則，可以霸占主席台，甚而為所欲為，只因為他們認為其所做所為都是「愛台灣」。

台灣年輕的世代，是這群「分別心」意識形態下的受害者，他們被政客們搞得人格分裂。在日常生活與交朋友時，他們完全正常，但是在面對其它政黨，甚而自己的政黨同志時，他們也習慣用「本土／非本土」來區分彼此。在談論兩岸關係時，他們接受「我是台灣人不是中國人」才是「政治正確」，並隨意指責他人是「傾中急統」。《紐約時報》也看到了這個現象，因此發出了「兩岸關係回不了頭」的感嘆，但是在台灣的民眾，包括民進黨的蔡英文都心知肚明，如果兩岸關係真的回不了頭，誰會是最大的受害者。

「始作俑者，其無後乎」是用來責備種惡因者的一句古語。或許在現實的政治中，種惡因的「始作俑者」可以得到權力，享受利益，但是「天理昭昭，善惡必報」，整個社會必然要為此付出沈重的代價。

期望國民黨的朋友，不要再掉進民進黨「分別心」的理盲論述思維，轉而用理性的「明辨心」來看待國民黨的未來。所有國民黨主席的參選人，沒有一個不是愛台灣的，他們之間沒有所謂的本土或非本土，更不可能有所謂的急統或傾中。放開心胸，聽聽他們有甚麼樣的政見可以讓國民黨重新再起，他們的人格特質是否是中興的推手。

最後，我們也要說，這次大選之後，台灣的民主已經鞏固，政黨輪替已經是台灣民主政治的常態，任何政黨或政客都不要再以理盲不道德的「分別心」挑撥台灣人民的情感與兩岸關係，而是多用理性的「明辨心」來認清甚麼樣的道路才是台灣走的方向。期望正要嚴肅面對兩岸關係的民進黨與即將進行黨主席選舉的國民黨，能夠聽得進我們的諄諄之言。

2016/2/23《中國時報》

菩提樹下談政治

作　　者／張亞中
出 版 者／生智文化事業有限公司
發 行 人／葉忠賢
總 編 輯／閻富萍
封面設計／李蕭錕
地　　址／新北市深坑區北深路三段 258 號 8 樓
電　　話／(02)26647780
傳　　真／(02)26647633
E-mail／service@ycrc.com.tw
網　　址／www.ycrc.com.tw
ISBN／978-986-5960-09-4
初版一刷／2016 年 3 月
初版三刷／2017 年 1 月
定　　價／新台幣 350 元

總 經 銷／揚智文化事業股份有限公司
地　　址／新北市深坑區北深路三段 260 號 8 樓
電　　話／(02)86626826
傳　　真／(02)26647633

國家圖書館出版品預行編目（CIP）資料

菩提樹下談政治 / 張亞中作. -- 初版. -- 新北
市：生智, 2016.03
面； 公分

ISBN 978-986-5960-09-4(平裝)

1.兩岸關係 2.臺灣政治 3.文集

573.09 105003598